Nicola Ottiger, André Ritter (Hg.)

Synodale Kirche(n) und kirchliche Synodalität

T V Z

Ökumene in Theorie und Praxis
Reihe Ökumenisches Institut Luzern
vormals Schriften Ökumenisches Institut Luzern
herausgegeben von Nicola Ottiger

Band 15

Nicola Ottiger, André Ritter (Hg.)

Synodale Kirche(n) und kirchliche Synodalität

Ökumenisch-theologische Perspektiven

Theologischer Verlag Zürich

Die Publikation wurde ermöglicht durch Beiträge folgender Institutionen:
Katholische Kirche im Kanton Zürich
Römisch-Katholische Zentralkonferenz der Schweiz (RKZ)
Evangelisch-reformierte Kirche Schweiz (EKS)
Christkatholische Kirche der Schweiz
Christkatholische Landeskirche des Kantons Bern
Eugène et Louis Michaud-Fonds des Instituts für Christkatholische Theologie der Universität Bern
Evangelische Kirche im Rheinland
Zentralkomitee der deutschen Katholiken (ZdK e. V.)

Der Theologische Verlag Zürich wird vom Bundesamt für Kultur für die Jahre 2021–2024 unterstützt.

Die Deutsche Bibliothek – Bibliografische Einheitsaufnahme
Die Deutsche Bibliothek verzeichnet diese Publikation in der Deutschen Nationalbibliografie; detaillierte bibliografische Daten sind im Internet über http://www.dnb.de abrufbar.

Umschlaggestaltung: Simone Ackermann, Zürich
Satz und Layout: Claudia Wild, Konstanz
Druck: gapp print, Wangen im Allgäu
ISBN Print 978-3-290-20251-4
ISBN E-Book (PDF) 978-3-290-20252-1
© 2024 Theologischer Verlag Zürich AG
www.edition-nzn.ch

Alle Rechte vorbehalten.

Inhalt

Zum Geleit
Bischof em. Heinrich Bedford-Strohm 9
Bischof Felix Gmür 12

Einleitung
Nicola Ottiger/André Ritter 15

Teil A
Der synodale Weg in der römisch-katholischen Kirche   21

Synodalität: Die Spannung von Aufbruch und Stillstand
Kirche als Bewegung und Institution
Werner Höbsch 23

Auf der Suche
Synodalität im Kontext der römisch-katholischen Kirche in der Schweiz
Daniel Kosch 35

Der Synodale Weg in Deutschland und die weltweite Ökumene
Reflexionen in Sympathie
Dorothea Sattler 49

Vor Risiken und Nebenwirkungen wird gewarnt
Warum die Bezeichnung «Systemische Ursachen» des sexuellen
Missbrauchs folgenreich ist
Irme Stetter-Karp 59

Teil B
Orthodoxe, protestantische und altkatholische Perspektiven 69

Die Kirche als gemeinsamer Weg zum Heil?
Die Bedeutung von Synodalität in der orthodoxen Kirche und Theologie
Stefanos Athanasiou 71

Synodalität in evangelischen Kirchen Europas
Mario Fischer 81

Synodalität im ökumenischen Horizont
Eine evangelisch-reformierte Perspektive
Martin Ernst Hirzel 93

Synodalität in Fragen des Glaubens
Das Verfahren zur Stellungnahme in Glaubensfragen
in der Christkatholischen Kirche der Schweiz
Adrian Suter 105

Teil C
Kirchliche Synodalität in ökumenisch-theologischer Perspektive 117

Geht es auch ohne Primat?
Zum ökumenischen Diskurs über die Synodalität der Kirche
Dagmar Heller 119

Protestantisierung der katholischen Kirche?
Ein evangelischer Blick auf den Synodalen Weg
Ulrich H. J. Körtner 131

Wahrheit und Intersubjektivität
Kurt Stalders altkatholische Theologie der Synodalität
Andreas Krebs 141

Die katholische als synodale Kirche
Eine Entdeckungsreise
Thomas Söding 149

Reflexionen zur Synodalität in den Ostkirchen im Kontext des synodalen Prozesses
Dietmar W. Winkler   161

Rückblick und Ausblick
Nicola Ottiger/André Ritter   173

Autorinnen und Autoren   185

Zum Geleit

Bischof em. Heinrich Bedford-Strohm
Vorsitzender des Weltkirchenrats

Am 11. März 2017 habe ich in der Hildesheimer Michaeliskirche im Rahmen des Jubiläumsjahres zu 500 Jahren Reformation einen vom Fernsehen live übertragenen ökumenischen Gottesdienst zur «Heilung der Erinnerungen» mitgefeiert, den ich nie vergessen werde. In dem Gottesdienst hat Kardinal Marx die folgenden Worte an mich als Repräsentanten der 21 Millionen evangelischen Christen in Deutschland gerichtet: «Wir danken Gott für die geistlichen, die theologischen und die ethischen Impulse der Reformation, die wir in der katholischen Kirche teilen können.» Unter den dann genannten Punkten nannte er auch die Synoden: «Wir schätzen die intensiven Diskussionen und die verantwortungsvollen Entscheidungsprozesse in den Synoden.» «Vieles» – damit endeten seine Worte – «wäre noch zu nennen. Liebe evangelische Glaubensgeschwister: Wir danken Gott, dass es euch gibt und dass ihr den Namen Jesu Christi tragt.»

Diese Worte haben mich sehr berührt. Und ich brachte meinerseits zum Ausdruck, was wir an unseren katholischen Glaubensgeschwistern schätzen: «Wir danken Gott für das Glaubenszeugnis der katholischen Kirche. Wir sehen, dass sie im wahren Sinn des Wortes eine Weltkirche ist, die Nationen, Sprachen und Kulturen verbindet.» Nach der Nennung meiner eigenen Beispiele für die evangelische Wertschätzung katholischer Glaubenspraxis sagte auch ich diesen Satz: «Liebe katholische Glaubensgeschwister: Wir danken Gott, dass es euch gibt und dass ihr den Namen Jesu Christi tragt.»

Ich freue mich besonders über dieses Buch, weil es weiterdenkt, was wir damals vor Augen hatten. «Synodalität und Ökumene» – der Zeitpunkt, zu dem ein Buch zu diesem Thema erscheint, hätte kaum besser gewählt sein können. Seit mehreren Jahren hat sich die römisch-katholische Kirche in Deutschland auf einen Synodalen Weg begeben, der mich immer wieder beeindruckt hat. Wenn ich per Livestream in die Debatten hereingeschaut habe, habe ich gestaunt über die Lebendigkeit, die Ernsthaftigkeit und die Klarheit der Debatten, deren Zeuge ich da wurde. So wie ich es immer wieder auf unseren evangelischen Synodentagungen erlebt habe, war es dort auch: Der lebendige und kontroverse Austausch von Menschen mit ganz unterschiedlichem Hintergrund ist nicht nur spannend, er bringt vor allem inhaltlich weiter. Und Entscheidungen, die Ergebnis eines kommunikativen Prozesses sind, haben mehr Gewicht als Dekrete von oben.

Wer sich in der katholischen Theologie umschaut, sieht schnell, dass diese Einsicht nicht, wie manche meinen, etwas spezifisch Evangelisches ist, sondern auch in der katholischen Welt zu Hause ist. Synodale Prozesse sind also nicht nur Kennzeichen einer guten evangelischen Kirche, sondern auch gut katholisch. Es ist deswegen verheissungsvoll, dass auch die Schweizer Bischofskonferenz und die Römisch-Katholische Zentralkonferenz der Schweiz 2024 eine nationale Synodalitätskommission eingerichtet haben, die Formen der synodalen Entscheidungsfindung auf nationaler Ebene erproben soll. Die Kommission wird zunächst auf fünf Jahre befristet eingerichtet und soll den synodalen Prozess auf der nationalen Ebene im Rahmen der Erprobungsphase gestalten und die Erfahrungen auswerten. Synodalität soll dabei als kirchlicher Stil für Entscheidungsprozesse gefördert werden. «Der spirituelle Ansatz» – so liess die Bischofskonferenz verlauten – «besteht darin, das Hören auf den Heiligen Geist zu verbinden mit dem Hören auf die Stimme der Menschen; kirchliche Amtsträger und Gläubige versuchen in einem gemeinsamen Prozess, die Bedeutung des Evangeliums Christi neu zu entdecken und für den Auftrag der Kirche fruchtbar zu machen.»

Was sich im Hinblick auf Synodalität in den nationalen Kontexten tut, findet sein Gegenstück auf weltkirchlicher Ebene in der Neuentdeckung der Synodalität durch Papst Franziskus. Seit fast drei Jahren läuft die Weltsynode, die er angestossen hat. Ziel ist ein neues Miteinander. Neue Beratungswege sollen entwickelt werden, und das «Volk Gottes» soll mehr beteiligt werden.

Vor einigen Monaten hat der Vatikan einen besonderen Akzent zum Thema «Synodalität und Ökumene» gesetzt. Das Einheitsdikasterium veröffentlichte ein Studiendokument zur ökumenischen Anschlussfähigkeit des Papstamtes, das neue Türen für den ökumenischen Weg öffnet. Es atmet einen Geist ökumenischen Zuhörens, der für weitere Fortschritte auf dem Weg zur Einheit der Kirchen so wichtig ist. Schon der Titel «Der Bischof von Rom» drückt eine Selbstzurücknahme aus, die die Ernsthaftigkeit der ökumenischen Bemühungen zum Ausdruck bringt.

Auch hier spielt die Synodalität eine besondere Rolle. Der Bischof von Rom als synodal verwurzeltes Ehrenoberhaupt der Christenheit erscheint als Möglichkeit am Horizont, insbesondere da, wo Synodalität nicht auf die bischöfliche

Ebene verengt wird und auch nicht-geweihte Personen, Männer wie Frauen, in die römisch-katholischen synodalen Prozesse aufgenommen werden.

Die Beiträge in diesem Band schätzen die ökumenischen Chancen, die mit den gegenwärtigen katholischen Bemühungen um Synodalität verbunden sind, unterschiedlich ein. Die ökumenische Inspirationskraft, die in diesem Buch aber in jedem Falle steckt, lässt mich hoffen, dass es viele Leserinnen und Leser findet.

Bischof Felix Gmür
Bischof von Basel, Präsident der Schweizer Bischofskonferenz

In der Ökumene sind wir darin geübt, Gemeinsamkeit und Vielfalt unserer Kirche(n) anhand von Themen wie Taufe, Eucharistie und Amt, soziale und ökologische Praxis, von Glaubensbekenntnissen und Liturgie zu diskutieren. Die Wertschätzung, mit der wir dies in der Regel tun, das Interesse aneinander und die Anerkennung des jeweiligen Gegenübers in seiner Andersartigkeit haben viele gute Früchte getragen – für die Schweiz beispielsweise die gegenseitige Anerkennung der Taufe in der Erklärung von Riva San Vitale, für ganz Europa die Charta Oecumenica.

Wenn wir uns gegenseitig zu synodalen Prozessen und Beratungen einladen, bekommt die Ökumene jedoch noch einmal einen anderen Charakter. Dann diskutieren wir nicht primär über bereits Bestehendes und teilen nicht ein Ergebnis, sondern gestalten Prozesse. Wir gewähren uns Einsicht in unsere Kirche im Werden, in ihrer Eigenschaft als *semper reformanda*.

Gemeinsam Segel zu setzen und uns ungeschminkt daran teilhaben zu lassen, wie wir als Kirche nach innen zusammenarbeiten, zeugt davon, dass Kirche im Sinne des ganzen Volkes Gottes weit über die Glieder einer konkreten Kirche hinausgeht. Es ist zudem ein Ausdruck ökumenischen Vertrauens. Vielerorts haben in der Gruppenphase des von Papst Franziskus eröffneten synodalen Prozesses der römisch-katholischen Kirche 2021 und an den synodalen Versammlungen des Bistums Basel 2022 und 2023 ökumenische Gäste gleichberechtigt und gewinnbringend mitgewirkt.

Synodalität ist die Art, wie Kirche nach innen gelebt wird, damit sie authentisch und glaubwürdig Wirkung nach aussen entfalten kann. Dieser Sammelband zeigt eindrucksvoll, wie sehr synodale Prozesse zum Wesen der Kirche(n) gehören. Zwei Aspekte fallen mir besonders ins Auge:

1. In den Grundsatzfragen von Synodalität gibt es breite Übereinstimmung unter Kirchen, Konfessionen und den meisten Beiträgen dieses Bandes. So steuern demokratische Verfahren wichtige Prinzipien zur Synodalität bei, und trotzdem ist beides nicht deckungsgleich. Andreas Krebs bringt das auf den schönen Punkt: «Synodalität will [...] *mindestens* so viel wie die politische Demokratie. [...] Zugleich aber will sie *mehr*, als Demokratie wollen kann.» (S. 146)

Das hat mit einem weiteren Grundsatz von Synodalität zu tun. Es ist eine besondere Kunst, im Hören auf unterschiedliche Stimmen aus Kirche(n) und Gesellschaft, Schrift und Tradition die Stimme des Heiligen Geistes zu entdecken und die Zeichen der Zeit zu deuten. Dabei werden unterschiedliche Meinungen und Perspektiven intensiver auf einen tragfähigen Konsens hin befragt, als dies in Abstimmungsverfahren mit Mehr- und Minderheiten, Sieg und Niederlage üblich ist.

Unverzichtbar synodal ist schliesslich, dass die Entscheidung über den Weg, der gemeinsam gegangen werden soll, auch gemeinsam vorbereitet und getroffen wird. Wer mit welchem Einfluss und aufgrund welcher Kriterien mitentscheidet, darüber ist die Diskussion in unserer römisch-katholischen Kirche derzeit intensiv im Gang.

2. Die Vielfalt synodaler Formen und Verfahren zeigt, wie sehr Synodalität ein unabgeschlossener Weg gemeinsamen Suchens, Findens und Weiterentwickelns ist. Darin befindet sich die römisch-katholische Kirche in bester ökumenischer Gesellschaft.

Dieses Buch erscheint zu einem für die synodale und ökumenische Diskussion in der Schweiz sehr günstigen Zeitpunkt. Die nationale Synodalitätskommission unserer römisch-katholischen Kirche nimmt gerade ihre Arbeit an einer fünfjährigen synodalen Erprobungsphase auf. Im Oktober tagt die zweite Sitzung der Weltsynode zur Synodalität in Rom. Ende Oktober treffen sich auf Einladung der Arbeitsgemeinschaft Christlicher Kirchen in der Schweiz (AGCK) Christinnen und Christen aus vielen Kirchen erstmals zu einem Christlichen Forum in der Deutschschweiz. In diesen drei ganz unterschiedlichen Kontexten wird Synodalität, gemeinsames Gehen in Leben und Glauben, wieder miteinander erprobt werden. Ich hoffe, dass dieses Buch dazu motivieren kann, beim gemeinsamen Gehen in Leben und Glauben – frei nach Exodus 3,1 – den manchmal entscheidenden Schritt «über die Steppe hinaus» zu gehen und Segel zu setzen, damit der Heilige Geist unser Kirchenschiff in die Zukunft tragen kann.

Ich danke Nicola Ottiger und André Ritter für die Realisierung dieses Bandes sowie allen Autorinnen und Autoren für ihre reflektierenden, vertiefenden und weiterführenden Gedanken.

Einleitung

Nicola Ottiger / André Ritter

Aktuell zeigen der weltweite synodale Weg der römisch-katholischen Kirche (2021–2024) sowie synodale Prozesse in den verschiedenen Ortskirchen ein verstärktes Interesse am Thema Synodalität. Zentral und unverzichtbar ist die Auseinandersetzung aber auch in einer ökumenischen Perspektive. Denn Synodalität bedeutet, den Weg der Nachfolge Jesu Christi gemeinsam zu gehen. Jede der Kirchen, die am ökumenischen Dialog beteiligt sind, versteht sich selbst als synodale Kirche. Deshalb erstaunt es nicht, dass der synodale Prozess der römisch-katholischen Kirche Auswirkungen auf das ökumenische Gespräch hat und haben muss.

Papst Franziskus hatte anlässlich des 50-jährigen Jubiläums der Bischofssynode in Rom angekündigt, von 2021 bis 2024 als römisch-katholische Kirche einen synodalen Weg gehen zu wollen. Denn der «Weg der Synodalität» ist das, «was Gott sich von der Kirche des dritten Jahrtausends erwartet», um ihre Sendung erfüllen zu können.[1] Eröffnet wurde der synodale Prozess der Weltkirche im Oktober 2021 unter dem Leitthema «Für eine synodale Kirche: Gemeinschaft, Teilhabe und Sendung». Bereits 2019 hatte die römisch-katholische Kirche in Deutschland ihren Synodalen Weg begonnen.[2]

Der Ökumene kommt im weltweiten synodalen Prozess eine zentrale Bedeutung zu, wie die offiziellen Arbeits- und Ergebnispapiere sowie der Einbezug von Gästen anderer Konfessionen zeigen. Umgekehrt ist die Resonanz der verschiedenen Kirchen auf den synodalen Weg der römisch-katholischen Kirche bemerkenswert. Tatsächlich geht es bei der Frage nach kirchlicher Synodalität mit Blick auf die zwischenkirchlichen Begegnungen und Verständigungen um das, was die voneinander getrennten und über Jahrhunderte unterschiedlich profilierten Kirchen theologisch als *una sancta ecclesia* auszeichnet und was sie

---

1 Papst Franziskus, Ansprache zur 50-Jahr-Feier der Errichtung der Bischofssynode, 17. Oktober 2015, URL: https://www.synod.va/content/dam/synod/assembly/synthesis/german/2023.10.28-DEU-Synthesis-Report.pdf.
2 Vgl. zu aktuellen Informationen URL: https://www.synodalerweg.de/.

ökumenisch näher zusammenführen kann. Die Kirchen teilen die Überzeugung, dass Synodalität, die ihre Wurzel in der Bibel hat und ein gemeinsames Erbe des ersten christlichen Jahrtausends darstellt, hinsichtlich der wiederzufindenden Einheit als Kirche Jesu Christi von wesentlicher Bedeutung ist.

Dieses ökumenische Potenzial gilt es theologisch zu reflektieren und kirchlich zu nutzen. Der vorliegende Band versteht sich als Standortbestimmung, Orientierung und Unterstützung auf dem Weg. Synodalität in ihrer ökumenisch-theologischen Dimension zu reflektieren, verspricht einen Mehrwert für weiterführende Prozesse. Denn wie sich zeigt, bedürfen alle Kirchen einer theologischen, spirituellen und praktischen Neubesinnung auf ihre eigene Synodalität, nicht zuletzt im Verhältnis zu ihren Geschwistern auf dem Weg der Nachfolge Christi.

In diesem Sinne versammelt dieser Band in konfessions- und länderübergreifender Perspektive sowie aus verschiedenen theologischen Fachrichtungen Reflexionen und Erfahrungen zu kirchlicher Synodalität und bringt sie miteinander ins Gespräch: Wie können Kirchen in der Kraft des Heiligen Geistes zu mehr Synodalität und damit noch mehr zueinander finden? Inhaltlich gliedert sich der Band wie folgt:

Teil A: Der synodale Weg in der römisch-katholischen Kirche
Teil B: Orthodoxe, protestantische und altkatholische Perspektiven
Teil C: Kirchliche Synodalität in ökumenisch-theologischer Perspektive

Erkenntnisleitend sind dabei folgende Fragen:
1. Was bestimmt die Ausgangssituation und die Debatte im jeweils eigenen Kontext massgeblich? Welches Verständnis von Synodalität ist erkenntnisleitend? Welche Fragen, Spannungsfelder oder Entwicklungen gilt es kritisch zu reflektieren?
2. Was ist der spezifische Beitrag, der vom Synodalitätsverständnis der eigenen Kirche in ökumenischer Perspektive eingebracht werden kann?
3. Welche Fragen, mögliche Entwicklungsschritte und Desiderate ergeben sich mit Blick auf das jedes Kirchenverständnis bestimmende Element der Synodalität mit Blick einerseits auf Reformen in der eigenen Kirche und andererseits auf die Ökumene?

Die Beiträge orientieren, reflektieren und formulieren Handlungsperspektiven. Sie haben dabei nicht nur den theologischen Fachdiskurs im Blick, sondern richten sich auch an Interessierte und Verantwortliche in unterschiedlichen synodalen Debatten und Prozessen.

Im Folgenden werden die einzelnen Teile des Buches kurz skizziert.

A Der synodale Weg in der römisch-katholischen Kirche

Die römisch-katholische Kirche befindet sich in einem synodalen Prozess. Nach Ankündigung der Weltsynode durch Papst Franziskus erschien das Studiendokument «Die Synodalität in Leben und Sendung der Kirche» der Internationalen Theologischen Kommission (2. März 2018) sowie als Auseinandersetzung damit im deutschsprachigen Raum der Sammelband «Synodalität in der katholischen Kirche».[3] Zwischenzeitlich sind aus dem synodalen Prozess auf allen Ebenen der Kirche Arbeits- und Ergebnispapiere hervorgegangen.[4] Nach Abschluss der sogenannten ersten Phase, in welcher die synodale Arbeit in den Ortskirchen weltweit aufgenommen worden war und auch kontinentale Synodalversammlungen stattgefunden hatten, darunter die europäische Synodalversammlung 2023 in Prag, steht die Kirche derzeit am Ende der zweiten Phase, zu welcher auf weltkirchlicher Ebene die Erste Sitzung (2023) sowie die Zweite Sitzung (2024) der Generalversammlung der XVI. Bischofssynode in Rom gehören.[5]

«An der Komplexität dieses Prozesses lässt sich erkennen, dass hier eine neue, synodale Kultur etabliert werden soll, die ein Grundprinzip kirchlicher Gemeinschaft in die Tat umsetzt, das bereits vom Zweiten Vatikanischen Konzil formuliert wurde. Die damit verbundene Kultur offener, freier und kontroverser Rede ist historisch neuartig, für viele aber auch ungewohnt und irritierend – insbesondere für jene Bischöfe und Laien, die einem traditionell-hierarchischen Kirchenbild verpflichtet sind.»[6]

Regina Polak betont die Bedeutung sowie Notwendigkeit von Zeiträumen, die es braucht, um sich über das Gehörte diskursiv und argumentativ verständigen zu können. Zentral ist ebenso der Einbezug wissenschaftlicher Theologie. Auch wenn der synodale Prozess zutiefst ein geistlicher Prozess ist, braucht es die wissenschaftliche Theologie, damit die materialen und inhaltlichen The-

---

[3] Vgl. URL: https://www.vatican.va/roman_curia/congregations/cfaith/cti_documents/rc_cti_20180302_sinodalita_ge.html; Markus Graulich / Johanna Rahner (Hg.), Synodalität in der katholischen Kirche. Die Studie der Internationalen Theologischen Kommission im Diskurs (QD 311), Freiburg i. Br. 2020.

[4] Die offiziellen Dokumente des synodalen Prozesses sind einzusehen bei den Informationsstellen der deutschsprachigen Bischofskonferenzen.

[5] Die Drucklegung dieses Bandes fällt in die Phase der Zweiten Sitzung im Oktober 2024, weshalb abschliessende Ergebnisse nicht mehr berücksichtigt werden konnten.

[6] Regina Polak, Die Kirche Europas lernt Synodalität, in: feinschwarz.net, 13. Februar 2023. URL: https://www.feinschwarz.net/kontinentalsynode-in-prag/.

men des synodalen Prozesses angemessen diskutiert und kirchlich rezipiert werden können.[7]

Im ersten Teil dieses Sammelbandes beleuchten Beiträge von Werner Höbsch (Brühl), Daniel Kosch (Zürich), Dorothea Sattler (Münster) und Irme Stetter-Karp (Berlin) den synodalen Prozess der römisch-katholischen Kirche aus binnenkirchlicher Sicht. Unterschiedliche Erfahrungskontexte und Fragestellungen bilden den Ausgangspunkt ihrer Überlegungen.

Reflektiert werden synodale Prozesse auf verschiedenen Ebenen der römisch-katholischen Kirche. Besondere Akzente setzen die Beiträge u. a. mit Bezugnahme auf den Synodalen Weg in Deutschland (2019–2023), der sich als regionaler «Weg der Umkehr und Erneuerung» versteht und breite Beachtung gefunden hat. In den Blick kommen auch Fragen nach demokratischen Prozessen, nach Freiheit und Rechtsstaatlichkeit. Die Beiträge betonen die Bedeutung des ökumenischen Gesprächs, sowohl für den innerkirchlichen Reformprozess als auch für die Zukunft der Ökumene. So wird insgesamt dafür plädiert, noch stärker auf die anderen christlichen Kirchen und kirchlichen Gemeinschaften und ihre Erfahrungen mit Synodalität zu hören und dies auch strukturell zu verankern, da der synodale Weg des Volkes Gottes letztlich nur gemeinsam gegangen werden kann.

B Orthodoxe, protestantische und altkatholische Perspektiven

Aus ökumenisch-theologischer Perspektive ist die Bedeutung evident, die den christlichen Kirchen wechselseitig zukommt, wenn es darum geht, als Kirche(n) synodaler zu werden.

Im zweiten Teil kommen deshalb vor dem Hintergrund des synodalen Prozesses der römisch-katholischen Kirche weitere christliche Konfessionen mit ihren unterschiedlichen Sichtweisen zur Sprache. Sie bringen ihre theologischen Reflexionen und Erfahrungen mit Synodalität auch im Zusammenhang historisch neuerer Kirchengemeinschaften zum Ausdruck.

Dies tun Stefanos Athanasiou (München) mit Blick auf die Orthodoxie, Mario Fischer (Wien) hinsichtlich der Gemeinschaft Evangelischer Kirchen in Europa (GEKE), Martin Ernst Hirzel (Bern) seitens der Evangelisch-reformierten Kirche Schweiz sowie Adrian Suter (Luzern) aus christ- bzw. altkatholischer Sicht. Ihre Beiträge reflektieren die jeweilige Theologie und Praxis von Synodalität sowie heutige Herausforderungen. Es werden Perspektiven für das weiterführende ökumenische Gespräch skizziert, wobei vor allem Fragestellungen eine Rolle spielen, die im Dialog mit der römisch-katholischen Kirche sowie mit

---

7   Vgl. ebd.

anderen Kirchen Gemeinsamkeiten wie auch Differenzen markieren. Die Beiträge verbindet die Hoffnung auf einen ökumenischen Lernprozess mit Hilfe neu zu entdeckender Synodalität in allen Kirchen. Im Vordergrund stehen Fragen nach der Beteiligung und Mitsprache von Laien, insbesondere von Frauen in der Kirche sowie Fragen der Gestaltung des Dienstes, des Vorsitzes und der Entscheidungsverantwortung in synodalen Prozessen. Unterschiedliche Modelle von Konsensverfahren werden reflektiert. Ein besonderes Augenmerk kommt der Frage nach dem Amtsverständnis zu und damit dem Verhältnis von Synodalität und Konziliarität bzw. Primatialität und Konziliarität.

C Kirchliche Synodalität in ökumenisch-theologischer Perspektive

Wie sich in den vorangehenden Beiträgen zeigt, verstehen sich die verschiedenen Kirchen als synodale Kirchen und nehmen heute neue Herausforderungen hinsichtlich ihrer Synodalität wahr. Gleichwohl ist das Verständnis kirchlicher Synodalität in den Konfessionen und Traditionen unterschiedlich ausgeprägt. Von einer synodalen Kirche im Sinne eines konfessionsübergreifenden Grundprinzips der christlichen Gemeinschaft kann deshalb nicht ohne Weiteres gesprochen werden. Denn was kirchliche Weggemeinschaft jeweils konkret ausmacht, ist theologisch relevant und ökumenisch brisant zugleich und betrifft nicht nur das jeweils unterschiedliche Verständnis von Kirche und Amt, sondern fordert die Kirchen je und je zu (mehr) Kollegialität und Partizipation auf.

Im dritten Teil dieses Bandes werden in ökumenisch-theologischer Perspektive Überlegungen zu Synodalität beigebracht. Dagmar Heller (Bensheim) und Ulrich H. J. Körtner (Wien) tun dies aus evangelischer, Andreas Krebs (Bonn) aus altkatholischer sowie Thomas Söding (Bochum) und Dietmar W. Winkler (Salzburg) aus römisch-katholischer Sicht. Synodalität wird übereinstimmend als wesentliche Eigenschaft des Kircheseins verstanden, nicht zuletzt auch mit Blick auf das gemeinsame Vorankommen in der Ökumene. Historische wie strukturelle Herausforderungen bedürfen einer theologischen Präzisierung des Begriffs, wobei Unterschiede im jeweiligen Synodalitätsverständnis nicht vorschnell einzuebnen sind, sondern als solche benannt und sich daraus ergebende Lernchancen genutzt werden müssen. Auch dysfunktionale Erfahrungen bisheriger synodaler Strukturen und Prozesse müssen reflektiert werden.

Im Kontext aktueller Debatten rund um das Thema Synodalität und gerade angesichts vielfältiger Krisensymptome, die sich in allen Kirchen zeigen, ist es von zentraler Bedeutung, die bisherigen Errungenschaften, Erfahrungen und Einsichten ökumenischer Weggemeinschaft kritisch zu reflektieren und gemeinsam weiterzudenken. Synodalität befördert die Ökumene, und Ökumene befördert echte Synodalität. Wie es scheint, gibt es dafür heute einen Kairos – den günstigen, ja heilvollen Moment im Leben der Kirchen. Ihn gilt es zu achten und zu nutzen. Dazu will die hier vorliegende Publikation anregen und ermutigen.

Die Herausgebenden danken an dieser Stelle allen Autorinnen und Autoren herzlich für ihre wertvolle und zukunftsweisende Arbeit. Ein besonderer Dank gilt Bischof em. Heinrich Bedford-Strohm, Vorsitzender des Zentralausschusses des Weltkirchenrats (ÖRK), sowie Bischof Felix Gmür, Präsident der Schweizer Bischofskonferenz, für ihre wertschätzenden und unterstützenden Geleitworte. Wohlwollend begleitet und unterstützt haben diesen Band Verlagsleiterin Lisa Briner und Lektor Markus Zimmer vom Theologischen Verlag Zürich (TVZ), in dem diese Buchreihe «Ökumene in Theorie und Praxis» erscheinen darf. Auch ihnen gilt aufrichtiger Dank.

Teil A
Der synodale Weg in
der römisch-katholischen Kirche

Synodalität: Die Spannung von Aufbruch und Stillstand
Kirche als Bewegung und Institution

Werner Höbsch

Fragt man heute Menschen, was Kirche sei, so beschreiben viele Kirche als eine «machtvolle Institution», deren Bedeutung allerdings schwinde.[1] Kirche als Weggemeinschaft wird nur von engagierten Insidern als bedeutsames Kennzeichen genannt. Gemeinsames Gehen soll sich in synodalen Wegen ereignen, denen aktuell eine grosse Beachtung zuteilwird. Dass Synodalität zur Kirche gehört, ist allgemein akzeptiert, strittig ist das Wie und die Frage der Relevanz.

Bei den Auseinandersetzungen um Synodalität wird die Spannung zwischen dem Verständnis einer Kirche im Aufbruch und einer verharrenden Institution besonders mit Blick auf den Synodalen Weg der römisch-katholischen Kirche in Deutschland (2019 bis 2023) sichtbar. Im Zentrum der Diskussionen steht das Verständnis von Kirche. Wird die Kirche im Stillstand verharren oder den Mut aufbringen, gemeinsam neue Wege zu gehen? In diesem Beitrag wird diese Spannung beleuchtet und werden Möglichkeiten des Umgangs damit ausgelotet. Es werden Debatten aus römisch-katholischer Sicht aufgenommen, und es wird ein Blick auf Entwicklungen in der Ökumene geworfen.

1 Impulse aus dem Neuen Testament

Das griechische Wort für Weg (*hodos*), von dem sich der Begriff Synode herleitet, gehört zu den ältesten Bezeichnungen der christlichen Gemeinde (Apg 9,2; 16,17 u. ö.). Die Jesus-Gemeinde nahm ihren Anfang als BeWEGung derjenigen, die der Botschaft und dem Lebenszeugnis Jesu vertrauten und folgten. Der «Weg» ist von der Dynamik des Anfangs wie auch von der Entwicklung einer Theologie des Weges geprägt. Thomas Söding erkennt bei Lukas «eine facettenreiche Theologie des Weges»[2].

---

1 Vgl. Klaus Mertes, Verlorenes Vertrauen. Katholisch sein in der Krise, Freiburg i. Br. 2013.
2 Thomas Söding, Gemeinsam unterwegs. Synodalität in der katholischen Kirche, Ostfildern 2022, 168. Weiterführend dazu siehe auch den Beitrag von Thomas Söding in diesem Band.

Was kennzeichnet den (neuen) Weg? In Apg 24,14 hebt Paulus hervor, dass es nicht um einen Bruch mit der Tora und Israel geht. Das Neue sei die Ausrichtung der Gemeinde an Christus Jesus, der der «Weg und die Wahrheit und das Leben» (Joh 14,6) ist. Der Weg und die Wahrheit gründen in der Tora, der Wegweisung, die zum Leben anleitet. Jesus lehrt «den Weg Gottes» (Lk 20,21) gemäss dem Bundesschluss am Sinai: «Er will dein Gott werden und du sollst auf seinen Wegen gehen.» (Dtn 26,17) Das Bild des Weges wird in der Hebräischen Bibel vielfach aufgegriffen. Der Weg, den Gott gemäss der Tora weist, ist in den konkreten Kontexten der Zeit zu erkennen und zu beschreiben. Der Prophet Micha bringt die Wegweisung Gottes auf den Punkt: «Es ist dir gesagt worden, Mensch, was gut ist und was der Herr von dir erwartet: Nichts anderes als dies: Recht tun, Güte lieben und achtsam mitgehen mit deinem Gott.» (Mi 6,8) Diese programmatische Aussage hat auch im Christentum Gültigkeit.

Pfingsten (Apg 2,1–13) wird als Fest der Geistsendung und als die Geburtsstunde der Kirche bezeichnet. Petrus zitiert in seiner Predigt (Apg 2,14–36) zur Erläuterung des Geschehens den Propheten Joël: «Der Geist wird ausgegossen über das gesamte Volk.» (Joël 3,1 f.) Die Sendung des Geistes bleibt nicht einer Elite vorbehalten, sondern der Geist teilt sich den Söhnen und Töchtern, Alten und Jungen wie auch Knechten und Mägden mit. Die christliche Gemeinde des Anfangs weiss um die zum Aufbau und zur Gestaltung der Kirche in unterschiedlichen Ausprägungen verliehenen Gnadengaben des Heiligen Geistes, die allen zugesprochen sind (vgl. 1 Kor 12–11).

Ein Einschnitt auf dem Weg der jungen Gemeinde zeigt sich in der Erkenntnis, die als Parusieverzögerung bezeichnet wird. Der Neutestamentler Udo Schnelle sieht darin eine erste Bewährungsprobe der neuen Bewegung und nennt sie «zweifellos das größte Problem»[3] des frühen Christentums. Weil die bald erwartete Ankunft Christi ausblieb und die Zahl der Gemeinden wuchs, ergab sich die Notwendigkeit einer Organisation durch Institutionalisierung, die die junge Kirche in ihren unterschiedlichen Prägungen zusammenhalten sollte. Schnelle sieht «zwei Einsichten unabwendbar: 1) Die Parusie Jesu Christi findet in der erhofften Art und Weise nicht statt; sie wird weiterhin erwartet, ist aber kein Nahereignis mehr. 2) Man musste sich in der Welt einrichten und lebensfähige Strukturen schaffen.»[4] Auf das Ausbleiben der erwarteten baldigen Wiederkunft Christi musste organisatorisch und theologisch eine Antwort gefunden werden.

In dieser Situation wurde die Frage nach der Bewahrung und Weitergabe des Glaubens zur neuen Anforderung. Klassisch ist die Stelle im ersten Timo-

---

3   Udo Schnelle, Die ersten 100 Jahre des Christentums 30–130 n. Chr., Göttingen ³2019, 402.
4   A. a. O. 543.

theusbrief: «Bewahre das dir anvertraute Gut.» Die Vulgata übersetzt *depositum custodi* (1 Tim 6,20). Auch im zweiten Brief an Timotheus betont Paulus: «Bewahre das dir anvertraute kostbare Gut [Vulgata: *bonum depositum custodi*] durch die Kraft des Heiligen Geistes, der in uns wohnt!» (2 Tim 1,14).

Was meint das «anvertraute Gut», das in der Geschichte der Theologie mit dem Begriff *depositum fidei* bezeichnet wird? Und wie kann es durch die Zeit bewahrt werden? Depositum ist ein Begriff aus der Rechtssprache und bezeichnet etwas, das zur Aufbewahrung hinterlegt wurde. In Archiven wird mit *depositum* ein Dokument bezeichnet, das eingelagert und konserviert wird. Wird der Begriff nach kirchlichem Verständnis auf den Glauben übertragen, so erweckt diese Bezeichnung den Eindruck eines fest umrissenen, in Sätze gefassten Glaubensgutes, das in Tresoren aufbewahrt werden muss. Aufbewahrende Instanz ist die Institution, die sich für das *depositum* verantwortlich weiss. Was unter *depositum* zu verstehen ist, erläutert prägnant Martin Luther: «Der wahre Schatz der Kirche ist das allerheiligste Evangelium von der Herrlichkeit und Gnade Gottes.»[5] Das Evangelium ist eine Quelle, aus der die Christgläubigen schöpfen und die zum Handeln anleitet.

Der jüdische Religionshistoriker Gershom Scholem (1897–1982) weiss um die Spannung, in der die Tradierung des Wortes Gottes im Judentum steht. Seine Ausführungen können für die Diskussion um die Weitergabe des Evangeliums hilfreich sein. Geht es darum, die Offenbarung buchstabengetreu und unversehrt von Generation zu Generation weiterzureichen? Oder darum, dass die Schrift als «etwas unendlich Fruchtbares» ergriffen wird, «das aufgegraben und umgegraben werden will?»[6] Scholem betont, «nicht das System, sondern der Kommentar ist die legitime Form, unter der die Wahrheit entwickelt werden kann».[7] Der Kommentar aktualisiert und kontextualisiert die Schrift in der jeweiligen Zeit. Entscheidend sei, dass die Tora getan wird. In den christlichen Kontext übertragen bedeutet dies, dass die Weitergabe des Evangeliums, das *depositum fidei*, als ein Prozess zu verstehen ist, in dem sich in der Nachfolge Christi Einzelne und die Gemeinde für das Wirken des Geistes in ihrer Zeit öffnen. Christlich gelingt die Weitergabe nur unter Anleitung des Heiligen Geistes. Kirche kann nur bestehen und wachsen unter Anleitung und in der

---

5   Martin Luther, Studienausgabe Lateinisch-Deutsch, hg. von Wilfried Härle / Johannes Schilling / Günther Wartenberg, Disputation zur Klärung der Kraft der Ablässe, These 62, in: Bd. 2, Christusglaube und Rechtfertigung, Leipzig 2006, 11.
6   Gershom Scholem, Über einige Grundbegriffe des Judentums, Frankfurt a. M. 1970, 96.
7   A. a. O. 101.

Kraft des Geistes,[8] also nicht im Konservieren, sondern im Bemühen um Verstehen und Handeln im Kontext der Zeit.

Für die frühe Gemeinde gab es keinen Stillstand, vielmehr zeigte sich ihre Beweglichkeit in ihrer ersten grossen Herausforderung, im Streit um die Aufnahmebedingungen von «Heidenchristen» (Apg 15 und Gal 2,1–10)[9]. Nicht das Argument der Tradition, wie es «einige Leute aus Judäa» mit Bezug auf den «Brauch des Mose» (τῷ ἔθει τῷ Μωϋσέως) reklamierten (Apg 15,1), sondern die Öffnung für das Wirken des Heiligen Geistes in der aktuellen Situation war für den neuen Weg ausschlaggebend. In der Bekanntmachung der Entscheidung, die nicht mehr die Beschneidung und damit den Eintritt ins Judentum als massgeblich für den Zugang zur Gemeinde Christi vorschrieb, heisst es: «Denn der Heilige Geist und wir haben beschlossen ...» (Apg 15,28). Diese Entscheidung war in der Zeit der Apostel ein mutiger, wegweisender Schritt.

Das Neue Testament gibt Zeugnis von der Weggemeinschaft in der Nachfolge Jesu und zugleich von einer bereits beginnenden Institutionalisierung, wie sie besonders in den Pastoralbriefen erkennbar wird. Diese Institutionalisierung zeigte sich in der Herausbildung von ersten Ämtern und Strukturen, aber auch in der «Institutionalisierung» von Taufe und Herrenmahl. Bewegung und Institution bedingen sich gegenseitig und stehen zugleich in Spannung zueinander.

Bei einem Blick auf die Geschichte der Kirche muss allerdings konstatiert werden, dass die Institution sich verfestigte und zunehmend an Gewicht gewann zulasten der Kirche als Bewegung.[10] Kirche wurde zunehmend als Institution überhöht und ontologisch verstanden. In der Kirche, später besonders der katholischen Kirche, wurde der als «Laien» bezeichnete Teil des Volkes Gottes zum Geistempfänger «zweiter Klasse», dem als *laos* lediglich die Aufgabe der Beratung zugestanden wird. Gegen Ende des 1. Jahrhunderts kristallisierten sich «Machtansprüche und feste Strukturen»[11] heraus, durch die Nichtgeweihte bei Entscheidungen ausgeschlossen waren. Anders z. B. in den orthodoxen Kirchen, in den evangelischen Kirchen und bei Pfingstkirchen, bei denen das Volk konstitutionell in Entscheidungen eingebunden ist.[12]

---

8 Vgl. Jürgen Moltmann, Kirche in der Kraft des Geistes. Ein Beitrag zur messianischen Ekklesiologie, München 1975.
9 Siehe hierzu: Der Apostelkonvent, in: Schnelle, Die ersten 100 Jahre (Anm. 3) 226–237.
10 Zur Synodalität in der Alten Kirche siehe Andreas Weckwerth, Die Synoden der Alten Kirche – demokratische Strukturen in der Spätantike?, in: Markus Graulich / Johanna Rahner (Hg.), Synodalität in der katholischen Kirche. Die Studie der Internationalen Theologischen Kommission im Diskurs (QD 311), Freiburg i. Br. 2020, 95–116.
11 Schnelle, Die ersten 100 Jahre (Anm. 3) 543.
12 Vgl. Synodalität in der Kirche. Auswertung zur Umfrage der Deutschen Bischofskonferenz an die Mitgliedsorganisationen der ACK in Deutschland.

Die in der Geschichte der Kirche erfolgte Etablierung einer Hierarchie mit weitreichenden Vollmachten setzt der Bewegung Grenzen. Die hierarchische Prägung der Kirche wurde in der Geschichte zunehmend dominant; die katholische Kirche entwickelte sich zur «Papstkirche»[13], die in der Aussage von Papst Pius IX. «Ich bin die Tradition»[14] ihren zutreffenden Ausdruck fand. «In der Geschichte der katholischen Theologie lag der Akzent immer auf der institutionalisierten Kirche, vor allem in Form von Konzilien und als päpstliche Entscheidungen.»[15]

Die Kritik der Propheten Israels prangert oft die Etablierung der Macht an, wenn sie sich taub gegenüber den Weisungen der Tora zeigt. Nach christlichem Verständnis wird das Volk Gottes zum Träger des Prophetischen. Die Getauften und Gefirmten bzw. Konfirmierten haben teil am dreifachen Amt Christi: dem priesterlichen, dem prophetischen und dem Hirtenamt. Doch die Teilhabe des Volkes Gottes am dreifachen Amt Christi tritt in den Hintergrund, je mächtiger sich klerikale Amtsinhaber der Institution fühlen und gebärden.

2 Volk Gottes und Synodalität – ein erneuertes Verständnis von Kirche als Weggemeinschaft

Eine Neuorientierung im Verständnis von Kirche nimmt das Zweite Vatikanische Konzil vor. Das zweite Kapitel der Dogmatischen Konstitution *Lumen Gentium* (LG) steht unter dem Leitwort «Volk Gottes» und hebt als grundlegende Aussage über die Kirche das Verständnis von Kirche als Volk Gottes hervor (vgl. LG 9,2). Zum Volk Gottes gehören alle Getauften. Walter Kasper u. a. betonen, dass die Bezeichnung Volk Gottes kein soziologischer Begriff, sondern ein heilsgeschichtlicher sei. Doch ist dieses Volk Gottes keine abstrakte Grösse, sondern bildet sich immer aus konkreten Personen in konkreter Zeit. Erscheint Volk Gottes in heilsgeschichtlicher Dimension als univoker Begriff, zeigt sich das Volk Gottes als konkrete Gemeinschaft immer vielschichtig. So wie das Heil nach biblischem Zeugnis sich in der Geschichte ereignet, zeigt sich die heilsgeschichtliche Dimension des Volkes Gottes eben auch geschichtlich. Der Wegcharakter der Kirche als «Volk Gottes unterwegs» wird starkgemacht.

---

13 Walter Kasper, Katholische Kirche. Wesen – Wirklichkeit – Sendung, Freiburg i. Br. 2011, 105.
14 Siehe Hubert Wolf, Der Unfehlbare. Pius IX und die Erfindung des Katholizismus im 19. Jahrhundert, München ⁴2023, 13.
15 Thomas Breuer, Der Glaubenssinn der Gläubigen als Ort theologischer Erkenntnis. Ein Problemaufriss, in: ders./ Agnes Slunitschek (Hg.), Der Glaubenssinn der Gläubigen als Ort theologischer Erkenntnis. Praktische und systematische Theologie im Gespräch, Freiburg i. Br. 2020, 18.

Mit dem Verständnis der Kirche als Volk Gottes wird die Aussage verbunden, dass das Volk Gottes im Glauben nicht fehlgehen könne (vgl. LG 12,1). Wie allerdings kann in der inneren Vielfalt des Gottesvolkes der nicht fehlbare Glaubenssinn eruiert werden? Selbst die geringer werdende Zahl der sonntäglichen Gottesdienstfeiernden ist auch in ihrem Verständnis und ihrer Deutung des Glaubens vielfältig. Hier haben die «Unterscheidung der Geister» und eine Theologie des Geistes ihren Ort.[16] Doch auch hier stellt sich die Frage: Wer nimmt diese Unterscheidung definitiv vor?

Oft sind kirchenamtliche Aussagen zum «Glaubenssinn des Volkes Gottes» blumig. Andrea Riedl betont: «Der Glaubenssinn ist in der Lehre der Kirche allen anderen theologischen loci keineswegs nachgereiht, und er ist auch kein bloßes Objekt, sondern Subjekt theologischer Erkenntnissuche.»[17] Synodale Wege sind geeignet, der theologischen Erkenntnis Raum zu geben. Papst Franziskus sieht im Zweiten Vatikanischen Konzil einen wichtigen Impuls zur «Rezeption und Weiterentwicklung», «insbesondere bezüglich der Synodalität, die berufen ist, sich auf den verschiedenen Ebenen des kirchlichen Lebens zu entfalten».[18] Auch wenn das Zweite Vatikanischen Konzil den Begriff Synodalität nicht explizit in den Verlautbarungen aufgenommen hat, so ist doch ein starker Impuls vom Konzil ausgegangen. Papst Franziskus betont, dass er seit Anfang seines Dienstes als Bischof von Rom vorhatte, die Synode aufzuwerten, die eines der kostbarsten Vermächtnisse der letzten Konzilssitzung sei. Seine programmatische, wegweisende Aussage lautet: «Genau dieser Weg der Synodalität ist das, was Gott sich von der Kirche des dritten Jahrtausends erwartet.»[19]

Zur Synodalität hat die Internationale Theologische Kommission der katholischen Kirche grundlegende kirchliche Positionen dargelegt.[20] Sie hat den programmatischen Satz aus der Ansprache von Papst Franziskus zur 50-Jahr-Feier der Errichtung der Bischofssynode (2015) an den Beginn ihres Dokuments

---

16 Jörg Lauster, Der Heilige Geist. Eine Biographie, München 2021.
17 Andrea Riedl, Primat und Synodalität. Eine historische Erkundung des *sensus fidelium*?, in: Dietmar W. Winkler/Roland Cerny-Werner (Hg.), Synodalität als Möglichkeitsraum. Erfahrungen – Herausforderungen – Perspektiven (Salzburger Theologische Studien 71), Innsbruck/Wien 2023, 151.
18 Papst Franziskus, Brief An das pilgernde Volk Gottes in Deutschland, Vatikanstadt 2019, URL: https://www.dbk.de/fileadmin/redaktion/diverse_downloads/presse_2019/2019-108a-Brief-Papst-Franziskus-an-das-pilgernde-Volk-Gottes-in-Deutschland-29.06.2019.pdf (27.1.2024).
19 Papst Franziskus, Ansprache zur 50-Jahr-Feier der Errichtung der Bischofssynode 2015, URL: https://www.vatican.va/content/francesco/de/speeches/2015/october/documents/papa-francesco_20151017_50-anniversario-sinodo.html (27.1.2024).
20 Internationale Theologische Kommission, Die Synodalität in Leben und Sendung der Kirche. Verlautbarungen des Apostolischen Stuhls Nr. 215, Rom 2018. Vgl. hierzu Graulich/Rahner (Hg.), Synodalität (Anm. 10).

gestellt. Ausführlich befasst sich die Internationale Theologische Kommission mit dem *sensus fidei* und dem *sensus fidelium*.[21] Bei aller Wertschätzung für den unfehlbaren Glaubenssinn aller Gläubigen formuliert die päpstliche Kommission allerdings unmissverständlich, dass dem Lehramt die Aufgabe zukomme, den im Gottesvolk anzutreffenden *sensus fidelium* zu prüfen: «Daher kommt es, dass das Urteil über die Authentizität des *sensus fidelium* letzten Endes weder den Glaubenden selbst zukommt, noch der Theologie, sondern dem Lehramt.»[22] Julia Knop folgert: «Das Papier der Internationalen Theologischen Kommission erschließt synodale Strukturen und Haltungen im Rahmen und nach Maß geltender römisch-katholischer Ekklesiologie. Synodalität beschreibt demnach in römisch-katholischer Lesart nichts anderes als die *communio hierarchica*, wie sie im Zweiten Vatikanischen Konzil strukturiert wurde.»[23] In der aktuellen Auseinandersetzung um die Synodalität der Kirche wird eine Kluft erkennbar zwischen der Bedeutung, die dem hierarchischen Lehramt zukommt, dem Entscheidungen vorbehalten bleiben, und den Laien im Volk Gottes, die sich lediglich beratend äussern dürfen.

Greifbar wird die Dichotomie auch an den Diskussionen um den Reformprozess des Synodalen Weges in Deutschland (2019–2023).[24] Einen entscheidenden Anstoss zum Synodalen Weg gab die Veröffentlichung der MHG-Studie aus dem Jahr 2018 zu sexuellem Missbrauch an Minderjährigen durch katholische Priester, Diakone und männliche Ordensangehörige im Bereich der Deutschen Bischofskonferenz.[25] Ein Ziel des Synodalen Weges in Deutschland war die Aufarbeitung des Verbrechens des sexuellen Missbrauchs und des Skandals seiner Vertuschung, um danach notwendige Konsequenzen zu ziehen. Nicht nur Einzelne haben versagt und Schuld auf sich geladen, sondern auch die Institu-

---

21 Internationale Theologische Kommission, SENSUS FIDEI und SENSUS FIDELIUM im Leben der Kirche. Verlautbarungen des Apostolischen Stuhls Nr. 199, Rom 2014.
22 A. a. O., Nr. 76.
23 Julia Knop, Communio hierchica – communicatio hierchica. Synodalität nach römisch-katholischer Façon, in: Graulich / Rahner (Hg.), Synodalität (Anm. 10) 153–169, 167.
24 In § 11 (5) heisst es zur Beschlussfassung: «Beschlüsse der Synodalversammlung entfalten von sich aus keine Rechtswirkung. Die Vollmacht der Bischofskonferenz und der einzelnen Diözesanbischöfe, im Rahmen ihrer jeweiligen Zuständigkeit Rechtsnormen zu erlassen und ihr Lehramt auszuüben, bleibt durch die Beschlüsse unberührt.» URL: https://www.synodalerweg.de/fileadmin/Synodalerweg/Dokumente_Reden_Beitraege/Satzung-des-Synodalen-Weges.pdf (4.2.2024).
25 MHG steht für ein interdisziplinäres Forschungsprojekt in Mannheim, Heidelberg und Gießen (2014–2018) mit dem Titel: Sexueller Missbrauch an Minderjährigen durch katholische Priester, Diakone und männliche Ordensangehörige im Bereich der Deutschen Bischofskonferenz. Projektbericht vom 24. September 2018, URL: https://www.dbk.de/fileadmin/redaktion/diverse_downloads/dossiers_2018/MHG-Studie-gesamt.pdf (27.1.2024).

tion. Der Hierarchie war die Reinheit der Kirche wichtiger, als es die Opfer des Missbrauchs zu sein schienen.

Kritiker werfen dem Synodalen Weg vor, die gemeinsame Glaubensbasis der römisch-katholischen Kirche zu verlassen zu haben und damit das *depositum fidei* preiszugeben.[26] Demgegenüber erklären Befürworterinnen und Befürworter des Synodalen Weges, dass sie keine neue Kirche, sondern eine erneuerte Kirche wollen.[27] Kirche ist dann Kirche Jesu Christi, wenn sie sich von ihrem Ursprung her in den Kontexten der Zeit erneuert. Hierarchie, darauf macht Kurt Kardinal Koch aufmerksam, bedeute vom Wort her nicht «heilige Herrschaft», sondern «heiliger Ursprung».[28] Kirche wird dann immer zur Gemeinde Christi, wenn sie sich auf ihren Ursprung besinnt, auf das Wort Gottes, das in Jesus von Nazaret Mensch geworden ist und von dem das Evangelium Zeugnis ablegt. Kirche in der Nachfolge Christi muss die Besinnung auf das Evangelium und die Feier von Tod und Auferstehung Jesu Christi ins Zentrum stellen, nicht den Schutz einer konkreten Form der Institutionalisierung. Aus dieser Besinnung auf den Ursprung und in der Reflexion ihrer Geschichte und in ihrem Selbverständnis als Weg, nicht als erratisches Traditionsgebäude, kann die Kirche ihre Kraft und ihren Mut zur Erneuerung finden.

3 Synodale Wege: dialogisch, ökumenisch, reformbereit

Karl Rahner hat für die römisch-katholische Kirche, besonders mit Blick auf die Situation in Deutschland zu Beginn der Gemeinsamen Synode der Bistümer in der Bundesrepublik Deutschland (1971–1975), Überlegungen zu einem «Struk-

---

26 Als Kritiker des Synodalen Weges in Deutschland haben sich vier Bischöfe besonders profiliert, die vermuten, «der Synodale Weg wolle die Lehre der Kirche – etwa die Sexualmoral – verändern» (Art. v. Jens Jost in Kirche+Leben Lexikon, URL: https://www.kirche-und-leben.de/artikel/synodaler-weg-was-ist-das-fragen-und-antworten, Fassung vom 2.9.2022). Auch Kardinal Ludwig Müller spricht mit Blick auf die Weltsynode von einer «Häresie des Arianismus» und erklärt, die Synodenführer «träumen von einer anderen Kirche, die nichts mit dem katholischen Glauben zu tun hat» (Die Tagespost, Fassung vom 11.10.2022, 14 Uhr, URL: https://www.die-tagespost.de/kirche/weltkirche/weltsynode-haeresie-nach-art-des-arianismus-art-232874); deshalb, so ist Müller überzeugt, führe «[d]er ‹Synodale Weg› ins deutsche Schisma» (vgl. das Interview unter diesem Titel auf URL: https://www.kath.net/news/81196 vom 29.3.2023). Ebenfalls zu den Kritikern zählt der Journalist Martin Lohmann (vgl. etwa den Gastkommentar auf kath.net vom 5.2.2022: Martin Lohmann, Synodaler Weg – Ecclesia semper deformanda?, URL: https://www.kath.net/news/70589).
27 Michael Seewald, Reform. Dieselbe Kirche anders denken, Freiburg i. Br. 2019.
28 Kurt Koch, Synodalität in der Katholischen Kirche in ökumenischer Perspektive: Papst und Bischöfe, Konzilien und Synoden, in: Graulich / Rahner (Hg.), Synodalität (Anm. 10) 223.

turwandel der Kirche als Aufgabe und Chance»[29] vorgelegt, die bis heute wenig von ihrer Aktualität verloren haben. Rahners Leitfragen lauten: Wo stehen wir? Was sollen wir tun? Wie kann eine Kirche der Zukunft gedacht werden?

Kirche auf dem Weg muss dialogisch, ökumenisch, reformbereit (*ecclesia semper reformanda*) und spirituell unterwegs sein.

Dialogisch wird Kirche als hörende Gemeinschaft, nicht als administrative Organisation. Zu oft und zu schnell wird in der Kirche geurteilt und verurteilt, bevor das Anliegen des anderen ernsthaft bedacht wird.

Ökumenisch wird Kirche im Wissen um die umfassende Gemeinschaft aller, die sich zu Christus Jesus bekennen und durch die Taufe miteinander verbunden sind. Kirche wird lernen, sich als ökumenische Gemeinschaft im gemeinsamen Unterwegssein zu verstehen. Dieses Lernen beginnt mit der Aufmerksamkeit für geschichtliche und aktuelle Erfahrungen in der Gestaltung von Synodalität, wie sie sich in der Vielgestaltigkeit orthodoxer sowie aus der Reformation hervorgegangener Kirchen darstellt.

Reformbereit wird Kirche, wenn sie das Bestreben der Selbsterhaltung ihrer Organisationsform und der Sicherung eigener Macht hinter sich lässt und sich auf ein Leben aus dem Evangelium konzentriert. Hierzu gehört unverzichtbar die Praxis der Barmherzigkeit. Die Einladung des Evangeliums richtet sich an die Mühseligen und Beladenen (vgl. Mt 11,28). Kirche ereignet sich in der Praxis der Barmherzigkeit.

Spirituell wird Kirche, wenn sie sich in Gebet und Meditation dem Geist Gottes öffnet – im Hören auf das Wort.

4 Zum Schluss

Welche Möglichkeiten bestehen, die Spannungen fruchtbar werden zu lassen und «Synodalität als Möglichkeitsraum»[30] zu erkennen und zu gestalten?

1. Mehr Dialog wagen

Bewegungen wohnt die Tendenz zu aktualitätsbezogener Spontaneität inne; dem Beharren auf Formen überkommener Institutionalisierung jedoch die Tendenz zu unbeweglichem Stillstand. Ein Dialog zwischen unterschiedlichen

---

29 Karl Rahner, Strukturwandel der Kirche als Aufgabe und Chance, Freiburg i. Br. 1972 (Neuausgabe hg. v. Peter Seewald aus dem Jahr 2019).
30 Vgl. Dietmar W. Winkler / Roland Cerny-Werner (Hg.), Synodalität als Möglichkeitsraum (Anm. 17).

Positionen kann sich als fruchtbar erweisen, wenn als Voraussetzungen Dialogbereitschaft und -fähigkeit beachtet werden.

2. Mehr Weggemeinschaft wagen

Wozu ist Kirche da? Kirche ist nicht zuerst «Institution», sondern die Weggemeinschaft der Glaubenden, die das von Christus verkündete und durch sein Leben, seinen Tod und seine Auferstehung beglaubigte Heil in Wort, Tat und Feier bezeugen. Nicht Konservierung, sondern Wandel gehört zum Wesen der Kirche auf ihrem Weg durch die Zeit.

3. Viel mehr dem Geist Gottes trauen

Synoden seien keine Kirchenparlamente im politischen Sinn, darauf wird des Öfteren, meist mit mahnendem Unterton, hingewiesen, sondern geistliche Ereignisse. Synodalität schliesst allerdings auch das Ringen um den Weg ein, also Rede und Gegenrede und den Streit darüber, wie die Zeichen der Zeit im Licht des Evangeliums gedeutet werden können. Geistliche Ereignisse werden Synoden jedoch erst, wenn sie sich dem Geist öffnen – auch in ihren Kontroversen. Schon Paulus mahnt: «Löscht den Geist nicht aus! Verachtet prophetisches Reden nicht! Prüft alles und behaltet das Gute!» (1 Thess 5,19–21) Bisweilen erweckt die Kirche den Eindruck von «Geistvergessenheit». Hans Waldenfels sieht die Kirche im Umbruch, in Abbruch und Aufbruch. «Wo Krisen die Kirche erreichen, sucht sie vielfach Rat bei McKinsey und ähnlichen Beraterorganisationen. Leitende Priester müssen Manager sein, das Geistliche bleibt oft auf der Strecke.»[31] Und er fasst zusammen: «Wer Aufbruch will, muss für eine ‹Geh-Kirche› und für eine Kirche als ‹Weggemeinschaft› eintreten.»[32]

4. Mehr Ökumene wagen

Zur Wahrnehmung von «Synodalität als Möglichkeitsraum» gehört auch der wohlwollende Blick über den Zaun. Debatten in synodalen Gremien erfolgen meist in konfessionell geschlossenen Räumen, auch wenn andere Kirchen mit Beobachterstatus der Veranstaltung beiwohnen. Synodale Wegerfahrungen anderer Kirchen konstruktiv einzubeziehen, steht meines Erachtens erst am Anfang. Hier eröffnet sich ein weites Lernfeld.

---

31 Hans Waldenfels, Löscht den Geist nicht aus! Gegen die Geistvergessenheit in Kirche und Gesellschaft, Paderborn 2008, 11.
32 A.a.O. 28.

5. Mehr Beweglichkeit wagen

In diesem Beitrag wurde die Spannung von Kirche als Bewegung und Institution angesprochen. Doch sind die beiden Pole nicht gleich-gewichtig. Die Bewegung hat eindeutig Vorrang, der Institution muss eine dienende, nicht eine herrschende Funktion zukommen. Der Weg Gottes weist ins Weite, nicht in eine verkrustete Enge, und errichtet keine Mauern. Nur so kann Kirche ihren missionarischen Auftrag erfüllen, Kirche des Evangeliums in der Welt zu sein. Vertrauen auf den Geist Gottes verlangt Offenheit und Mut. Dieses Mutes bedarf es allerdings.

Auf der Suche

Synodalität im Kontext der römisch-katholischen Kirche in der Schweiz

Daniel Kosch

Synode ist in der Schweiz begrifflich mehrfach besetzt. Das führt zu unterschiedlichen Vorstellungen davon, was unter einer «synodalen Kirche» zu verstehen ist. Dementsprechend stehen Klärungen zur Begrifflichkeit am Anfang dieses Beitrages (1). Ein nächster Abschnitt erläutert, was Papst Franziskus unter Synodalität als «konstitutiver Dimension der Kirche» versteht (2). Darauf folgen ein Einblick in aktuelle synodale Suchbewegungen im Schweizer Katholizismus (3) und Überlegungen zur Ökumene als Lernchance für eine synodale Kirche (4).

1 Synode und Synodalität – eine vieldeutige Begrifflichkeit

In manchen Kantonen entstanden im 19. Jahrhundert *Schulsynoden* als Standesvertretungen und Parlamente der Gesamtlehrerschaft, die auch der Weiterbildung der Lehrerschaft dienten. Diese Form «bürgerlicher Synoden» hat in den letzten Jahrzehnten an Bedeutung verloren. Geblieben ist jedoch die Vorstellung, dass Synoden demokratisch organisiert sind und der Wahrnehmung gemeinsamer Interessen dienen.

In den *evangelisch-reformierten Landeskirchen* hat die Synode die Rolle der Legislative bzw. des Kirchenparlaments. «Sie wacht über die Verkündigung des Evangeliums, sichert die kirchliche Einheit und gestaltet die evangelischen Werte mit»; sie trägt die «oberste menschliche Verantwortung für die inhaltliche und organisatorische Grundausrichtung» der Landeskirche.[1]

In vielen Kantonen wird das *höchste Organ der römisch-katholischen staatskirchenrechtlichen Körperschaften* als Synode bezeichnet. Diese Synoden haben jedoch aufgrund der als «duales System» bezeichneten Doppelstruktur von pastoral Verantwortlichen und staatskirchenrechtlichen Behörden nicht dieselben Kompetenzen wie die gleichnamigen Gremien der Schwesterkirche. Sie haben lediglich den Auftrag, Voraussetzungen für die Entfaltung des kirchli-

---

1 Christian R. Tappenbeck, Das evangelische Kirchenrecht reformierter Prägung. Eine Einführung, Zürich ²2023, 96.

chen Lebens zu schaffen. Dementsprechend sind ihre Zuständigkeiten primär finanzieller und organisatorischer Art, was allerdings eine weitreichende Mitverantwortung für die Gestaltung des kirchlichen Lebens impliziert, weil es viele «gemischte Angelegenheiten» gibt, die sowohl pastorale als auch finanzielle Entscheidungen erfordern. Zudem verstehen sich die kantonalkirchlichen Synoden aufgrund ihrer demokratischen Legitimation auch als «Vertretung des Kirchenvolkes gegenüber den staatlichen und kirchlichen Behörden»[2]. Allerdings gab es wiederholt Bestrebungen, die Kompetenz der kantonalkirchlichen Synoden auf das rein Finanzielle zu beschränken, teilweise verbunden mit der Forderung, auf die Bezeichnung Synode wegen der Verwechslungsgefahr mit Synoden im kirchenrechtlichen Sinn (s. u.) zu verzichten.[3]

Viele, insbesondere ältere Semester werden beim Stichwort Synode im schweizerischen Kontext auch an die *Synode 72* denken. Diese fand 1972–1975 gleichzeitig in allen Bistümern und auf gesamtschweizerischer Ebene statt und befasste sich mit der Umsetzung der Beschlüsse des Zweiten Vatikanischen Konzils in der Schweiz. Der Synode ging eine Befragung voraus, an der sehr viele Gläubige teilnahmen. Zudem hatten die teilnehmenden Laien Stimmrecht. Zusammen mit der kulturellen Prägung durch die direkte Demokratie und den demokratisch verfassten staatskirchenrechtlichen Körperschaften prägt die Synode 72 das Selbstverständnis einer Ortskirche, in der Mitverantwortung nach Mitentscheidung ruft und das Kirchenvolk mitredet.[4]

Das geltende *römisch-katholische Kirchenrecht* von 1983 definiert eine Diözesansynode als «Versammlung von ausgewählten Priestern und anderen Gläubigen der Teilkirche» (CIC/1983, can. 460). Solche Synoden haben jedoch nur beratende Funktion und hängen gänzlich vom Diözesanbischof ab, der sie einberuft, leitet, die Beratungsgegenstände festlegt und als einziger «gesetzgebende Gewalt» innehat (cann. 461–466). Weil dieser kirchenrechtliche Rahmen keine echten Mitentscheidungsrechte der Kirchenbasis vorsieht, fanden in der Schweiz seit dem Zweiten Vatikanum keine Diözesansynoden mehr statt. Man wich auf kirchenrechtlich offenere, dafür weniger verbindliche Gefässe wie die «Diözesanversammlung AD 2000» aus, die um die Jahrtausendwende im Bistum Lausanne-Genf-Freiburg stattfand.[5]

---

2 So z. B. die Verfassung der Römisch-katholischen Landeskirche des Kantons Luzern vom 1.1.2002, § 7 Abs. 2 lit. c.
3 Vgl. Daniel Kosch, Synodal und demokratisch. Katholische Kirchenreform in schweizerischen Kirchenstrukturen, Luzern 2023, 186–199.
4 A. a. O. 458–467; Albert Gasser, Das Kirchenvolk redet mit. Die Synode 72 in der Diözese Chur, Zürich 2005; zur Synode 72 insgesamt siehe Salvatore Loiero / François-Xavier Amherdt / Mariano Delgado, Synode 72 – im Heute gelesen. Le Synode 72 – relu aujourd'hui, Basel 2022 (mit weiterer Literatur).
5 Dazu Xavier Lingg, AD 2000, dix ans déjà! Et après, in: Choisir, Ausgabe Mai 2010, 16–19.

Zu erwähnen ist zudem die *(Welt-)Bischofssynode*. Diese wurde während des Zweiten Vatikanischen Konzils ins Leben gerufen, um die weltweite Kollegialität zwischen den Bischöfen zu stärken und ein Beratungsorgan für den Papst zu schaffen. Die Ergebnisse der alle drei Jahre zu einem vom Papst vorgegebenen Thema stattfindenden Beratungen werden in einem Schlussdokument festgehalten. Für resultierende Entscheidungen und das «nachsynodale apostolische Schreiben» trägt er allein die Verantwortung. Papst Franziskus hat diese Form der Synode stark aufgewertet – mit dem Einbezug der Gläubigen in Form einer vorgängigen Konsultation, einer verstärkten partizipativen Dynamik und der Ermutigung zu freimütigen Äusserungen.[6]

Dank der neu eingeführten vorgängigen Konsultation der Gläubigen und dem damit verbundenen Einbezug der Kirche vor Ort, der Bistümer und der Bischofskonferenzen ist die Bischofssynode keine nur «römische» und «hierarchische» Angelegenheit mehr, sondern hat einen direkten *impact* auf die katholische Kirche in der Schweiz.

Dementsprechend wurde im Verlauf der Vorbereitung der von Papst Franziskus ursprünglich als *Bischofs*synode angekündigten Synode über die Synodalität der Kirche die Begrifflichkeit verändert. Sie trägt nun den Namen *Synode 2021–2024*. Damit wird der breiten Konsultation des Volkes Gottes im Vorfeld Rechnung getragen und berücksichtigt, dass erstmals Frauen und Männer ohne Bischofsweihe mit Stimmrecht an der Versammlung teilnehmen. Die Namensänderung tangiert den kirchenrechtlichen Status der Synode allerdings nicht. Ihre Beschlüsse haben für den Papst weiterhin nur empfehlenden Charakter.

Ein letzter Hinweis zur Begrifflichkeit gilt dem Adjektiv synodal und dem Substantiv Synodalität. Diese werden, entsprechend dem ursprünglichen Wortsinn, für Vorgänge, Strukturen und einen bestimmten Stil des Kircheseins verwendet, die vom gemeinsamen Unterwegssein des Volkes Gottes mit seinen Hirten und von partizipativen Formen der Entscheidungsfindung geprägt sind. Dabei legen die kirchlichen Dokumente aus Rom bisher Wert darauf, dass auch auf «synodalen» Wegen zwischen gemeinsamem Beraten (*decision making*) und der Entscheidung der geweihten Amtsträger (*decision taking*) zu unterscheiden ist. Einem anderen Konzept ist der Synodale Weg der katholischen Kirche in Deutschland verpflichtet, der auf «gemeinsames Beraten *und* Entscheiden» Wert legt, allerdings mit der Folge, dass seine Beschlüsse kirchen-

---

6 Zur Entwicklung der Bischofssynoden vgl. Eva-Maria Faber, Zur Geschichte der Bischofssynoden von 1965 bis 2015, in: Schweizerische Kirchenzeitung 183 (2015) 527–534. Zur Aktualisierung des rechtlichen Rahmens durch Papst Franziskus vgl. Sabine Demel, Handbuch Kirchenrecht. Grundbegriffe für Studium und Praxis, Freiburg i. Br. ³2022, 103–107.

rechtlich gesehen für die Bischöfe nicht bindend sind, weil weder die Gremien des Synodalen Weges noch dessen Art der Beschlussfassung im geltenden Kirchenrecht vorgesehen sind.[7]

2 Synodalität – ein Schlüsselbegriff für Papst Franziskus

Seit Beginn seines Pontifikates im Jahr 2013 betont Papst Franziskus, dass Synodalität ein zentrales Merkmal, ja eine «konstitutive Dimension der Kirche» ist.[8] In einer programmatischen Rede hat er festgehalten: Der «Weg der Synodalität ist das, was Gott sich von der Kirche des dritten Jahrtausends erwartet». In diesem Zusammenhang hat er mehrfach an das Priestertum aller Getauften und daran erinnert, dass «die Gesamtheit der Gläubigen [...] im Glauben nicht irren [könne]», weil das Volk Gottes über einen «übernatürlichen Glaubenssinn» verfüge.[9]

Zentral für das päpstliche Verständnis von Synodalität sind das gegenseitige Zuhören, die Aufmerksamkeit für das Wirken des Heiligen Geistes und die gemeinsame Suche nach dem Willen Gottes für die Kirche in der je konkreten Situation. «Kirche zu sein bedeutet, Gemeinschaft zu sein, die gemeinsam unterwegs ist. Es genügt nicht, eine Synode zu haben, man muss Synode sein. Die Kirche braucht einen tiefen inneren Austausch: einen lebendigen Dialog zwischen den Hirten sowie zwischen den Hirten und den Gläubigen.»[10] Zentral sind das spirituelle und das prozesshafte Moment sowie das Streben nach Konsens, weshalb Franziskus Synodalität mehrfach von Demokratie und von der Arbeit eines Parlaments abgegrenzt hat, wo es um das Erringen von Mehrheiten und das Durchsetzen eigener Interessen gehe.[11]

Wichtigste Frucht und Testfall für dieses Kernanliegen des Papstes ist die (zur Zeit der Abfassung dieses Beitrags stattfindende) Weltsynode 2021–2024[12], die nicht nur das Thema Synodalität ins Zentrum stellt, sondern auch methodisch neue Wege geht, indem sie die Partizipation des gesamten Volkes Gottes

---

7 Vgl. dazu statt vieler Demel, Handbuch (Anm. 6) 716–728.
8 Vgl. auch das Dokument der Internationalen Theologischen Kommission, Synodalität in Leben und Sendung der Kirche, 2.3.2018 (Verlautbarungen des Apostolischen Stuhls Nr. 215), Bonn 2018, sowie Markus Graulich/Johanna Rahner (Hg.), Synodalität in der katholischen Kirche. Die Studie der Internationalen Theologischen Kommission im Diskurs (QD 311), Freiburg i. Br. 2020.
9 Papst Franziskus, Gemeinsam gehen. Die wichtigsten Texte zur Zukunft der Kirche, Freiburg i. Br. 2023, 68 f.
10 A. a. O. 159 f.
11 A. a. O. 59, 61, 176, 190, 231, 235 f., 241, 253.
12 Vgl. dazu die Webseite der Synode: URL: https://www.synod.va/en.html.

und der Synodalen sowie den spirituellen Charakter des Prozesses stärkt. Damit einher geht die explizite Thematisierung von Vielfalt, Konflikten und offenen Fragen.

3 Synodale Suchbewegungen

Nach diesen primär der Begrifflichkeit gewidmeten Ausführungen kommt im Folgenden in den Blick, wie die römisch-katholische Kirche in der Schweiz in jüngster Zeit mit dem Thema umgegangen ist. Da die Entwicklung sowohl weltkirchlich als auch vor Ort noch in vollem Gang ist, handelt es sich jedoch eher um einen «Zwischenbericht» als um einen Gesamtüberblick, für den eine grössere Distanz zur Aktualität von Vorteil wäre.[13]

Kurz nachdem die Deutsche Bischofskonferenz beschlossen hatte, sich gemeinsam mit dem Zentralkomitee der deutschen Katholiken (ZdK) auf einen «Synodalen Weg» zu begeben,[14] teilte die Schweizer Bischofskonferenz (SBK) mit, sie habe «verschiedene offene Briefe und Appelle zur Kenntnis genommen, die zur Erneuerung in der katholischen Kirche aufrufen. Die SBK erkennt darin den Ausdruck einer Krise in unserer Kirche. Die Sorgen der Gläubigen sind auch die Sorgen der Bischöfe!» Deshalb möchte sie «die gestellten Fragen [...] im Verbund mit vielen Gläubigen angehen [...] Bei der Frage der zu wählenden Methode spielt das synodale Vorgehen eine wichtige Rolle.»[15]

3.1 Kein eigener gesamtschweizerischer Synodaler Prozess

Obwohl die Römisch-Katholische Zentralkonferenz der Schweiz (RKZ) als staatskirchenrechtliches Gegenüber zur Bischofskonferenz, die katholischen Verbände und verschiedene Reformgruppen es begrüsst hätten, wenn auch die Schweizer Katholiken sich auf einen strukturierten «synodalen Weg» gemacht hätten, kam es nicht dazu. Weil sie sich nicht auf ein Vorgehen verständigen konnte, gab die Bischofskonferenz den Ball an die Bistümer weiter und beschränkte sich auf die Durchführung von eintägigen Begegnungen mit Vertre-

---

13 Vgl. zum Folgenden Kosch, Synodal (Anm. 3), bes. 450–452 (teils wörtlich übernommen).
14 Vgl. statt vieler Thomas Sternberg, Zum «Synodalen Weg» der katholischen Kirche in Deutschland, in: Paul M. Zulehner / Peter Neuner / Anna Hennersperger (Hg.), Synodalisierung. Eine Zerreissprobe für die katholische Weltkirche? Expertinnen und Experten aus aller Welt beziehen Stellung, Ostfildern 2022, 223–240, sowie die Webseite URL: https://www.synodalerweg.de.
15 Die Sorgen der Gläubigen sind auch die Sorgen der Bischöfe! Medienmitteilung der Schweizer Bischofskonferenz vom 5.6.2019, URL: https://www.bischoefe.ch/324-ao-st-gerold/.

tungen bestimmter Zielgruppen wie den Frauen, der RKZ oder der Jugend. Daraus entstand vorerst weder ein «Weg» noch ein «Miteinander» und schon gar keine geteilte Verantwortung, die nötig wären, damit Dinge sich im Sinne des synodalen Prinzips prozesshaft entwickeln und Gestalt annehmen könnten.

Renata Asal-Steger, Präsidentin der Römisch-Katholischen Zentralkonferenz der Schweiz, d. h. des Dachverbandes der kantonalen staatskirchenrechtlichen Körperschaften, äusserte im Zusammenhang mit dem Synodalen Weg der deutschen Kirche dementsprechend den Wunsch, «auch bei uns käme ein so verbindlicher und transparenter Prozess in Gang. Ohne echte Partizipation ist es unmöglich, neues Vertrauen aufzubauen und sich gemeinsam den gewaltigen Herausforderungen zu stellen, vor denen die Kirche steht.»[16]

3.2 Neue Dynamik dank der Weltsynode 2021–2024

Die römische Vorgabe, die Bistümer und die Bischofskonferenzen seien in die Synode 2021–2024 einzubinden, eröffnete die Chance für eine neue Herangehensweise. Für die diözesane Phase koordinierten die drei deutschschweizerischen Bistümer ihr Vorgehen, und für die Verabschiedung des schweizerischen Synodenberichtes[17] fand im Frühling 2022 in Einsiedeln eine synodale Versammlung statt. Parallel zur Vorbereitung der kontinentalen Phase beauftragte die Schweizer Bischofskonferenz sodann eine der Pastoralkommission zugeordnete Arbeitsgruppe, Vorschläge zur Stärkung der Synodalität in der Schweizer Kirche zu entwickeln. In diese sind über die RKZ auch die staatskirchenrechtlichen Instanzen eingebunden, die ihre Erfahrungen mit demokratischen Entscheidungsverfahren im kirchlichen Kontext einbringen können. Wohin dieser Weg führt, ist derzeit nicht absehbar.

3.3 Synodale Erprobungsphase

Immerhin haben sich die Bischofskonferenz und die RKZ 2023 auf eine synodale Erprobungsphase verständigt[18] und werden auf gesamtschweizerischer Ebene eine Synodalitätskommission einrichten. Diese soll unter anderem geeignete Formate und Wege synodaler Beratung und Entscheidungsfindung zu drängen-

---

16 Renata Asal-Steger, «Etwas Neid auf Synodalen Weg», in: Herder Korrespondenz 77 (2023/11) 56.
17 Vgl. Schweizer Bischofskonferenz, Schweizer Synodenbericht 2022, URL: https://www.bischoefe.ch/schweizer-synodenbericht-2022/.
18 Vgl. Urs Brosi, Eine synodale Erprobungsphase, in: Schweizerische Kirchenzeitung 191 (2023) 190 f.

den Fragen entwickeln, für die Abstimmung zwischen den synodalen Prozessen auf weltkirchlicher, gesamtschweizerischer und diözesaner Ebene sorgen, Prioritäten für die Erneuerung und Weiterentwicklung der römisch-katholischen Kirche in der Schweiz vorschlagen und jährlich gesamtschweizerische synodale Versammlungen organisieren, die der Beratung, Unterscheidung und Entscheidungsfindung im Bereich drängender Fragestellungen dienen sollen.

3.4 Diözesane Entwicklungen

Im Hinblick auf den von der Bischofskonferenz einzureichenden Schweizer Bericht zur Weltsynode kam es zu einer gewissen Koordination der synodalen Prozesse in den sechs Bistümern. Hervorzuheben sind insbesondere die gemeinsame Kampagne der drei Diözesen in der Deutschschweiz unter dem Motto «Wir sind Ohr»[19] und die gesamtschweizerische Synodale Versammlung in Einsiedeln[20]. Seitdem gehen die Diözesen wieder eigene Wege.

- Das Bistum Basel hat in einem synodalen Prozess Leitsätze erarbeitet und befasst sich nun mit pastoralen Wegweisern und synodalen Strukturen für das Bistum.[21]
- Das Bistum Chur hat eine Handreichung[22] entwickelt, die insbesondere die diakonische Dimension von Synodalität betont: «Unser Weg muss unbedingt auch zu jenen führen, mit denen sich Christus in besonderer Weise solidarisiert und identifiziert: Kranke, Hungrige, Obdachlose (vgl. Mt 25,31–46). Der kirchliche synodale Prozess muss in allen Bereichen diakonisch sein, sonst wird er weder kirchlich noch synodal sein können.»
- Das Bistum St. Gallen bearbeitet das Thema in den bereits seit Langem bestehenden, synodal strukturierten und gut vernetzten diözesanen Gremien weiter.
- Das Bistum Lausanne-Genf-Freiburg dokumentiert synodale Entwicklungen in einem Newsletter unter dem Titel «Synodalia – Chroniques du chemin synodal LGF».[23]

---

19 Vgl. die Projektwebseite URL: https://www.wir-sind-ohr.ch/synodaler-prozess.
20 Vgl. die Medienmitteilung der SBK «Auf dem Weg zu einer synodaleren Kirche – 30. Mai 2022 – Abtei Einsiedeln (SZ), URL: https://www.bischoefe.ch/auf-dem-weg-zu-einer-synodaleren-kirche-30-mai-2022-abtei-einsiedeln-sz/.
21 Vgl. die Webseite zum synodalen Prozess URL: https://www.bistum-basel.ch/kirche-entwickeln/kirche-im-bistum-basel/synodaler-prozess-2021-2023.
22 Vgl. Bistum Chur, Handreichung für eine synodale Kirche, URL: https://www.bistum-chur.ch/allgemein/neue-handreichung-fuer-eine-synodale-kirche/.
23 Vgl. Diocèse Lausanne, Genève, Fribourg, Synodalia, URL: https://diocese-lgf.ch/bulletin-synodalia/.

3.5 Erfolgsfaktoren für synodale Prozesse in der Schweiz

Das Gelingen der gesamtschweizerischen synodalen Erprobungsphase (s. o. 3.3) und der diözesanen Entwicklungen (s. o. 3.4) hängt davon ab, ob sie folgenden Ansprüchen gerecht werden:
- Sie werden als synodale Wege im Sinn des Wortes gestaltet: prozesshaft, partizipativ, verbindlich und nicht als Abfolge punktueller «Events».
- Synodale Gremien werden nicht nur am *decision making*, sondern auch am *decision taking* beteiligt, so dass gemeinsames Beraten und Entscheiden möglich werden.
- Die spirituelle Dimension von Synodalität, diskursives Ringen um konkrete Antworten auf drängende und kontroverse Fragen sowie demokratisch strukturierte Entscheidungsprozesse werden sinnvoll verknüpft.
- Sprachliche, kulturelle, spirituelle und theologische Vielfalt wird als Chance wahrgenommen und bei der Prozessgestaltung berücksichtigt.
- Die kantonalkirchlichen, diözesanen, sprachregionalen und schweizerischen Prozesse sind koordiniert, relevante Akteur:innen und Anspruchsgruppen einbezogen.
- Die synodalen Strukturen berücksichtigen die staatskirchenrechtlichen Verhältnisse und tragen den je unterschiedlichen kirchenrechtlichen und staatskirchenrechtlichen Zuständigkeiten insofern Rechnung, als sie für aufeinander abgestimmte Entscheidungsprozesse sorgen.[24]
- Auf allen Ebenen werden nachhaltige Prozesse und Entscheidungen begünstigt, die auf geteilten Grundüberzeugungen beruhen und sich an gemeinsamen übergeordneten Zielen orientieren.
- Die synodalen Gremien lassen sich von der Komplexität der Strukturen und Fragen nicht lähmen, sondern fokussieren sich auf wenige, gemeinsam als für die Zukunft entscheidend beurteilte Themen und bearbeiten diese mit der erforderlichen theologischen Kompetenz ergebnisorientiert.

3.6 Langfristige Transformationsprozesse

Die Stärkung der Synodalität in der Kirche erfordert die Überwindung des «klerikal-institutionellen Kirchenmodells» und ein neues «Verständnis [...] der Ausübung von Macht und Autorität in der Kirche». Denn Klerikalismus ist ein «Hindernis, das Evangelium überhaupt zu entdecken», zumal er – so Papst

---

[24] Vgl. Kosch, Synodal (Anm. 3) 410–438; ders., «Synodal» ist mehr als «dual». Stärken und Entwicklungsbedarf der schweizerischen Kirchenstrukturen auf dem Weg zu einer synodalen Kirche (IR-Paper 5), Freiburg i. Üe. 2022, URL: https://www.unifr.ch/ius/religionsrecht/de/forschung/publikationen/irpapers.html.

Franziskus – das Volk Gottes «verurteilt, trennt, frustriert und verachtet» und «eine Perversion und die Wurzel vieler Übel in der Kirche» darstellt.[25] Da dies ein systemisches Problem ist, erfordert seine Überwindung eine Weiterentwicklung des dogmatischen Amtsverständnisses und eine Revision des Kirchenrechtes. Darin stimmen die bisherigen Ergebnisse des deutschen Synodalen Weges und der Weltsynode überein – trotz der massiven Spannungen «zwischen Frankfurt und Rom»[26]. Echte Synodalität erfordert auch die Überwindung aller Formen von Diskriminierung (insbesondere jener der Frauen) und eine Dezentralisierung der Kirche. Nur so ist eine echte Beteiligung aller Getauften an Entscheidungen möglich, die sie betreffen.

Weiterentwickeln muss sich aber nicht nur das Kirchenrecht. Mehr Synodalität verändert auch das oft als «duales System» bezeichnete Verhältnis zwischen den für die Pastoral Verantwortlichen, den staatskirchenrechtlichen Behörden und dem Volk Gottes.[27] Die in der Praxis ohnehin immer schwierigere Trennung zwischen pastoraler und finanziell-administrativer Zuständigkeit muss ebenso überwunden werden wie auch der konfliktanfällige Gegensatz zwischen hierarchischer Kirche und staatskirchenrechtlicher Demokratie. Anknüpfungspunkte bieten diesbezüglich keineswegs nur die positiven Erfahrungen mit Machtteilung und Mitbestimmung im demokratischen Kontext. Vielmehr belegen altkirchliche synodale Prinzipien, dass Formen der Entscheidungsfindung, die zugleich synodal und demokratisch sind, mit der sakramentalen Struktur der katholischen Kirche keineswegs unvereinbar sind:

- Nichts ohne den Bischof – nichts ohne den Rat der Seelsorgenden – nichts ohne die Zustimmung des Volkes (Bischof Cyprian von Karthago, † 258)
- Wer allen vorstehen soll, soll von allen gewählt werden» (Papst Leo der Grosse, † 461)
- Was alle angeht, muss von allen beraten und gebilligt werden (Papst Innozenz III, † 1216).[28]

---

25 Vgl. Rafael Luciani, Unterwegs zu einer synodalen Kirche. Impulse aus Lateinamerika, Luzern 2022, 29–32.
26 Zum synodalen Prozess in der Schweiz «zwischen Frankfurt und Rom» vgl. Kosch, Synodal (Anm. 3) 439–457. Das einschlägige Dokument des Synodalen Weges ist der Grundtext «Macht und Gewaltenteilung in der Kirche – Gemeinsame Teilhabe am Sendungsauftrag» (Der Synodale Weg 3, Bonn 2022), URL: https://www.synodalerweg.de/beschluesse. Der Synthese-Bericht nach der ersten Sitzung Weltsynode «Auf dem Weg zu einer synodalen Kirche in der Sendung», URL: https://www.dbk.de/fileadmin/redaktion/diverse_downloads/dossiers_2023/2023.10.28-DEU-Synthese-Bericht.pdf, hält unter Punkt 1.r fest: «Die Zeit scheint reif für eine Revision des Codex des kanonischen Rechts».
27 Vgl. dazu Kosch, Synodal (Anm. 3) 410–438.
28 Zur Diskussion um Demokratie in der Kirche vgl. Kosch, Synodal (Anm. 3) 37–101.

Es ist absehbar, dass diese Transformationsprozesse viel Zeit benötigen und weder einheitlich noch gradlinig verlaufen werden. Nicht vorhersehbare weltkirchliche Dynamiken sowie Veränderungen der Rolle und Stellung der Kirche(n) in der Gesellschaft sowie Entwicklungen der Religionslandschaft und des staatlichen Religionsrechts werden den Weg der römisch-katholischen Kirche in die Zukunft wohl stärker beeinflussen als die eigenen Reformbemühungen. Dabei ist auch mit Ungleichzeitigkeiten und schwer miteinander vereinbaren Anforderungen an die Kirche(n) zu rechnen.

4. Ökumene als Lernchance

In den Dokumenten zu den aktuellen synodalen Prozessen der römisch-katholischen Kirche auf den verschiedenen Ebenen wird das Thema Ökumene regelmässig angesprochen. So widmet der Schweizer Synodenbericht[29] dem «Austausch mit anderen christlichen Konfessionen» ein eigenes Kapitel, ebenso die Handreichung des Bistums Chur[30].

Gleichzeitig fällt auf, dass die ökumenische Zusammenarbeit in den synodalen Prozessen auf diözesaner und schweizerischer Ebene bisher nicht strukturell verankert ist. Zudem fehlt – wenn ich es richtig sehe – auch das Bewusstsein dafür, dass die synodale Weggemeinschaft so lange unvollständig ist, als jene Teile des pilgernden Volkes Gottes nicht mit auf dem Weg sind, die anderen Kirchen angehören.[31]

4.1 Ökumenische Sensibilität auf weltkirchlicher Ebene

Ausgeprägter ist die Sensibilität für die ökumenische Dimension von Synodalität auf weltkirchlicher Ebene. So begann die erste Sitzung der Weltsynode im Oktober 2023 mit einer ökumenischen Gebetsvigil auf dem Petersplatz, die unter dem Motto Gemeinsam stand. Zudem nahmen Vertreterinnen und Vertreter anderer Kirchen als Gäste an den Beratungen teil. Explizit thematisiert der Synthese-Bericht[32] im Kapitel 7 «Auf dem Weg zur christlichen Einheit», dass diese «Sitzung der Synodenversammlung […] unter dem Zeichen der Ökumene eröffnet» wurde (Nr. 7 a), und betont, dass es «keine Synodalität

---

29 Siehe Anm. 17.
30 Siehe Anm. 22.
31 Das Zweite Vatikanische Konzil hat in LG 13 festgehalten, dass neben den katholischen Gläubigen auch «die anderen an Christus Glaubenden und schliesslich alle Menschen überhaupt» zum Gottesvolk gehören.
32 Siehe Anm. 26.

ohne die ökumenische Dimension geben [kann]» (Nr. 7 b). Darüber hinaus wird festgehalten, dass Hinweise auf synodale «Praktiken, die in anderen kirchlichen Gemeinschaften angewandt werden, [...] unsere Debatte bereicherte[n]» (Nr. 7 g). Es wird vorgeschlagen, «Christen anderer Konfessionen weiterhin in die Prozesse der katholischen Synode auf allen Ebenen einzubeziehen und mehr geschwisterliche Delegierte zur nächsten Tagung der Vollversammlung im Jahr 2024 einzuladen» (Nr. 7 m). Angeregt wird ferner, «eine ökumenische Synode über die gemeinsame Sendung in der heutigen Welt einzuberufen» (Nr. 7 n).

4.2 Ökumene und Synodalität sind ko-extensiv

Für die römisch-katholische Kirche wie auch für das ökumenische Miteinander in der Schweiz scheint es mir nicht bloss «kirchenpolitisch», sondern primär aus sachlichen und theologischen Gründen geboten, der ökumenischen Dimension auf dem Weg zu einer synodalen Kirche künftig vermehrt Rechnung zu tragen. Denn es lohnt sich immer, den Horizont zu erweitern, um beispielsweise zu erfahren, was für eine Praxis andere Kirchen entwickelt haben, für die Synodalität eine Selbstverständlichkeit ist, und um daraus zu lernen.

Vor allem aber gibt es zwischen den Herausforderungen auf dem Weg der Ökumene und auf dem Weg zu einer synodalen Kirche viele Gemeinsamkeiten:

- Beide haben ihr Fundament in der Schrift und der Tradition (Vergangenheit), entsprechen einer grossen Sehnsucht vieler Glaubender (Gegenwart) und leben von einer Verheissung, die sich erst erfüllt, wenn – so 1 Kor 15,28 – «Gott alles in allem ist» (Zukunft).
- Beide betreffen alle Dimensionen des Kircheseins: Von der Dogmatik bis zur Diakonie, von den Strukturen bis zum Gebet, von der alltäglichen Praxis bis zu anspruchsvollen theologischen Detailfragen.
- Sowohl von Ökumene als auch von Synodalität gibt es unterschiedliche Verständnisse, und zwar sowohl zwischen den Kirchen als auch innerhalb der Kirchen; entsprechend können innerkirchliche und ökumenische Lern- und Verständigungsprozesse sich gegenseitig verstärken.
- Beide haben es mit Identitätsfragen der Kirche(n) und dem Spannungsverhältnis zwischen Einheit und Vielfalt zu tun.
- Beide leben von der Überzeugung, dass das eigene Christ- und Kirchesein ohne das Aufeinander-Hören, das Lernen und die Hilfe von anderen unzulänglich und ergänzungsbedürftig bleibt.
- Synodalität und Ökumene bedürfen einer Grundhaltung der Gegenseitigkeit, die auf Vertrauen und nicht auf einseitigen Macht-, Wahrheits- und Überlegenheitsansprüchen beruht.

- Sowohl im ökumenischen Dialog als auch im Ringen um das Verständnis von Synodalität spielen Fragen des Amtsverständnisses und des Verhältnisses zwischen dem Weiheamt und dem Priestertum aller Getauften eine wichtige Rolle.
- Sowohl in der Ökumene als auch in der Pflege eines synodalen und partizipativen Stils haben sich an der Basis der Kirche eine Praxis und ein Verständnis des Miteinanders entwickelt, die oft wesentlich weiter gediehen sind als die kirchenamtlichen Entscheidungsprozesse.
- Ökumene und Synodalität sind ko-extensiv: Gedeiht die Ökumene, stärkt dies die synodale Dimension; wird die Kirche synodaler, schafft dies zugleich Raum für ökumenische Entwicklungen.
- Sowohl die Stärkung des ökumenischen als auch die Stärkung des synodalen Miteinanders irritieren innerkirchliche Routinen und Selbstverständlichkeiten, schaffen zusätzlichen Aufwand und erfordern Veränderungsbereitschaft. Sie werden deshalb oft als «etwas» missverstanden, das über das ohnehin schon Geforderte hinaus «zusätzlich» zu leisten ist, als ob es das kirchliche Leben nicht von innen her transformieren würde, sondern «obendrauf» kommt.
- Sowohl zur Ökumene als auch zur Synodalität gibt es unzählige Erklärungen, die bezüglich des neuen Miteinanders von einem «Vokabular des Überschwangs» (Eva-Maria Faber[33]) geprägt sind, den konkreten Alltag jenseits der ökumenischen und synodalen Ereignisse und Deklarationen aber oft kaum erreichen, geschweige denn verändern.

4.3 Entschlossen vorangehen

Angesichts dieser zahlreichen Gemeinsamkeiten erstaunt es nicht, dass vieles von dem, wofür Eva-Maria Faber unter dem Titel «Entschlossen vorangehen!» für die ökumenische Praxis plädiert, auch für die synodale Praxis gilt.[34] Soll es in Sachen Synodalität wie in Sachen Ökumene nicht bei guten Absichten und schönen Worten bleiben, bedarf es des «Erschrecken[s] über geschehenes Versagen» und einer «Entschlossenheit», die sich bewusst ist, «dass nachhaltige Entscheidungen und nachhaltiges Handeln Voraussetzungen haben, die nicht

---

33 Eva-Maria Faber, Vokabular des Überschwangs und der Abgrenzung. Eine Studie zur ekklesiologischen Terminologie der Fülle in «Unitatis redintegratio», in: Catholica (M) 68 (2014) 104–125.
34 Vgl. Eva-Maria Faber, Entschlossen vorangehen! Ignatianische Spiritualität als Stachel für die ökumenische Praxis, Münster 2023; den Zusammenhang zwischen Ökumene und Synodalität thematisiert Faber explizit a. a. O. 99, 103.

selbstverständlich gegeben sind. Entschlossenheit ist auf Wachstumsprozesse und Pflege angewiesen.»[35]

Zu diesen Wachstumsprozessen gehört die Bereitschaft, sich von eigenen Mustern und Plausibilitäten, Macht- und Wahrheitsansprüchen, Vorlieben und Sicherheiten zu lösen und «Strukturen und Abläufe kriteriengeleitet zu gestalten, insofern sie sich daran messen lassen müssen, wie geeignet sie als Mittel zur Erreichung des Ziels sind». Daraus folgert Eva-Maria Faber:

> «Ist die Ökumene ein prioritäres Engagement der römisch-katholischen Kirche, dann muss dies zum realen Umbau bisheriger Prioritäten und damit einhergehender Machtverhältnisse führen, damit die Kirche als Institution diese Priorität verfolgen kann. Es scheint an Entschlossenheit zu fehlen, wenn es bei Zielbestimmungen bleibt, während die Implementierung geeigneter, auch struktureller Mittel defizitär bleibt.»[36]

Leider halte ich diese Skepsis in Bezug auf die Entschiedenheit, «Handbremsen zu lösen» und dem Ruf «Andiamo avanti» Taten folgen zu lassen,[37] sowohl für das Thema Ökumene als auch für das Thema Synodalität für begründet. Dies jedenfalls mindestens so lange, als von der weltkirchlichen Ebene nicht sehr viel eindeutigere Signale ausgehen und Impulse aus der Weltkirche, beispielsweise aus Lateinamerika oder aus Deutschland in der Schweiz nicht aktiv aufgegriffen und in adaptierter Form umgesetzt werden. Aber «hoffentlich irre ich mich».[38]

---

35 A.a.O. 17.
36 A.a.O. 29f.
37 Vgl. Eva-Maria Faber, Andiamo avanti. Über die Notwendigkeit, Handbremsen zu lösen, in: Paul M. Zulehner / Tomáš Halík (Hg.), Pro Pope Francis. Wir teilen diesen Traum, Ostfildern 2018, 643–656, 2138–2143.
38 Mit diesem Satz, der eine vom Evangelium gebotene «Dennoch-Hoffnung» zum Ausdruck bringt, endet auch der Beitrag von Christiane Florin, Wider die Hoffnungshypnose, in: Isabelle Ley / Tine Stein / Georg Essen (Hg.), Semper reformanda. Das Verhältnis von Staat und Religionsgemeinschaften auf dem Prüfstand, Freiburg i. Br. 2023, 323–331.

Der Synodale Weg in Deutschland und die weltweite Ökumene

Reflexionen in Sympathie

Dorothea Sattler

1 Einleitende Überlegungen

«Gutes über sie denkend, nahm ich sie in Schutz.»[1] Achtsamkeit aufeinander und wechselseitige Wertschätzung eröffnen Räume der Kommunikation. Die polarisierenden, deutlich wertenden Kommentierungen der derzeit geschehenden synodalen Prozesse in der gegenwärtigen römisch-katholischen Kirche variieren sehr stark in der Argumentation. Finden wir in der Ökumene angesichts der vertrauten Einübung in die «Sympathie» – in das Mitleiden im Wissen um die gemeinsame Betroffenheit von offenen Fragen – zu einer Beurteilung der Vorgänge in jüngerer Zeit, die ihnen aus einer weltweiten theologischen Perspektive heraus betrachtet wahrhaft gerecht wird?

Die römisch-katholischen Christgläubigen, die in gemeinsamer Verantwortung der Deutschen Bischofskonferenz und des Zentralkomitees der deutschen Katholiken (ZdK) von 2019 bis 2023 miteinander den Synodalen Weg gestaltet haben, werden seit längerer Zeit von der kritischen Öffentlichkeit unterschiedlich beurteilt. Die einen befürworten diesen Reformprozess in einem national definierten Pastoralraum als angemessen und segensreich, die anderen bezeichnen dieses Bemühen despektierlich als «Alleingang» in Deutschland und als ungehörig oder zumindest ineffektiv, weil Themen auf der Agenda standen, die von universalkirchlicher Relevanz sind und daher in Deutschland nicht entschieden werden können.[2] Ich habe hochengagierte Menschen erlebt, die in

---

[1] Peter Handke, Phantasien der Wiederholung, Frankfurt a. M. 1983, 93.
[2] Einen sehr hilfreichen Einblick in die kontroverse Rezeption der Anliegen des «Synodalen Weges» hat die Zeitschrift Herder Korrespondenz (HerKorr) ermöglicht. Vgl. beispielsweise: Dominikus Kraschl, Freude am Glauben statt Selbstzerfleischung, in: HerKorr 74 (2020/2) 46–49; Christian Cebulj, Partizipation statt Depression, in: HerKorr 74 (2020/9) 47–49; Winfried Haunerland, Kein Ausweichmanöver!, in HerKorr 75 (2021/6) 49 f.; Thomas Schüller, Demokratie light?, in: HerKorr 75 (2021/10) 21–23; Jan-Heiner Tück, Die Vereinnahmungsfalle, in HerKorr 76 (2022/3) 46–48; Martin Rhonheimer, Synodale Illusionen, in: HerKorr 76 (2022/6) 48–51; Helmut Hoping, Von der Cathedra zum Katheder, in HerKorr 76 (2022/7) 48 f.; Hans-Joachim Sander, Von der Autorität der Argumente, in HerKorr 76 (2022/8) 48 f.; Philippa Rath, Unbeirrt weitergehen, in: HerKorr 76

Sorge um die Glaubwürdigkeit der Verkündigung des christlichen Evangeliums ihre Lebenszeit und ihre Gedankenkraft in ein im Ergebnis offenes Geschehen eingebracht haben. Gewiss bin ich selbst befangen, wenn ich mit Hochachtung über den Synodalen Weg spreche. Zugleich gilt: Niemand ist ohne eine Vormeinung in Kontexten der Deutung eines Ereignisses.

Der Synodale Weg hat auch ausserhalb der römisch-katholischen Kirche in Deutschland hohe Achtung erfahren. Theologische Zeitschriften haben in Themenheften dem Geschehen Aufmerksamkeit geschenkt.[3] Keine Veröffentlichung zum weltweiten synodalen Prozess kann je auf dem neuesten Stand sein. Es entspricht dem Wesen von Synodalität, immer offen zu sein für neue formale Konstellationen und materiale Erkenntnisse. Viele Menschen beteiligen sich derzeit weltweit an der synodalen Bewegung. Auch Einsprüche und Widerworte sind Handlungsformen. Getaufte in der römisch-katholischen Kirche sind an vielen Orten über Reformanliegen intensiv im Gespräch miteinander. Es gibt eine lange und gute Tradition der Beobachtung von Vorgängen in der römisch-katholischen Kirche aus der Sicht evangelischer Institutionen oder von Personen in kirchenleitender Position.[4]

Ich werde im Folgenden zunächst über die Geschichte des Synodalen Weges in Deutschland unter Einbezug weltkirchlicher Aspekte berichten (2), die Frage nach der Rolle der (ökumenischen) Theologie im Prozess stellen (3) und abschliessend ökumenische Perspektiven aufzeigen (4). Mein Anliegen dabei ist es, auf die Schwierigkeiten aufmerksam zu machen, die bei den Bemühungen um die Wahrung der Einheit der Kirche(n) bestehen – sowohl innerkonfessionell als auch zwischen den Konfessionen.

(2022/9) 13–17; Klaus Unterburger, Erneuerung des pastoralen Lehramts, in: HerKorr 76 (2022/9) 49–51; Gregor Maria Hoff, Offenbarung in den Zeichen der Zeit, in: HerKorr 76 (2022/11) 49–51; Daniel Bogner, Souverän unsouverän, in: HerKorr 77 (2023/6) 20–22; Winfried Haunerland, Katholischer werden, in: HerKorr 77 (2023/8) 49–51.

3 Vgl. das Themenheft «Synodalität»: Materialdienst des Konfessionskundlichen Instituts Bensheim 73 (2022/2).

4 Vgl. Martin Bräuer, Ökumenischer Lagebericht 2021 Catholica, in: Materialdienst des Konfessionskundlichen Instituts Bensheim 73 (2022/1) 2–9, besonders 3–7; ders., Auf dem Weg zur synodalen Kirche – ein Blick auf den katholischen Prozess von außen, in: Una Sancta 75 (2020) 94–103; «Es der katholischen Kirche leichter machen». Ein Gespräch mit dem EKD-Ratsvorsitzenden Heinrich Bedford-Strohm, in: HerKorr 74 (2020/9) 16–20; Kirchenpräsident Volker Jung, Bereit, sich zu verändern. Aus dem Bericht für die Kirchensynode der EKHN am 20. Mai, in: KNA. Ökumenische Information. Nachrichten und Hintergründe aus der Christlichen Ökumene und dem Dialog der Religionen, 2022, Nr. 27 (5. Juli 2022), Dokumentation, I–VIII, besonders III; «In unserem Fach kann man neurotisch werden». Interview mit dem Kirchenhistoriker und Leibniz-Preisträger Thomas Kaufmann, in: HerKorr 74 (2020/3) 19–23.

2 Zur Geschichte des Synodalen Weges[5]

2.1 Vorgänge in Deutschland

Bei der Frühjahrsvollversammlung der deutschen Bischöfe in Lingen 2019 wurde vom damaligen Vorsitzenden Kardinal Reinhard Marx ein Synodaler Weg angekündigt. Dies geschah unter dem Eindruck der Ergebnisse einer im Auftrag der Deutschen Bischofskonferenz (DBK) von empirisch arbeitenden Instituten in Mannheim, Heidelberg und Gießen (MHG) erstellten wissenschaftlichen Studie, die die strukturell begründeten Begünstigungen der sexualisierten Gewalt und des geistlichen Missbrauchs aufdeckte.[6] Mit der Bekanntgabe des Synodalen Weges nach einem entsprechenden Beschluss der DBK noch in Lingen 2019 erfolgte eine Einladung an den damaligen Präsidenten des ZdK, Thomas Sternberg, an diesem Reformprozess mitzuwirken. Die Beratungen im ZdK stellten die Zustimmung unter den Vorbehalt, dass ohne eine Behandlung der Thematik «Frau und Amt» eine Mitarbeit auf dem Synodalen Weg nicht möglich ist. Zur Geschichte des Synodalen Weges gehört somit die Erinnerung daran, dass das Forum «Frauen in Diensten und Ämtern in der Kirche» vom ZdK als Bedingung für seine Teilhabe an dem Reformprozess der römisch-katholischen Kirche in Deutschland erstritten worden ist. Einzigartig im weltweiten Katholizismus ist die institutionalisierte Organisation eines Gremiums von Laien im ZdK, dessen Gründung mit den Anfängen der deutschen Demokratiebewegung, der institutionellen Rezeption der katholischen Soziallehre sowie der Formierung des katholischen Verbandswesens seit Mitte des 19. Jahrhunderts in Verbindung steht.[7] Heute besteht das ZdK aus drei Gruppierungen: Vertreter:innen der katholischen Verbände, der Diözesanräte sowie Einzelpersönlichkeiten in Politik, Sport, Kunst, Medien und Wissen-

---

5 Vgl. eine frühe Veröffentlichung mit vielen Stimmen von Synodalen: Michaela Labudda / Marcus Leitschuh (Hg.), Synodaler Weg – Letzte Chance? Standpunkte zur Zukunft der katholischen Kirche, Paderborn 2020. Kritische Stimmen sind gesammelt in: Christoph Binninger u. a. (Hg.), «Was ER euch sagt, das tut!» Kritische Beleuchtung des Synodalen Weges, Regensburg 2021.
6 Die MHG-Studie mit dem Titel «Sexueller Missbrauch an Minderjährigen durch katholische Priester, Diakone und männliche Ordensangehörige im Bereich der Deutschen Bischofskonferenz. Projektbericht vom 24. September 2018» sowie ergänzende Dokumente sind zugänglich auf der Homepage der Deutschen Bischofskonferenz, URL: https://www.dbk.de/themen/sexualisierte-gewalt-und-praevention/forschung-und-aufarbeitung/studien/mhg-studie. Am Forschungsprojekt beteiligt waren: Zentralinstitut für Seelische Gesundheit, Mannheim; Institut für Kriminologie der Universität Heidelberg; Institut für Gerontologie der Universität Heidelberg; Professur für Kriminologie, Jugendstrafrecht und Strafvollzug, Universität Gießen.
7 Vgl. Birgit Aschmann, Die Stunde der Laien? 150 Jahre Zentralkomitee der deutschen Katholiken, in: HerKorr 72 (2018/11) 21–25.

schaft. Während der Jahre des Synodalen Weges wechselten die Verantwortlichen in der paritätischen Leitung sowohl im ZdK als auch in der DBK: Auf Thomas Sternberg folgte Irme Stetter-Karp (ZdK); auf Reinhard Marx folgte Georg Bätzing (DBK).

Nach einer bemerkenswert kurzen Vorbereitungszeit mit der Erstellung von Satzung und Geschäftsordnung wurde der Synodale Weg am 1. Advent 2019 feierlich eröffnet. In vier Foren mit jeweils ca. 30 Mitgliedern und unter der Leitung von jeweils zwei Vorsitzenden (aus den Reihen der DBK und des ZdK) konstituierten sich die Arbeitsgruppen: (I) Macht und Gewaltenteilung in der Kirche – Gemeinsame Teilnahme und Teilhabe am Sendungsauftrag; (II) Priesterliche Existenz heute; (III) Frauen in Diensten und Ämtern der Kirche; (IV) Leben in gelingenden Beziehungen – Liebe leben in Sexualität und Partnerschaft. Von 2019 bis 2023 erarbeiteten diese vier Foren einen «Grundtext» und zunächst beliebig viele «Handlungstexte», die im Verlauf des Prozesses immer weiter in ihrer Anzahl reduziert worden sind. Eine weitere vom Präsidium berufene Arbeitsgruppe hat eine Präambel sowie einen «Orientierungstext» zu hermeneutischen Fragen vorbereitet; beide Texte haben in der zweiten Lesung die erforderlichen Mehrheiten gefunden. Beratungen und Beschlussfassungen erfolgten an fünf Terminen in den Jahren 2020 bis 2023 in Synodalversammlungen (ca. 230 Personen). Bedingt durch die Covid-19-Pandemie gab es Verzögerungen in den Beratungsprozessen. Als Fehler wurde erkannt, dass die von sexualisierter Gewalt betroffenen Menschen erst ab der Zweiten Synodalversammlung mit eigener Stimme am Synodalen Weg offiziell teilgenommen haben, obwohl die besondere Achtsamkeit auf diese Menschen der Ausgangspunkt der Beratungen war.

Der Synodale Weg hat sich von Beginn an als ein geistliches Geschehen verstanden, bei dem Respekt vor widerstreitenden Positionierungen zu erwarten ist. Bewusst hat die DBK zusammen mit dem ZdK nicht die im römisch-katholischen Kirchenrecht vorgesehene Form eines Partikularkonzils[8] gewählt, sondern eine im Ergebnis nicht verbindliche Gestalt der Beratungen bevorzugt, die offen bleibt für weltkirchliche Entwicklungen. Eine andere Entscheidung hätte zur Folge gehabt, dass Themen von universalkirchlicher Relevanz nicht hätten besprochen werden können. Zudem hätten strikte Vorgaben im Blick auf die

---

[8] Vgl. Codex Iuris Canonici – Codex des Kanonischen Rechts, Lateinisch – deutsche Ausgabe, Kevelaer 1983 (künftig CIC/1983), bes. cann. 439–446. Die Wahl einer eigenen Kommunikationsstruktur jenseits der kirchenrechtlichen Regeln wird auch kritisch Kommentiert: Norbert Lüdecke, Die Täuschung. Haben Katholiken die Kirche, die sie verdienen?, Darmstadt 2021. Andere Bischofskonferenzen – beispielsweise jene in Australien – haben sich für ein Partikularkonzil als Reformweg entschieden.

personelle Zusammensetzung der Synodalversammlungen beachtet werden müssen – beispielsweise im Hinblick auf das Verhältnis von Ordinierten und Laien. Die Entscheidung für eine nur für den Synodalen Weg gültige Satzung und Geschäftsordnung hatte Folgen: Sie erlaubte eine freie Wahl der Themen und hinterliess zugleich die Frage nach der Verbindlichkeit der gefassten Beschlüsse. Es gibt Entscheidungen, die auf ortskirchlicher Ebene von einem Bischof verantwortet werden können – beispielsweise die Beauftragung von Laien mit dem Dienst der Gemeindeleitung[9] oder die Vergabe einer ausserordentlichen Taufvollmacht[10]. Diese Möglichkeiten sind jedoch nicht durch den Synodalen Weg erstritten worden, sie entsprechen den kirchenrechtlichen Richtlinien. Die Kontroverse um die Dringlichkeit, solche Massnahmen zu ergreifen, konnte auf dem Synodalen Weg geführt werden; eine Verpflichtung für einen Bischof, aufgrund der Zustimmung zu den Argumenten zu handeln, war damit jedoch nicht gegeben.

2.2 Universalkirchliche Kontexte

Papst Franziskus hat sich sehr bald nach dem Beginn seines Pontifikats im Jahr 2013 dafür ausgesprochen, das Konzept der Synodalität in der römisch-katholischen Kirche zu stärken. Er hat zu thematischen Synoden zu Fragen der Familie sowie der Jugend auf weltkirchlicher Ebene nach Rom eingeladen und zudem einen Prozess initiiert, der dazu dient, Chancen und Grenzen der Partizipation aller Getauften an Beratungen und Entscheidungen im kirchlichen Kontext auszuloten. Von besonderer Bedeutung war eine Ansprache von Papst Franziskus bei der 50-Jahr-Feier der Errichtung der Bischofssynode am 17. Oktober 2015, in der er programmatisch formulierte:

«Die Welt, in der wir leben und die in all ihrer Widersprüchlichkeit zu lieben und ihr zu dienen wir berufen sind, verlangt von der Kirche eine Steigerung ihres Zusammenwirkens in allen Bereichen ihrer Sendung. Genau dieser Weg der *Synodalität* ist das, was Gott sich von der Kirche des dritten Jahrtausends erwartet.»[11]

---

9 Vgl. CIC/1983, can. 517 § 2.
10 Vgl. CIC/1983, can. 861 § 2.
11 Ansprache von Papst Franziskus bei der 50-Jahr-Feier der Errichtung der Bischofssynode, in: Die Berufung und Sendung der Familie in Kirche und Welt von heute. Texte zur Bischofssynode 2015 und Dokumente der Deutschen Bischofskonferenz, Bonn 2015, 25 (Arbeitshilfen herausgegeben vom Sekretariat der Deutschen Bischofskonferenz, Nr. 276); Hervorhebung im Original.

Ermutigt durch Papst Franziskus hat nicht nur in Deutschland ein Synodaler Weg begonnen. Auch in anderen Regionen der Welt – beispielsweise in Australien – gab es nationale synodale Beratungen in formalisierter Gestalt. Im Jahr 2021 hat Papst Franziskus zunächst für das Jahr 2023, dann erweitert um das Jahr 2024 zur XVI. Ordentlichen Generalversammlung der Bischofssynode nach Rom eingeladen. Da erstmals auch berufene Laien dort Stimmrecht haben, heisst der für dieses Beratungsgeschehen vorgesehene Begriff Weltsynode. In das Instrumentum Laboris für die Beratungen im Oktober 2023[12] sind Anliegen aus sieben kontinentalen synodalen Beratungen eingegangen: Aus Nord- und Südamerika, Afrika, Europa, dem arabischen Raum, Asien und Australien sind Stimmen zu der Frage gesammelt worden, welche Themen in der römisch-katholischen Kirche der Gegenwart dringlich Gegenstand synodaler Beratungen sein sollten.[13] Im Blickpunkt der Weltsynode war vor allem die grundsätzliche Frage, welches Verständnis von Synodalität nach römisch-katholischer Lehrtradition angemessen erscheint. In erfreulicher Weite sind dabei auch ökumenische Aspekte berücksichtigt.[14]

3   Relevanz der (ökumenischen) Theologie im synodalen Geschehen

Der Synodale Weg in Deutschland zeichnete sich durch eine hohe Präsenz theologischer Kompetenz aus. Insbesondere in den Foren hat die wissenschaftliche Theologie ihre Stimme erhoben. Nicht immer erschien allen Synodalen diese Konstellation als wünschenswert und hilfreich. Warum noch theologisch argumentieren, wenn die Erfahrungen Gewissheit erbringen – so fragten nicht wenige der Synodalen. Die spürbare Skepsis gegenüber einer zu stark «akademisch» geführten Debatte führte in einzelnen Zusammenhängen zu Kontroversen zwischen Menschen, die dasselbe Ziel verfolgten, es jedoch auf unterschiedlichen Wegen versuchten. Im Blick beispielsweise auf die Thematik

---

12 Vgl. XVI. Ordentliche Generalversammlung der Bischofssynode, Instrumentum Laboris für die erste Sitzung (Oktober 2023): Für eine synodale Kirche. Gemeinschaft – Teilhabe – Sendung, URL: https://www.dbk.de/fileadmin/redaktion/diverse_downloads/presse_2023/2023-Instrumentum-laboris-TED.pdf.
13 Eine hilfreiche Zusammenstellung und Kommentierung von Dokumenten des kontinentalen Prozesses in Europa und des Instrumentum Laboris für die Weltsynode bietet eine Veröffentlichung, die in Österreich entstanden ist: Vgl. Dietmar W. Winkler / Roland Cerny-Werner (Hg.), Synodalität als Möglichkeitsraum. Erfahrungen – Herausforderungen – Perspektiven (Salzburger Studien 71), Innsbruck / Wien 2023. Der Band ist auf das Grundverständnis von Synodalität konzentriert und enthält auch Stimmen aus der multilateralen Ökumene.
14 Vgl. vor allem die Abschnitte B 1.3 und B 1.4 des «Instrumentum Laboris» für die Weltsynode 2023, die unter dem Leitgedanken der Ökumene der Gaben nach dem ökumenischen Engagement bei der Begründung von Synodalität fragen.

«Frauen in Diensten und Ämtern in der Kirche» kam es zu einem am Ende konstruktiv ausgetragenen Streit zwischen Theologinnen, die bibeltheologisch und dogmenhermeneutisch arbeiten wollten, mit anderen, die diese Thematik unter dem Aspekt der Geschlechtergerechtigkeit und der allgemeinen Menschenwürde betrachtet sehen wollten.

Zu denken gibt, dass zu allen Themenbereichen des Synodalen Weges auch ökumenische Dokumente vorliegen, in denen kontroverse Positionen bereits reflektiert werden – beispielsweise im Hinblick auf die in der ökumenischen Weltgemeinschaft seit Jahrzehnten virulenten Fragen der Ethik[15] oder der Ämterlehren[16] oder der theologischen Hermeneutik insbesondere bei der Bestimmung des Verhältnisses zwischen Schrift und Tradition[17]. Im Orientierungstext des Synodalen Weges und in den Grundtexten der vier Foren kommen Überlegungen zur theologischen Erkenntnislehre explizit zur Darstellung.[18] Meine Wahrnehmung ist, dass die in den ökumenischen Gesprächen virulenten Fragen und die in den kirchenamtlichen Dialogen gewonnenen Erkenntnisse auf dem Synodalen Weg nicht in gebührender Weise thematisiert worden sind. Dafür mag es gute Gründe geben – vor allem das Erfordernis, innerhalb der eigenen Konfession zu einer Einmütigkeit zu finden, die weitere Wege miteinander ermöglicht. Könnte diesbezüglich nicht auch hilfreich sein, in der argumentativen Auseinandersetzung auf die ökumenische Expertise zu achten?

Die Rolle der Theologie wird auf den gegenwärtigen synodalen Wegen der Christenheit vielfach kritisch angefragt. Ich vermag diesen Vorbehalt nicht zu teilen, da ich dem Konzept der anthropologisch gewendeten Theologie zuneige, die die existenziellen Fragen der Menschen zum Ausgangsort der Reflexion

---

15 Myriam Wijlens/Vladimir Shmaliy (Hg.), Churches and Moral Discernment, Bd. 1: Learning from traditions (Faith and Order Paper No. 228), Genf 2020; Myriam Wijlens/Vladimir Shmaliy/Simone Sinn (Hg.), Churches and Moral Discernment, Bd. 2: Learning from History (Faith and Order Paper No. 229), Genf 2021.

16 Vgl. beispielsweise die Zusammenfassung der Ergebnisse einer langjährigen Studienarbeit des Ökumenischen Arbeitskreises evangelischer und katholischer Theologen zum Themenkreis «Das kirchliche Amt in apostolischer Nachfolge», die in einem «Abschließenden Bericht» präsentiert werden: Dorothea Sattler/Gunther Wenz (Hg.), Das kirchliche Amt in apostolischer Nachfolge, Bd. III: Verständigungen und Differenzen, Freiburg i. Br./Göttingen 2008, 167–267.

17 Vgl. Dorothea Sattler, Die Kirchen unter Gottes Wort. Schriftverständnis und Schriftgebrauch als Thema ökumenischer Dokumente, in: Theodor Schneider/Gunther Wenz (Hg.), Verbindliches Zeugnis, Bd. III: Schriftverständnis und Schriftgebrauch, Freiburg i. Br./Göttingen 1998, 13–42; vgl. im thematischen Zusammenhang auch: Joachim Mehlhausen, Evangelische Synoden und kirchliche Lehre. Der Schriftgebrauch bei synodalen Lehrentscheidungen, in: a. a. O. 221–246; Ökumenischer Arbeitskreis evangelischer und katholischer Theologen, Schriftverständnis und Schriftgebrauch. Abschließender Bericht, in: a. a. O. 288–389.

18 Die Textdokumente sind über URL: https://www.synodalerweg.de zugänglich.

wählt. Unter dieser Voraussetzung gibt es keine Konkurrenz zwischen Erfahrung und Theologie. Jedes säkulare Zeugnis ist als Fremdprophetie herzlich willkommen. Eine Diastase zwischen Kirche und Gesellschaft ist aus meiner Sicht nicht angemessen. Alle materialen, inhaltlichen Themen der synodalen Prozesse sind ohne Bezüge zur wissenschaftlichen Theologie nicht weiterführend zu besprechen. Es gibt bei der universitären Ausbildung weltweit Standards, die auch für synodale Beratungen gelten. Es bedarf weiterer Anstrengungen, den internationalen Austausch der Theologien auch mit Blick auf ihre Methodik zu stärken. Ohne exegetische Grundkenntnisse und ohne Einsichten in die Hermeneutik der Auslegung historischer Dokumente finden wir nicht mehr zu Konvergenzen. Die Kirchengeschichte belegt: Eine kirchliche Lehre ohne angemessene theologische Begründung findet auf Dauer keine Rezeption.

4 Perspektiven im Sinne ökumenischer Hermeneutik

In der weltweiten Christenheit mit ihrer pluralen Gestalt vieler Denominationen im jeweiligen lokalen Kontext wird der Synodale Weg der römisch-katholischen Kirche in Deutschland kaum bekannt sein. In der universalen Ökumenischen Bewegung finden eher Initiativen von Päpsten Aufmerksamkeit. Das Wirken des derzeitigen Papstes Franziskus wird in der Ökumene vor allem unter dem Aspekt seiner Option für die Armen[19], seines Engagements für die Bewahrung der Schöpfung[20] sowie seiner Bereitschaft, Schuldphänomene auf persönlicher wie institutioneller Ebene in der römisch-katholischen Kirche zu beklagen, rezipiert. Fragen der Reform der römisch-katholischen Institution in ihrer amtlichen Gestalt sind in weiten Kreisen der Christenheit weniger von Interesse.

In der Aussenperspektive werden die im inneren Bereich der römisch-katholischen Glaubensgemeinschaft besprochenen Kontroversen angesichts der sozialen Herausforderungen in der Gegenwart der Welt wenig Bedeutung haben. Anfragen werden gestellt: Lohnt es sich, im Detail über Strukturen in einer kirchlichen Gemeinschaft nachzudenken? Sollte sich der Blick nicht eher auf die wahren Probleme in der Nähe und in der Ferne richten: Menschen hungern und dürsten; es ist Krieg an vielen Orten der Erde; die Lebensgrundlagen für künftige Generationen sind bedroht; Ausgrenzungen aus ethnisch-diskri-

---

19 Vgl. Apostolisches Schreiben «Evangelii gaudium» von Papst Franziskus über die Verkündigung des Evangeliums in der Welt von heute (24. November 2013). Deutsche Übersetzung: Verlautbarungen des Apostolischen Stuhls, Nr. 194, Bonn 2013.

20 Vgl. Enzyklika «Laudato si'» von Papst Franziskus über die Sorge für das gemeinsame Haus (24. Mai 2015). Deutsche Übersetzung: Verlautbarungen des Apostolischen Stuhls, Nr. 202, Bonn 2015.

minierenden Motiven finden statt; die sozialen Spannungen stellen die Weltgesellschaft vor Zerreissproben. Es ist wichtig, auf dem Synodalen Weg die Erinnerung an die hier nur anzudeutenden Herausforderungen wach zu halten. Die Anwesenheit internationaler und ökumenischer Gäste bei den Synodalversammlungen nötigt – im guten Sinn – zu einer Konzentration auf wesentliche Aspekte des christlichen Glaubens.

Den Stimmen, die dem Synodalen Weg gegenüber kritisch eingestellt sind, weil sie eine Missachtung der weltkirchlichen Zusammenhänge befürchten, möchte ich im Grundansatz sehr gerne zustimmen und zugleich fragen: Wer ist eigentlich «die Weltkirche»? Es ist im römisch-katholischen Kontext sehr naheliegend, in diesem Zusammenhang an den Papst, den Bischof von Rom, und seine Entscheidungsbefugnisse zu denken; kuriale Institutionen in Rom sehen sich im Hinblick auf die Ausübung des Dienstamtes des Papstes in Verantwortung für die Bewahrung der Tradition. Aus Sicht des Zweiten Vatikanischen Konzils ist bei dem Begriff der Weltkirche jedoch zunächst an die Gemeinschaft der vom Heiligen Geist erfüllten Christinnen und Christen zu denken: «Die Gesamtheit der Gläubigen, welche die Salbung von dem Heiligen haben (vgl. 1 Joh 2,20.27) kann im Glauben nicht irren. Und diese ihre besondere Eigenschaft macht sie durch den übernatürlichen Glaubenssinn des ganzen Volkes dann kund, wenn sie ‹von den Bischöfen bis zu den letzten gläubigen Laien› ihre allgemeine Übereinstimmung in Sachen des Glaubens und der Sitten äußert.»[21] Wäre es in diesem Zusammenhang nicht angemessen, mit dem Begriff der «Weltkirche» nicht nur die römisch-katholischen Gläubigen zu erfassen, sondern alle, die an Jesus Christus glauben? Die Bedeutung des christlichen Glaubens wird im weltkirchlichen Kontext insbesondere an theologischen Ausbildungsstätten bedacht, die in vielen Ländern in ökumenischer Gemeinschaft verantwortet werden.

Der grössere Zusammenhang ist zu bedenken: In welchem Verhältnis stehen auf Dauer gestellte, institutionalisierte Formen der theologischen Beratung unter Delegierten aller Kirchen zu den Weisen der Kommunikation über Themen des christlichen Glaubens in der eigenen kirchlichen Gemeinschaft? Welche Wirkung hat die Anwesenheit von Mitgliedern anderer Kirchen in konfessionellen Gremien? Wer wählt die Gäste nach welchen Gesichtspunkten aus? Welche Möglichkeiten der Mitwirkung an Reformprozessen erhalten Berate-

---

21 Zweites Vatikanisches Konzil, Dogmatische Konstitution über die Kirche *Lumen Gentium* (LG), 21.11.1964, Nr. 12. Der Begriff und die Bedeutung des unverirrlich urteilenden, infalliblen *sensus fidelium*, des Glaubenssinns der Gläubigen, ist im Anschluss an das Zweite Vatikanische Konzil vielfach bedacht worden, vgl. Thomas Söding, (Hg.), Der Spürsinn des Gottesvolkes. Eine Diskussion mit der Internationalen Theologischen Kommission, Freiburg i. Br. 2016.

rinnen und Berater aus anderen Kirchen? Sollte es nicht die Regel sein, dass es zumindest Beobachter und Beobachterinnen aus der Ökumene bei wichtigen konfessionellen Versammlungen gibt? Sollte es Ordnungen dazu geben? Welche Grenzen der Belastbarkeit sind diesbezüglich auch angesichts von personellen und finanziellen Ressourcen zu bedenken?

Der vom Zweiten Vatikanischen Konzil für die römisch-katholischen Theologinnen und Theologen, die in ökumenischen Dialogen tätig sind, formulierte Anspruch, «Geist und Sinnesart»[22] der Geschwister zu kennen, lässt sich in Wechselperspektive als eigene Bereitschaft verstehen, auch den Gesprächspartnerinnen und Gesprächspartnern im Blick auf die römisch-katholische Kirche «eine bessere Kenntnis der Lehre und der Geschichte, des geistlichen und liturgischen Lebens, der religiösen Psychologie und Kultur»[23] zu ermöglichen. Gewiss bezieht sich die Einschätzung der Konzilsväter, hinsichtlich der wachsenden Vertrautheit miteinander seien «gemeinsame Zusammenkünfte, besonders zur Behandlung theologischer Fragen, sehr dienlich, bei denen ein jeder mit dem anderen auf der Ebene der Gleichheit spricht (‹par cum pari agat›)»[24], primär auf vereinbarte ökumenische Dialoge. Die Grundhaltung der Offenheit für Transparenz im Miteinander lässt sich jedoch auch auf das Geschehen der Partizipation an konfessionellen Reformprozessen übertragen.

---

22 Zweites Vatikanisches Konzil, Dekret über den Ökumenismus *Unitatis redintegratio* (UR), 21.11.1964, Nr. 9.
23 Ebd.
24 Ebd.

Vor Risiken und Nebenwirkungen wird gewarnt

Warum die Bezeichnung «Systemische Ursachen» des sexuellen Missbrauchs folgenreich ist

Irme Stetter-Karp

Synodalität, in diesen Jahren in aller Munde in der römisch-katholischen Kirche, ist nicht neu. Sowohl in der Orthodoxie als auch in der evangelischen Kirche gibt es eine lange Tradition. In der ökumenischen Perspektive ist Synodalität deshalb weder singulär noch Innovation. Dennoch lohnt auch unter ökumenischer Analyse eine Reflexion auf eine Besonderheit des Synodalen Weges in Deutschland.[1] Während die orthodoxen katholischen Kirchen Synodalität ausschliesslich als Prozess unter Klerikern kennen, ist in der evangelischen Tradition die Bedeutung des bischöflichen Amtes nicht vergleichbar. Dem Synodalen Weg wiederum ist eigen, dass er Synodalität als Prozess zwischen Bischöfen und organisierten Laien versteht.

Im ersten Abschnitt erfolgt eine Übersicht zum Synodalen Weg zwischen 2019 und März 2023. Der zweite Absatz reflektiert Synodalität als Lernerfahrung in Krisenzeiten. Der dritte Absatz diskutiert die potenziellen Lernerfahrungen zwischen den christlichen Kirchen.

1 Der Synodale Weg in Deutschland

Kontext und Genese

Ausgangspunkt des Synodalen Weges in Deutschland war die Bitte der Deutschen Bischöfe an das Zentralkomitee der deutschen Katholiken (ZdK) im Jahr 2019, angesichts der Erschütterungen durch den Missbrauchsskandal einen Weg der Umkehr und der Erneuerung der katholischen Kirche in Deutschland gemeinsam zu suchen. Dies gilt es festzuhalten: Der Synodale Weg war keine Idee der Laien in der katholischen Kirche. Die Bitte lautete, gemeinsam mit den Bischöfen Schlussfolgerungen aus der MHG-Studie[2] zu ziehen bzw. die

---

1 Allgemein als Synodaler Weg bezeichnet. Vgl. URL: https://synodalerweg.de.
2 MHG steht für Mannheim, Heidelberg, Gießen; Forschungsprojekt: Sexueller Missbrauch an Minderjährigen durch katholische Priester, Diakone und männliche Ordensangehörige im Bereich der Deutschen Bischofskonferenz; Projektbericht vom 24. September 2018,

dort als systemisch relevant eingestuften Themen zu bearbeiten. Im ZdK war die Frage nach Für und Wider durchaus umstritten, waren doch die grossen Risiken von Anfang an sichtbar: sehr hohe Erwartungen, die fast nur zu Frustration führen können, auch die Befürchtung, ob es wirklich ernst gemeint ist mit einem gemeinsamen verbindlichen Weg oder ob der so genannte Dialogprozess der Jahre zuvor in eine weitere Schleife gehen sollte. Dazu waren sehr viele Delegierte im ZdK nicht mehr bereit. Eine erste kritische Hürde entstand, als die Vollversammlung des ZdK gefragt war, ihre Zustimmung zu drei von den Bischöfen vorüberlegten Themenfeldern zu geben. Nach einer intensiven Debatte bestand der Souverän des ZdK darauf, dass die Frage nach dem Zugang von Frauen zu Diensten und Ämtern nicht nur implizit in den drei vorgeschlagenen Foren vorkommen solle, sondern ein eigenständiges viertes Forenformat, eine explizite Befassung brauche. So kam es zu einem qualifizierten Mehrheitsbeschluss für vier Foren. Dem haben die deutschen Bischöfe Rechnung getragen.

Zielsetzung und Anspruch

Zwei Aufgaben sind in der Satzung definiert:

Arbeitsweise und Delegiertenstruktur

Der Synodale Weg hatte vier Organe:
- Synodalversammlung
- Synodalpräsidium
- Erweitertes Synodalpräsidium
- Synodalforen

Wesentlich in der Arbeitsweise ist, dass in den vier Fachforen, in denen neben den Delegierten zusätzlich berufene Beraterinnen und Beratermitwirkten, inhaltlich die entscheidende Vorarbeit geleistet wird. Dort entstehen die Textvorlagen für die Synodalversammlung. Dabei gibt es verschiedene Gattungen von Texten, im Wesentlichen wird unterschieden zwischen je einem «Grundtext» pro Forum und darauf aufbauenden konkreten «Handlungstexten».

Die Zeitstruktur war geplant für 2020 und 2021. Die Corona-Pandemie hat diesem Zeitplan einen Strich durch die Rechnung gemacht. Faktisch mussten in beiden Jahren digitale Formate entwickelt werden. Schliesslich endete der Syn-

---

URL: https://www.dbk.de/fileadmin/redaktion/diverse_downloads/dossiers_2018/MHG-Studie-gesamt.pdf.

odale Weg mit der Fünften Synodalversammlung vom 9. bis 11. März 2023. Über die Zusammensetzung der Versammlungen, d. h. die Delegiertenstruktur, wurde zwischen den beiden Trägern ZdK und DBK gerungen. Umstritten war auch die Geschäftsordnung. Unter anderem hatten fünf Bischöfe versucht, gegen das *Quorum* der absoluten Mehrheit eine Sperrminorität ab drei Stimmen einzubauen, die ausreichen sollte, damit eine Vorlage aus einem Synodalforum nicht an die Synodalversammlung weitergegeben werden kann. Es ist bemerkenswert, dass die Versammlung in öffentlicher Abstimmung fünf Bischöfen in der Ersten Versammlung dazu die rote Karte gezeigt hat.

Der Synodale Weg versteht sich ausdrücklich als ein Weg der Umkehr und Erneuerung. Es geht deshalb um viel, weil sehr viel Vertrauen verspielt ist und weil die Betroffenen nicht erneut verraten werden dürfen. Der Weg war der Lackmustest, wie ernst es mit den Versprechen ist, alles zu tun, um sexualisierte Gewalt und geistlichen Missbrauch zu bekämpfen. Auch wenn zwischen Abgrund und Aufbruch ein schmaler Grat ist, das ZdK musste den Versuch wagen, aus der tiefen Krise einen Wendepunkt zu erreichen; 2020 hat der Sachbereich 1 «Theologie, Pastoral und Ökumene» des ZdK ein Positionspapier vorgelegt mit dem Titel «Aufbruch wagen – statt Rückzug».[3] In dieser Haltung erfolgte auch die Zustimmung des ZdK, mitzuwirken.

Themen und Inhalte

Aber wird es nach dem Synodalen Weg in der katholischen Kirche zu dieser Umkehr und Erneuerung kommen?

Es gibt Anzeichen, dass der Geist Gottes den Geist von Frankfurt inspiriert hat. Das spiegelt auch der beschlossene Orientierungstext mit seiner Ausrichtung an der Heiligen Schrift, an der Tradition, an den Zeichen der Zeit, am Glaubenssinn, am Lehramt und an der Theologie. Es geht darum, «Macht und Gewaltenteilung» so neu zu gestalten, dass Transparenz und Partizipation, Kontrolle und Rechenschaft nachhaltig garantiert sind. So wird deutlich, was es «auf katholisch» heisst, eine synodale Kirche mit einer demokratischeren Kultur zu werden. Die Beteiligung der Gläubigen an der Bestellung von Bischöfen festzuschreiben, das zeigt, wie wichtig das Amt *und* wie wichtig das Volk Gottes ist. Das Spektrum relevanter Beschlüsse ist vielfältig: Bestärkung und Öffnung des Zölibats, Persönlichkeitsbildung der Priester, Frauen in Diensten und

---

[3] Wolfgang Beck / Regina Heyder / Dorothea Sattler / Thomas Söding / Agnes Wuckelt (Hg.), Aufbruch statt Rückzug. Die römisch-katholische Kirche in der Öffentlichkeit heute, Freiburg i. Br. 2022.

Ämtern der Kirche – im Diakonat, im sakramentalen Ordo –, Segensfeiern für Paare, die sich lieben, Neubewertung der Homosexualität, Neugestaltung der Grundordnung des kirchlichen Arbeitsrechts, Anerkennung der sexuellen Selbstbestimmung von Eheleuten. In den ersten Lesungen war deutlich geworden, was alles im Argen liegt und geändert werden kann. Predigtordnung, Rechenschaftspflichten, die Grundtexte des Priester- und des Sexualitätsforums hatten in der Zweiten bis Vierten Versammlung die erste Hürde genommen. Ein Synodaler Rat für die Kirche in Deutschland war in Vorbereitung. Bei der Vierten Synodalversammlung fand der Beschluss zur Einrichtung eines Synodalausschusses, der den Synodalen Rat innerhalb der nächsten drei Jahre vorbereitet, die notwendige Zweidrittel-Mehrheit der deutschen Bischöfe. Gleichzeitig hat die Vierte Synodalversammlung eine grosse Ernüchterung gebracht. Die Dialogverweigerung einer Reihe von Bischöfen und Weihbischöfen brachte ohne Vorankündigungen, gewissermassen per Knopfdruck, den Grundtext des Forum IV «Leben in gelingenden Beziehungen – Liebe leben in Sexualität und Partnerschaft» zu Fall. Die Synodalversammlung stand für Stunden unter Schock und real in der Gefahr des Scheiterns. Erst unter mehreren «Beratungsauszeiten» der Bischöfe gelang es, wieder in die Spur zu finden und sowohl den Grundtext «Frauen in Diensten und Ämtern in der Kirche» als auch weitere Handlungstexte mit überzeugenden Mehrheiten zu beschliessen. Bei der Fünften Versammlung im März war die Spannung zum Greifen nah: Werden diejenigen Recht bekommen, die das Scheitern vorhergesagt hatten?

2 Synodalität als Lernerfahrung in Krisenzeiten innerhalb der römisch-katholischen Kirche

Seit Beginn des Synodalen Weges wurden beide Träger, DBK und ZdK, oft gefragt: Wie gross ist die Gefahr eines Schismas, einer Spaltung? Solange die Ursachen des massiven Bruches zwischen Lehramt und Gläubigen weiter existieren, lässt sich die Frage einer Spaltung nicht völlig negieren. An einem konkreten Beispiel erläutert: Ist es nicht längst eine Zerrissenheit, wenn ein sehr grosser Anteil der Katholikinnen und Katholiken seit Jahrzehnten in der römisch-katholischen Kirche in Deutschland bekennt, dass die starren Formeln des Katechismus zur katholischen Sexuallehre in ihrer Lebenswirklichkeit keine Bedeutung haben? Und seit der jüngsten Kirchenmitgliedschaftsuntersuchung (KMU) im Herbst 2023[4] ist empirisch nachgewiesen, dass 96 Prozent

---

[4] Die KMU ist urheberrechtlich geschützt. Weitere Informationen sowie eine digitale Fassung des rund 100-seitigen Übersichtsbandes vgl. URL: https://kmu.ekd.de. Ein ausführlicher Auswertungsband ist 2024 verfügbar.

der Katholiken und Katholikinnen in Deutschland Reformen dringend erwarten. Das Ziel der Engagierten im Synodalen Weg ist, in eine Bewegung zu kommen, in der die Lebenserfahrung der Gläubigen und die Lehre der Kirche wieder mehr zusammenkommen. Das ist das Gegenteil von Spaltungsinteressen. Auch wenn das wiederholt von ausserhalb und innerhalb des Vatikans unterstellt wird. Gleichzeitig war den Delegierten von Anfang an bewusst, dass bei einem Teil der Themen wie etwa Zölibat und Zugang der Frauen zu Diensten und Ämtern selbstverständlich die Weltkirche gefragt ist und Grenzen der Ortskirche erreicht sind. Deshalb wurden hierzu in den Beschlüssen Bitten an den Papst formuliert.

Die Frage lässt sich auch in der anderen Richtung formulieren: Gefährdet nicht Rom selbst die Einheit der Weltkirche, indem beispielsweise seit der Würzburger Synode in den 1970er-Jahren auf den damaligen Beschluss zum Diakonat der Frau bis heute noch nicht einmal eine formale Antwort an die deutschen Bischöfe gegeben wurde? Spätestens im 21. Jahrhundert ist offensichtlich, dass eine Weltreligion dieser Grössenordnung gut beraten ist, mit einem Mehr an Flexibilität und Gestaltungsraum die für die Ortskirchen teils überbordende Spannung herauszunehmen. In der katholischen Soziallehre wird ein Prinzip geschätzt, das jetzt strukturell für die Kirche selbst mehr und mehr bedeutsam wird: Subsidiarität. Gleichzeitig ist unübersehbar: Der dringende Reformbedarf, den die Themen des Synodalen Weg(e)s in Deutschland abbilden, besteht auch in anderen Ländern und Kontinenten. Das machen viele Partner und Gäste deutlich, und das belegt auch die Etappe der Weltsynode im Oktober 2023. Der oft vorgetragene Vorwurf, die deutsche Kirche sei im Abseits und finde woanders wenig Verständnis, ist mit dem Abschlussdokument der Weltsynode im Oktober 2023 widerlegt. Die entscheidenden Themen des Synodalen Weges sind Themen der ganzen Weltkirche. Man muss keine Prophetin sein, um klar zu sehen: Die römisch-katholische Weltkirche im 21. Jahrhundert wird an der virulenten Frauenfrage und an den Fragen der Menschenrechte nicht vorbeikommen. Die Frage des Lehramtes, ob es der Kirche zustehe, Frauen zu Priestern zu weihen, kann hier nicht ausreichend vertieft werden. Wenigstens dieser Hinweis zum Dogmatiker Michael Seewald und seinem viel beachteten Buch «Dogma im Wandel. Wie Glaubenslehren sich entwickeln» sei jedoch angefügt. Er vermittelt Hoffnung auf mögliche Bewegungen, wenn er sagt:

«Die Bandbreite, die eine ekklesiale Verortung der Kontinuitätsproblematik gegenüber einer rein doktrinalen bietet, eröffnet einen breiten Raum des

Möglichen, in dem die Kirche sich entfalten könnte, ohne dadurch aufzuhören, mit sich und der Kirche Jesu Christi identisch zu sein.»[5]

Die Synodalversammlung hat eine gute Disziplin und Achtsamkeit eingeübt. Das verdient Respekt gegenüber allen, die mitwirkten. Die Risiken für die Fünfte Versammlung lagen in den wichtigen Texten, die am Ende noch zur zweiten Lesung anstanden. Das war der Grundtext des Forums II «Priesterliche Existenz – Stichwort Freiwilliges Zölibat». Das Dilemma war, dass die Laien einerseits demokratietheoretisch unmöglich erwarten konnten, dass die Zweidrittel-Mehrheiten fraglos zustande kommen. Andererseits waren die hohen Erwartungen präsent und auch die Erfahrung, wie schnell das Scheitern sich dann ereignen kann. Das hat das Scheitern des Grundtextes im Forum IV in der Vierten Versammlung bitter gelehrt. Die Medien haben den Synodalen Weg hervorragend begleitet. Bei der Fünften Versammlung haben über 160 akkreditierte Journalistinnen und Journalisten teilgenommen, auch aus dem gesamten europäischen Ausland, viele internationale Medien von Kanada bis Australien haben über die Versammlung berichtet. In dieser hohen Aufmerksamkeit lag ein eigenes Risiko. Ein Scheitern der Versammlung hätte die römisch-katholische Kirche in Deutschland nicht verstecken können. Deshalb war das Ringen um Kompromisse in der Fünften Versammlung besonders herausfordernd. Der Wert der Öffentlichkeit für das Plenum war gross, die Entscheidung zu maximaler Transparenz richtig. In Bezug auf den Lernweg ist jedoch genauso elementar, dass in den Foren das Gegenteil galt: intensive Zusammenarbeit hinter den Kulissen, ohne Öffentlichkeit. Diese absichtsvoll gewählte Mischung aus Transparenz und Vertraulichkeit hat sich als klug erwiesen und in der Texterarbeitung der Beschlussvorlagen viele kleine Schritte aufeinander zu ermöglicht.

Weitere Entscheidungen, die massgeblich zum Erfolg beigetragen haben, sind: die Konzentration auf konkrete Inhalte und die Beschränkung der Themen. Wer sich die Mühe macht, das Instrumentum Laboris, das Arbeitspapier der Weltsynode, mit dem Prozedere des Synodalen Weges zu vergleichen,[6] entdeckt neben den Parallelen den Unterschied in der Herangehensweise. Der Synodale Weg in Deutschland stellt nicht nur die entscheidenden Fragen, sondern er hat sich auch der Mühe unterzogen, als Ortskirche konkrete Lösungen

---

5 Michael Seewald, Dogma im Wandel. Wie Glaubenslehren sich entwickeln, Freiburg i. Br. 2018, 290.
6 Vgl. Deutsche Bischofskonferenz, Bischofssynode Synodale Kirche 2021–2024, Arbeitsdokument zu Weltsynode, URL: https://www.dbk.de/fileadmin/redaktion/diverse_downloads/presse_2023/2023-Instrumentum-laboris-TED.pdf.

für die identifizierten Probleme zu erarbeiten. In Fragen, die die Kompetenzen der Ortskirchen übersteigen, wurde der Papst um Prüfung und Entscheidung gebeten.

Noch vor der Fünften Versammlung fand im Februar 2023 zur Vorbereitung der Weltsynode die Kontinentalversammlung in Prag statt. Die deutsche Delegation bestand absichtsvoll aus zwei Frauen und zwei Männern, davon ein Bischof mit Mandat und drei Laien mit gewähltem Mandat. Die Strategie von Vertretern des Vatikans, die deutsche Ortskirche zu isolieren, war am Ende nicht erfolgreich. In der Osterwoche hatte das ZdK zu einem digitalen europäischen Vernetzungstreffen eingeladen, und neun Delegierte aus anderen Ländern haben sich beteiligt. Weitere Vernetzungstreffen auf Einladung Dritter sind gefolgt. Die Verantwortlichen des Synodalen Weges sind dankbar für ihre Bündnispartnerinnen und -partner zwischen Amazonien in Lateinamerika über Afrika bis nach Australien. Dieses Netzwerk wird in der Vorbereitung des weiteren Weges der Weltsynode 2024 von Bedeutung sein.

3 Synodalität als Lernerfahrung zwischen den christlichen Kirchen

In den beiden vorangehenden Abschnitten wurde der Synodale Weg in Deutschland vorgestellt. Im Folgenden steht im Mittelpunkt, was der spezifische Beitrag dieses Weges innerhalb der Ökumene sein kann. Zwei Akzente sollen dabei zunächst näher betrachtet werden: Wer sind die Akteure und Akteurinnen, und wie ist das Arbeitsverständnis im Prozess? Das Alleinstellungsmerkmal des Synodalen Weges liegt in der strukturierten Zusammenarbeit von Bischöfen und Laien, in der gemeinsamen Bereitschaft zur geteilten Verantwortungsübernahme und in der Zielvorstellung, nicht nur gemeinsam zu beraten, sondern auch gemeinsam zu entscheiden. Im Wissen um die kirchenrechtlichen Grenzen wurde dabei entschieden, bewusst innerhalb der Grenzen des Status quo des Kirchenrechts zu bleiben. Deshalb kann final allein eine Selbstverpflichtung der amtierenden Bischöfe für ihre jeweilige Diözese die Beschlüsse des Synodalen Weges in kirchliches Recht und kirchliche Praxis ummünzen. Der in allen 27 deutschen Diözesen schnell umgesetzte Beschluss zum kirchlichen Arbeitsrecht ist ein erfolgreiches Beispiel, ebenso das Tempo, das bei einer entsprechend drängenden Problemlage, in diesem Fall auch zwischen Staat und Kirche, erreicht werden kann.

Beim zweiten Akzent, der Frage der Arbeitsweise, gilt es das Verständnis beider Träger für den Synodalen Weg zu untersuchen. Während beispielsweise in der Orthodoxie Konsensentscheidungen in der Mitte stehen und das Einvernehmen – und damit ein Einstimmigkeitsprinzip – den Vorrang geniesst, wurde für die Satzung des Synodalen Weges bewusst von beiden Trägern eine andere

Form gewählt: die offene und öffentliche Debatte, das Ja zu einer Streitkultur und final die Erwartung von Mehrheitsentscheidungen. Weil diese Entscheidung zur Streitkultur und zu Mehrheitsentscheidungen vielfach angegriffen ist,[7] insbesondere im Hinblick auf die geplante Verstetigung der Arbeitsweise in einem Synodalen Rat ab 2026, muss hier eine ergänzende Anmerkung erfolgen. Der hohe Druck, unter dem die deutschen Bischöfe nach der Veröffentlichung der MHG-Studie standen, erklärt möglicherweise ihre Bereitschaft, sich öffentlich auf den Streit im Interesse einer besten Lösung einzulassen. Beide Träger des Synodalen Weges haben sich mit der Satzung aktiv zur Streitkultur bekannt. Muss man in der römisch-katholischen Kirche inzwischen daran erinnern, dass in der Urgemeinde der Christen konträre, strittige Fragen entschieden ausgetragen wurden? Exemplarisch sei an den Konflikt zwischen Paulus und Petrus erinnert, der für die Entwicklung der frühen Kirche fundamental war, die Streitfrage von Auflagen für Heidenchristen. Die Apostelgeschichte spricht von «grosser Aufregung und heftigen Auseinandersetzungen» (Apg 15,2).

Bei der Erinnerung an die andauernden Beschwörungen zur Einmütigkeit und zum «Nur-Zuhören» vor der Weltsynode 2023 drängt sich der Gedanke auf, dass der Vatikan weiterhin glaubt, den «Deckel auf dem bereits lange gärenden Gargut» halten zu können. Das Schlussdokument der Weltsynode 2023 zeigt an: Mindestens die Frauenfrage lässt sich im 21. Jahrhundert nicht mehr zurückdrängen. Sie wird zur Legitimationsfrage des Herrschaftssystems einer klerikalen Männerkirche. Bei der Frage, ob und wieviel Streitkultur in den christlichen Kirchen notwendig ist, lohnt sich ein Seitenblick auf die aktuelle Dissertation von Simon Linder mit dem Titel «Eine streitende Kirche in digitaler Gegenwart». Er zeigt sich darin überzeugt, dass es für gelingende Beziehungen im Volk Gottes in einer Gesellschaft von Konsumentinnen und Konsumenten die permanente Möglichkeit zum Widerspruch braucht, aus dem durchaus auch Streit entstehen kann. Als Volk Gottes lebe die Glaubensgemeinschaft in der Tradition des Zweiten Vatikanischen Konzils davon, dass sie gemeinsam – und dazu gehörten unweigerlich auch Auseinandersetzungen – die Botschaft Jesu weitertrage.[8] Ich füge an, dass in einer Kultur der Digitalität ein neues Verständnis für Bottom-up-Bewegungen relevant ist. Längst ist offensichtlich, dass Macht sich allein über Top-down-Steuerungen nicht nachhaltig sichern lässt. Erfolgreiche Führung verlangt die kluge Vermittlung beider Bewegungen.

---

7 Vgl. dazu römische Interventionen im Rahmen des Ad-limina-Besuches der deutschen Bischöfe im November 2022, in Form von mehreren Schreiben an die deutschen Bischöfe, zuletzt vom November 2023 von Kardinalstaatssekretär Pietro Parolin.
8 Vgl. Simon Linder, Eine streitende Kirche in digitaler Gesellschaft, Tübingen 2023.

Die im Zweiten Vatikanischen Konzil nebeneinander existierenden Paradigmen der hierarchischen Verfasstheit als Strukturprinzip der römisch-katholischen Kirche einerseits und der Volk-Gottes-Theologie andererseits[9] lassen erwarten, dass sich die Spannungen innerhalb der Weltkirche in den nächsten Jahren erhöhen. Sollen die Spannungen nicht explodieren, ist ein Weiterdenken dieser Paradigmen von Nöten. Dabei sind gerade die in der Pastoralkonstitution *Gaudium et spes* begrifflich und vor allem inhaltlich hinterlegten «Zeichen der Zeit» selbstverständlich in der Gegenwart und im Kontext der Kultur heute zu reflektieren. Der Katholizismus war stark, wenn er unterschiedliche Positionen zugelassen hat und in der Lage war, Ambiguitäten und Spannungen auszuhalten und im Interesse des Ganzen zu balancieren. Unabhängig davon sind die Säkularisierungsprozesse vor allem in den westlichen Gesellschaften geeignet, die Diskrepanzen zu verschärfen. Der Salzburger Fundamentaltheologe Gregor Maria Hoff bringt das mit Bezug auf das durch sexuellen Missbrauch durch Kleriker zerstörte Vertrauen und die KMU so auf den Punkt: «Diese Zahlen sind dramatisch genug, weil deutlich wird: Das Evangelium von der Menschenliebe Gottes lässt sich nicht glaubwürdig von einer Kirche vermitteln, die systemischen Missbrauch zulässt und intern kein glaubwürdiger Anwalt für Menschenrechte ist. Stichwort Frauen, Stichwort queere Menschen.»[10] Die Anerkennung systemischer Ursachen des sexuellen Missbrauchs stellt eine wichtige begriffliche Kategorie im Synodalen Weg dar. Sie ist zu einem speziellen Spannungsfeld zwischen der Vatikanbehörde und den Verantwortlichen im Synodalen Weg geworden. Während in Rom bis zum Herbst 2023 auch in offizieller Korrespondenz vom «sogenannten Missbrauch» gesprochen wurde und dieser primär Priestern als individuellen Tätern zugeschrieben wurde, ist die Einsicht der Delegierten des Synodalen Weges, dass diese Perspektive zu kurz greift. Daniel Kosch, der langjährige Generalsekretär der Römisch-Katholischen Zentralkonferenz (RKZ) der Schweiz und Gast bei allen fünf Synodalversammlungen in Deutschland, vertritt vor diesem Hintergrund die These: «Die systemischen Ursachen der Missbrauchskrise werden damit zum hermeneutischen Schlüssel für die notwendigen Reformen der katholischen Kirche».[11] Für die Verantwortlichen in Deutschland wird immer klarer, dass es gleichzeitig einer expliziten

---

9 Vgl. Zweites Vatikanisches Konzil, Dogmatische Konstitution über die Kirche *Lumen Gentium* (LG), 21.11.1964; Zweites Vatikanisches Konzil, Pastorale Konstitution über die Kirche in der Welt von heute *Gaudium et spes* (GS), 7.12.1965.
10 Interview mit Gregor Maria Hoff, Fundamentaltheologe sieht Synodalität als Weg aus der Krise, URL: https://www.domradio.de/artikel/fundamentaltheologe-sieht-synodalitaet-als-weg-aus-der-krise (13.9.2024).
11 Daniel Kosch, Synodal und demokratisch. Katholische Kirchenreform in schweizerischen Kirchenstrukturen, Luzern 2023, 443 f.

interkulturellen Reflexion des Systembegriffes bedarf, wenn man zu einem Mehr an gegenseitiger Verständigung innerhalb der Weltkirche kommen will. Für das Jahr 2024 sind erste Überlegungen für eine Veranstaltung mit Missbrauchsexperten in Rom zu diesem Themenkomplex avisiert. Auf der inhaltlich-thematischen Ebene ist die Anerkennung systemischer Ursachen präzise der entscheidende Ausgangspunkt für die Konzentration auf die vier Foren im Synodalen Weg. Gleichzeitig steht das Teilen und Beschränken von klerikaler Macht und deren wirksame Kontrolle im Gegensatz zum römischen Verständnis von Synodalität. Unstrittig ist das gemeinsame Beraten von Volk Gottes und Bischöfen (*decision making*), strittig ist dagegen das gemeinsame Entscheiden (*decision taking*), wie es im Synodalen Rat auf Dauer in der römisch-katholischen Kirche in Deutschland vorgesehen ist. Entsprechend sind die Warnrufe aus der römischen Kurie zu interpretieren. Diese argumentiert bislang primär dogmatisch, betont Grenzlinien ortskirchlicher Zuständigkeiten, warnt vor Sonderwegen und stellt die Ampeln auf Rot, wo *decision taking* strukturell verankert werden will.

Es ist in diesem begrenzten Rahmen nicht möglich, alle interessanten Facetten von Synodalität zu diskutieren. Umso mehr darf diese Erfahrung am Schluss nicht fehlen: Die Träger des Synodalen Weges haben kontinuierlich ökumenische Beobachterinnen und Beobachter zu den fünf Synodalversammlungen eingeladen. Ihre Wahrnehmungen und Kommentare waren und bleiben wertvoll. Daran anzuknüpfen und wechselseitig im Gaststatus von synodalen Prozessen zu lernen, kann eine lohnende Aufgabe für die nächste Zukunft in der Ökumene sein.

Teil B
Orthodoxe, protestantische und altkatholische Perspektiven

Die Kirche als gemeinsamer Weg zum Heil?
Die Bedeutung von Synodalität in der orthodoxen Kirche und Theologie

Stefanos Athanasiou

1 Einführungsgedanken

Die Frage nach der Organisationsstruktur der Kirche und inwieweit diese synodal oder mehr hierarchisch sein soll, ist vor allem in der römisch-katholischen Kirche in den letzten Jahren sehr stark zum Vorschein gekommen. Man muss jedoch gestehen, dass das Thema nicht erst seit dem Aufruf von Papst Franziskus, über Synodalität nachzudenken (2021), in der Theologie debattiert wird, sondern mindestens seit dem Dokument von Ravenna[1], das die Gemeinsame Internationale Kommission für den Theologischen Dialog zwischen der Römisch-katholischen Kirche und der Orthodoxen Kirche im Jahre 2007 verabschiedet und neun Jahre später in Chieti (2016)[2] zwar nicht weitergedacht, jedoch prägnanter formuliert hat. Schon in Ravenna und Chieti wird somit zwischen der katholischen und der orthodoxen Kirche die Zusammengehörigkeit von Synodalität und Primat debattiert und letzten Endes die Frage in den Raum gestellt, welches die Organisationsstruktur der Kirche sein soll.

Charakteristisch ist, dass in diesen Dokumenten die altkirchliche Organisationsstruktur in den Vordergrund gestellt wird, die die heutigen Organisationsstrukturen beider Kirchen grundlegend widerspiegelt. In beiden wird die Symphonie zwischen dem Protos und den Übrigen auf der lokalen, regionalen und universalen Ebene erläutert und interpretiert. So heisst es im Dokument von Chieti bezüglich der lokalen Ebene: «Diese gegenseitige Angewiesenheit aufeinander zwischen dem *proestos* oder dem Bischof und der Gemeinschaft ist ein

---

1 Kirchliche und kanonische Konsequenzen der sakramentalen Natur der Kirche. Kirchliche Communio, Konziliarität und Autorität, Ravenna, 13. Oktober 2007 (Übersetzung: Prof. Dr. Theresia Hainthaler), URL: https://www.sankt-georgen.de/fileadmin/user_upload/personen/Hainthaler/hainthaler_Ravenna-Deutsch.pdf (10.5.2024).
2 Synodalität und Primat im ersten Jahrtausend. Auf dem Weg zu einem gemeinsamen Verständnis im Dienst der Einheit der Kirche, Chieti, 21. September 2016 (Übersetzung: Prof. Dr. Barbara Hallensleben, daraus stammen die Zitate in diesem Artikel), URL: https://www.unifr.ch/iso/de/assets/public/files/Dokumentation/Memoria/Memoria%202016/Ereignisse/Chieti_Dokument_D_final.pdf (10.5.2024).

konstitutives Element für das Leben der Lokalkirche» (§ 9).[3] Vor allem auf der lokalen Ebene der Kirche hat es jedoch den Anschein, dass es sich hier um eine eucharistische Gemeinschaft handelt und somit die eucharistische Ekklesiologie auf der lokalen Ebene der Kirche einen besonders starken Ausdruck findet. Es verwundert deshalb nicht, dass schon in § 8 darauf hingewiesen wird:

> «In der Eucharistie sind der *proestos* und die Gemeinschaft wechselseitig aufeinander angewiesen: die Gemeinschaft kann die Eucharistie nicht ohne einen *proestos* feiern, und der *proestos* seinerseits muss mit einer Gemeinschaft feiern.»[4]

Es zeigt sich, dass der synodale eucharistische Ausdruck der Kirche auf der lokalen Ebene ein gemeinsamer Weg (*Synodos*) des Klerus und des Volkes ist, wobei beide aufeinander angewiesen sind. Folglich basiert die Symphonie zwischen Klerus und Volk gar nicht so sehr auf dem organisatorischen Ausdruck der Kirche, sondern besteht vielmehr in der eschatologischen Glaubensgemeinschaft. Anastasios Kallis hat darauf hingewiesen, dass

> «der Glaube an die eine Kirche im ersten Jahrtausend nicht eine empirische Realität mit entsprechenden organisatorischen Strukturen impliziert, sondern eine Treueverpflichtung zu einer Glaubensgemeinschaft, die sich nicht als Lehr- und Organisationsprinzip verstand, sondern als eine eschatologische orientierte, betende Gemeinschaft».[5]

Somit wird die Synodos der Kirche auf lokaler Ebene vor allem als ein gemeinsamer Heilsweg verstanden und nicht als Weg, der sich durch gemeinsame Entscheidungsfindung definiert. Offenbarung und Heilserfahrung sind die eigentlichen Eckpfeiler der Kirche auf lokaler Ebene.

Auf regionaler und universaler Ebene scheint es, dass die Laien keine Funktion ausüben. So wird in Chieti auf den Apostolischen Kanon 34[6] hingewiesen,

---

3 Ebd.
4 Ebd.
5 Anastasios Kallis, Glaubensgemeinschaft – Schisma – Häresie im ersten Jahrtausend, in: Ioan Moga / Regina Augustin (Hg.), Wesen und Grenzen der Kirche, Beiträge des zweiten Ekklesiologischen Kolloquiums, Innsbruck 2015, 93–104, 94.
6 Im Apostolischen Kanon 34 heisst es charakteristisch: «Wir befehlen, daß der Bischof Gewalt habe über das Kirchenvermögen. Denn wenn man ihm die kostbaren Seelen der Menschen anvertrauen muß, so muß er um so mehr mit dem Vermögen schalten können, damit durch seine Vollmacht Alles durch die Priester und Diakonen für die Dürftigen verwaltet und in Furcht Gottes und mit aller Vorsicht an sie verabreicht werde: und damit er selbst davon nehmen kann nach seinem Bedarfe (wenn das Bedürfnis vorhanden ist)

der die Struktur der Kirche auf regionaler Ebene vorschreibt und erläutert. Charakteristisch heisst es in § 13 im Dokument von Chieti:

> «Der Apostolische Kanon 34 bietet eine kanonische Beschreibung der Wechselbeziehung zwischen dem *protos* und den übrigen Bischöfen der Region: ‹Die Bischöfe einer Provinz oder Region [*ethnos*] müssen denjenigen anerkennen, der unter ihnen der Erste [*protos*] ist, und ihn als ihr Haupt [*kephalē*] betrachten und nichts Wichtiges ohne seine Zustimmung [*gnome*] tun; jeder Bischof soll nur das tun, was seine eigene Diözese [*paroikia*] und die von ihr abhängigen Gebiete betrifft. Der Erste [*protos*] aber kann nichts tun ohne die Zustimmung aller. Denn auf diese Weise wird Eintracht [*homonoia*] herrschen, und Gott wird gepriesen werden durch den Herrn im Heiligen Geist.›»[7]

Dem Protos wird demnach eine wichtige Rolle zuteil, die nicht mit einer Art Jurisdiktionsprimat zu vergleichen ist, sondern dem Ersten wird vor allem ein Vorsitz der Ehre zugesprochen, wobei seine Entscheidungen immer der Zustimmung der anderen bedürfen. Die universale Ebene betreffend, versucht die Kommission die kirchliche Realität in beiden Kirchen bezüglich der Sichtweise eines Primates auf universaler Ebene darzustellen. Somit bekennt die gemeinsame Dialogkommission zwischen der orthodoxen und katholischen Kirche in § 15 und § 16 im Dokument von Chieti:

> «Zwischen dem vierten und dem siebenten Jahrhundert wurde die Ordnung (*taxis*) der fünf Patriarchatssitze anerkannt, auf der Grundlage oder mit der Zustimmung ökumenischer Konzilien, wobei der Sitz von Rom den ersten Platz einnahm und einen Ehrenprimat (*presbeia tēs timēs*) ausübte, gefolgt von den Sitzen von Konstantinopel, Alexandrien, Antiochien und Jerusalem, in genau dieser Ordnung gemäß der kanonischen Tradition.
> Im Westen wurde der Primat des Sitzes von Rom, insbesondere vom vierten Jahrhundert an, unter Bezug auf die Rolle des Petrus unter den Aposteln verstanden. Der Primat des Bischofs von Rom unter den Bischöfen wurde allmählich als Vorrecht verstanden, das ihm zukam, weil er der Nachfolger

---

zu nothwendigen Zwecken und für die gastlich aufgenommenen Brüder, damit dieselben in keiner Weise Mangel leiden. Denn Gottes Gesetz hat verordnet, daß die, welche dem Altare dienen, vom Altare ernährt werden sollen: da doch auch der Soldat niemals auf eigene Kosten die Waffen trägt gegen die Feinde.» URL: https://bkv.unifr.ch/de/works/cpg-1739/versions/die-kirchlichen-canones-der-hl-apostel/divisions#:~:text=34.,Gewalt%20habe%20über%20das%20Kirchenvermögen (17.9.2024).

7   Kallis, Glaubensgemeinschaft (Anm. 5).

Petri war, des Ersten der Apostel. Dieses Verständnis wurde im Osten nicht übernommen; dort wurden die Heilige Schrift und die Väter zu diesem Punkt anders interpretiert.»[8]

Studiert man das Dokument gründlicher, wird schnell klar, dass zwischen den beiden Kirchen zwar eine unterschiedliche Sichtweise bezüglich des Primates auf universaler Ebene existiert, jedoch besteht kein Zweifel, dass beide Kirchen sich zu der synodalen Struktur der Kirche bekennen und diese als ein grundlegendes Merkmal der Kirche an sich verstehen. So wird in § 3 schon betont:

> «Synodalität ist eine grundlegende Qualität der Kirche als Ganzer. So heißt es beim hl. Johannes Chrysostomus: ‹‚Kirche' bedeutet sowohl Vereinigung [*systema*] als auch Synode [*synodos*]›. Der Ausdruck stammt von dem Wort ‹Zusammenkunft› (griechisch: *synodos*, lateinisch: concilium) und bezeichnet in erster Linie eine Versammlung von Bischöfen unter der Führung des Heiligen Geistes zur gemeinsamen Beratung und zum gemeinsamen Handeln in der Sorge für die Kirche. Im weiten Sinne bezieht sich der Ausdruck auf die tätige Teilhabe aller Gläubigen am Leben und an der Sendung der Kirche.»[9]

Obwohl in diesem Sinne Synodalität vor allem als eine Aufgabe der Bischöfe verstanden wird, wird die Teilhabe aller Gläubigen nicht einfach negiert, sondern als eine notwendige Gegebenheit im Leben der Kirche gesehen. Was heisst dies jedoch konkret? Ohne Zweifel hatten die Bischöfe seit den synodalen Anfängen der Kirche eine entscheidende Rolle in der Kirche, jedoch darf man dies nicht als eine endgültige Entscheidungsinstanz verstehen, da im Gewissen der Kirche letzten Endes nicht die Bischofssynoden bzw. Konzilien die endgültige Durchsetzungsautorität hatten, sondern erst durch die Rezeption vor allem der Laien die Entscheidungen von Bischofssynoden Gültigkeit erlangt haben.[10] Somit ist die Symphonie zwischen Bischöfen und übriger Kirche vor allem daran zu erkennen, dass die einen zwar Entscheidungsmacht, oder besser ge-

---

8 Ebd.
9 Ebd.
10 Der orthodoxe Dogmatiker Dumitru Staneloae geht sogar so weit, den eigentlichen Akt der bischöflichen Synodalität als eine Form des bischöflichen Diakonats zu verstehen, indem er betont: «Die Selbsterniedrigung eines jeden vor den anderen führt zur Gemeinschaft, und im Falle des Bischofs führt sie zur Synodalität, in der jeder durch die anderen bestimmt ist und auf das Urteil der anderen hört, gerade im Vollzug des Dienens» (Dumitru Stanilaoe, Orthodoxe Dogmatik, Bd. 2, Zürich 1990, 194).

sagt Vorschlagsrecht haben, jedoch die Kirche als Ganzes der Entscheidung durch Rezeption zustimmen muss.[11]

Im Folgenden soll jedoch der Fokus mehr auf der Synodalität an sich liegen und auf der Frage nach der Rolle der Laien in diesem Prozess, wobei die Praxis der Synodalität in der orthodoxen Kirche vor allem seit Anfang des 20. Jahrhunderts erläutert und klargestellt werden soll.

2 Synodalität und orthodoxe Kirche ab dem 20. Jahrhundert

Synodalität ist, wie bereits betont wurde, ein Konzept, das tief in den Strukturen der christlichen Kirchen verwurzelt ist und aus diesem Grund bis heute eine besonders prägnante Rolle in der orthodoxen Kirche spielt. Dieses Prinzip, das oft als das Zusammenwirken von verschiedenen Hierarchen unter der Leitung des Heiligen Geistes verstanden wird, dient der Entscheidungsfindung, aber vor allem auch der geistlichen Reflexion. Im orthodoxen Verständnis ist Synodalität nicht nur ein organisatorischer Akt, sondern ein theologisches und geistliches Ereignis, das darauf abzielt, die Einheit der Kirche und der Orthodoxie, den rechten Glauben und die Orthopraxie, die rechte Art und Weise Gott zu ehren, zu bewahren und zu fördern.

Die Synodalität in der orthodoxen Kirche manifestiert sich auf verschiedenen Ebenen, von lokalen bis zu ökumenischen Synoden. Ihre Wurzeln lassen sich bis in die frühchristliche Zeit zurückverfolgen, wo Synoden als Mittel zur Lösung von Lehrstreitigkeiten und kirchlichen Kontroversen dienten. Im Lauf der Jahrhunderte hat sich die Praxis der Synodalität weiterentwickelt und angepasst, bleibt jedoch ein zentraler Aspekt der orthodoxen kirchlichen Identität und Theologie, besonders auf regionaler Ebene, wo das oberste Organ der kirchlichen Verwaltung einer jeglichen autokephalen orthodoxen Kirche die jeweilige Synode bzw. der Synod ist. Auf lokaler Ebene ist die Synodalstruktur de facto nicht gegeben, spiegelt sich jedoch in der eucharistischen Realität der Kirche wider, wie bereits ausgeführt wurde. Auf globaler Ebene hat sich in der orthodoxen Kirche die Frage gestellt, inwieweit es an einem ständigen synodalen Organ fehle, damit für die Panorthodoxie bindende Entscheidungen für alle autokephalen Kirche getroffen werden können. Es ist jedoch fraglich, ob ein Konzil als Ereignis für die universale Panorthodoxie auf dieser Ebene als Entscheidungsebene genüge. Die Notwendigkeit der Einberufung einer pan-

---

[11] Vgl. Stefanos Athanasiou, Absolutheitsanspruch des Dogmas und Lehrentwicklung in der orthodoxen Theologie und Tradition – Gegensatz oder Notwendigkeit?, in: Christoph Ohly/Josef Zöhrer (Hg.), «... was ich euch überliefert habe». Verbindliche Wahrheit und Weiterentwicklung der Lehre der Kirche, Regensburg 2023, 94–111.

Die Kirche als gemeinsamer Weg zum Heil?

orthodoxen Synode bzw. eines panorthodoxen Konzils wurde seit den Anfängen des 20. Jahrhunderts immer akuter, da seit dem 19. Jahrhundert eine Expansion im Zuge der Nationalkämpfe auf dem Balkan und der Ausrufung von verschiedenen orthodoxen autokephalen Kirchen stattgefunden hat. Hierbei spielte das Ökumenische Patriarchat von Konstantinopel eine besondere Rolle, da der Ökumenische Patriarch die Einberufung einer solchen Synode nicht nur für notwendig hielt, um die Panorthodoxie zu retten, sondern vor allem auch, um panorthodoxe Lösungen für wichtige Zeitfragen und die neu entstandene Realität zu finden.[12]

Zu Beginn des 20. Jahrhunderts markierte der erste Kongress der orthodoxen Theologen, der 1936 in Athen stattfand, eine wichtige Entwicklung in der Geschichte der orthodoxen Theologie. Zu einem Zeitpunkt, als die orthodoxe Kirche sowohl interne als auch externe Herausforderungen zu bewältigen hatte, zielte dieser Kongress darauf ab, die theologische Kohärenz zu stärken und eine gemeinsame Reaktion auf moderne Probleme zu formulieren. Der Kongress war nicht nur eine Plattform für theologische Diskussionen, sondern auch ein Symbol für die Einheit und das Streben der Kirche, ihre Lehren und Praktiken in einer sich schnell verändernden Welt zu aktualisieren. Eine zentrale Frage auf dem Kongress war aus diesem Grund, inwieweit es notwendig ist, auf globaler bzw. universaler Ebene ein Konzil abzuhalten. Einig waren sich die Kongressmitglieder darüber, dass die Synodalstrukturen der orthodoxen Kirche vor allem durch Bischöfe geleitet werden. So betont charakteristisch der Belgrader Theologe Mile E. Granitch:

«Als vollberechtigte Mitglieder der ökumenischen Synode der alten und frühmittelalterlichen Kirche erscheinen ausschliesslich die Träger des ordo episcopalis. Erzbischöfe – Patriarchen, Metropoliten und Bischöfe. Vertreter des Mönchtums haben kein Stimmrecht gehabt und durften sich nur an den Debatten beteiligen, während der Weltklerus als Stand überhaupt nicht vertreten war. Die tiefgehenden Wandlungen in den wirtschaftlichen und gesellschaftlichen Verhältnissen, die nicht ohne Einwirkung auf das Kirchengebiet bleiben können, lassen gewisse Änderungen in der Zusammensetzung der zukünftigen Generalsynode ratsam erscheinen. Zugunsten der Notwendigkeit der Änderung der Zusammensetzung der Generalsynode spricht auch eine Reihe anderer Tatsachen, wie z. B. die reichlich entwickelte

---

12 Vgl. dazu Stefanos Athanasiou, Der Vorabend des Panorthodoxes Konzils als Grundstein für dessen Anerkennung?, in: Christkatholisch (2016) Nr. 16, 6 f.

theologische wissenschaftliche Literatur und das Vorhandensein eines sehr umfassenden und komplizierten Verhandlungsprogrammes.»[13]

Granitch geht jedoch im Zuge der Modernisierung der kirchlichen Strukturen einen Schritt weiter und verlangt vor allem die Teilhabe von theologischen Fachkräften bei der Entscheidungsfindung:

«Der Episkopat der orthodoxen Kirche ist zur Bewältigung und erfolgreichen Lösung der der zukünftigen Generalsynode zur Entscheidung vorzulegenden zahlreichen und schwierigen Probleme unzweifelhaft angewiesen auf die Unterstützung und aktive Mitarbeit auch der übrigen kirchlichen Stände, insbesondere der Vertreter der theologischen Wissenschaft, die in den speziellen Gebieten der reichgebildeten theologischen Wissenschaft, gründlich bewandert sind und diesbezüglich über ein umfassenderes und vollständigeres Urteil verfügen können.»[14]

Somit wird an dieser Stelle erstmals über die Teilnahme von theologischen Laien für die Entscheidungsfindung in den kirchlichen Organen debattiert. Letzten Endes hat sich diese Meinung allerdings nicht durchsetzen können. Jedoch ist es eine Tatsache, dass die Diskussionen und die Vorschläge, die aus diesem Kongress hervorgingen, mithalfen, eine Richtung für die orthodoxe Theologie und Praxis in einem Jahrhundert zu definieren, das von dramatischen politischen, sozialen und technologischen Veränderungen geprägt war.

In der Zeit nach dem Kongress wurden regelmässige panorthodoxe Zusammenkünfte zu einem festen Bestandteil des orthodoxen kirchlichen Lebens, was zwar nicht direkt dem Kongress zuzusprechen ist, jedoch den Zeitgeist in der orthodoxen Kirche widerspiegelt.[15] Somit dienten die vorkonziliaren Zusammenkünfte massgeblich als panorthodoxe Organe, in denen wichtige Zeitthemen, die die orthodoxe Kirche beschäftigte, debattiert wurden. Obwohl eine schon seit den Anfängen des 20. Jahrhunderts geplante panorthodoxe Synode bis zum Jahr 2016 warten sollte, muss man gestehen, dass die verschiedenen Dokumente, die auf Kreta im Jahr 2016 beschlossen wurden, trotz des Fehlens von vier autokephalen orthodoxen Kirchen (Antiochien, Russland, Bulgarien und Georgien) in mehreren vorsynodalen Sitzungen verfasst worden sind und

---

13 Mile E. Granitch, Das Problem der Einberufung der ökumenischen Synode, in: Hamilcar Alivisatos (Hg.), Premier Congres de Theologie Orthodoxe, Athen 1936, 283–287, 284.
14 A. a. O. 284f.
15 Vgl. dazu Stefanos Athanasiou, Die Kirche als Leben Gottes in der Schöpfung. Orthodoxe Ekklesiologie und ihr Potenzial für die Entwicklung eines Sozialethos, in: Orthodoxes Forum (2023), H. 2, 185–193.

eine panorthodoxe Verfassungsgeschichte zeigen. Einige Schlüsselereignisse des Grossen und Heiligen Konzils illustrieren die kontinuierliche Bedeutung der synodalen Entscheidungsfindung in der orthodoxen Kirche. Dieses Konzil, das erste seiner Art in der Neuzeit, brachte Vertreterinnern und Vertreter fast aller autokephalen orthodoxen Kirchen zusammen, um über wichtige Themen wie die Mission der orthodoxen Kirche im 21. Jahrhundert, die Orthodoxie und die moderne Welt sowie die Bedeutung der Fastenzeit zu diskutieren.

Aufbauend auf den Geist des Kongresses von Athen waren auf der Synode von Kreta (2016) auch Laien und Vertreterinnen und Vertreter aus dem Mönchsstand zugelassen, die jeweils jedoch nur beratende Funktion hatten.[16] Charakteristisch ist, dass die Synode von Kreta eine eucharistische Symphonie zwischen den drei kirchlichen Ebenen (lokal, regional und universal) sieht:

«Die Einheit der Kirche erschöpft sich [...] nicht auf der lokalen oder regionalen Ebene. Die Kirche bildet einen einzigen Leib in der gesamten Welt, geeint in demselben Glauben und in derselben Göttlichen Eucharistie und im sakramentalen Leben, und deshalb benötigt sie die Synodalität auch auf der weltweiten Ebene. Diese Notwendigkeit wurde ausgedrückt und erfüllt durch die ökumenischen Synoden, die in der Tat einberufen wurden, wann immer es nötig war, um die Einheit aller Lokalkirchen auf weltweiter Ebene zu sichern, in Glaubensfragen oder in Angelegenheiten der Verwaltung und der Pastoral. Diese Synoden repräsentierten alle Kirchen auf dem Erdkreis und wurden von allen diesen Kirchen anerkannt, insofern sie die höchste Autorität in der Kirche darstellten und weiterhin darstellen und auf diese Weise deren Einheit wahren.»[17]

Somit wird es zur massgeblichen Aufgabe einer Synode, die Einheit der Kirche im rechten Glauben zu wahren und zu propagieren und damit die gemeinsame Basis der Orthodoxie, des rechten Lobpreises zu setzen. Die Rezeption durch das Kirchenvolk wird in diesem Sinne nicht ein rein formeller, sondern vor allem ein theologisch-liturgischer Akt und dadurch ein Teil des kirchlichen Lebens an sich.

---

16 Zur Arbeitsweise der Synode von Kreta siehe Barbara Hallensleben (Hg.), Einheit in Synodalität. Die offiziellen Dokumente der Orthodoxen Synode auf Kreta 18. bis 26. Juni 2016, Münster 2017, 5–12.
17 A. a. O. 16.

3 Anwendung von Synodalität und panorthodoxe Herausforderungen

In der heutigen Praxis bleibt Synodalität ein fundamentaler Bestandteil der orthodoxen Kirchenführung. Jede autokephale orthodoxe Kirche organisiert auf lokaler Ebene Synoden, die regelmässig stattfinden, um theologische, liturgische und administrative Fragen zu diskutieren. Diese Synoden sind entscheidend, um die Lehre der Kirche zu bewahren und auf zeitgenössische lokale und regionale Herausforderungen zu reagieren. Die aktuellen Herausforderungen, denen sich die orthodoxe Kirche gegenübersieht, wie die Globalisierung, die Zunahme religiöser Pluralität und die sich wandelnden sozialen Normen, machen die Synodalität noch relevanter. Dass die orthodoxe Kirche jedoch auf globaler Ebene noch keine allgemein anerkannte Synodalstruktur gefunden hat, um panorthodoxe Themen bzw. Streitigkeiten zwischen den autokephalen Kirchen rechtskräftig und effektiv zu lösen, zeigt unter anderem die Ukraine-Krise, die eine kirchliche Krise auf panorthodoxer Ebene hervorgebracht hat. Ohne Zweifel wird die orthodoxe Kirche auf universaler Ebene ein Organ finden müssen, das als letzte Instanz eine allgemeine Anerkennung haben sollte, um in Zukunft panorthodoxe Themen effektiv zu lösen. Bis zur Ukraine-Krise bestand die Hoffnung, dass die Synaxis der Präsidenten der autokephalen orthodoxen Kirchen, also der Patriarchen und Erzbischöfe, als ein solches Organ hätte fungieren können. De facto war dieses jedoch zu «ohnmächtig», da es in den Statuten der autokephalen Kirchen nicht als Entscheidungsorgan vorgesehen war. Somit muss in Zukunft ernsthaft darüber nachgedacht werden, inwieweit eine Art Synaxis nicht nur als Organ existieren sollte, sondern auch als ein panorthodoxes Synodalorgan in den Statuten der verschiedenen autokephalen Kirchen als Entscheidungsorgan auftauchen sollte.

Über die Notwendigkeit hinaus, auf panorthodoxer Ebene effektive und allgemein anerkannte Entscheidungsorgane innerhalb der bestehenden Tradition zu finden, muss die ontologische Bedeutung des Kirchenvolkes für das Leben der Kirche an sich viel mehr zum Vorschein kommen.

So geht es nicht einfach darum, die Laien in die traditionellen von Bischöfen abgehaltenen Synoden zu integrieren, sondern das Verständnis ihrer Bedeutung als letztliche Rezeptionskraft der Kirche zu fördern. Es wird in Zukunft wichtig sein, dass das Bewusstsein gestärkt wird, dass sowohl der Klerus als auch die Laien eine besondere Aufgabe in der Kirche haben und ein jeder bzw. jede ihre persönliche Verantwortung bewusst ausübt.[18]

---

18 Siehe dazu Athanasiou, Absolutheitsanspruch (Anm. 10).

4 Abschliessende Gedanken

Es wurde ersichtlich, dass die Frage der Synodalität in der orthodoxen Kirche vor allem seit dem Theologenkongress von Athen neu debattiert worden ist, wobei die beratende Funktion von Laien und Vertreterinnen und Vertretern des Mönchtums letztendlich auf Kreta 2016 propagiert und durchgesetzt wurde. Synodalentscheidungen sind jedoch, vom juristischen Charakter abgesehen, spirituelle Entscheidungen, die in das Sein der kirchlichen Identität und Spiritualität einwirken. Somit setzt der Entscheidungsakt im Raum der Kirche ein spirituelles Leben voraus, dessen Erfahrung in die kirchliche Identität und Entscheidungsprozedur hineinwirken soll. Der Gemeinsame Weg, die Synodos, ist somit nichts anderes als ein Weg hin zu der Offenbarung des Göttlichen in der Geschichte und findet sich im Ausspruch Jesu Christi wieder: «Ich bin der Weg und die Wahrheit und das Leben» (Joh 14,6). Sowohl auf panorthodoxer als auch auf ökumenischer Ebene wird dies eine wichtige Rolle spielen müssen, da die Kirche vor allem ein spiritueller Ort ist und sein muss. Erst wenn die Organe der Kirche bzw. Kirchen ein Abbild der Gotteserfahrung bzw. liturgischen Erfahrung der Kirche werden und somit vor allem Einheit im Glauben ausdrücken, werden diese bezeugen können, dass im Mittelpunkt jedes Entscheidungsaktes letztendlich der wahrnehmbare Ausdruck des Göttlichen in der Geschichte steht. In diesem Geist sollte man auch den letzten Abschnitt des Dialogdokumentes von Chieti verstehen, wenn es unterstreicht:

> «Dieses gemeinsame Erbe theologischer Prinzipien, kanonischer Regelungen und liturgischer Gebräuche aus dem ersten Jahrtausend stellt einen notwendigen Bezugspunkt und eine kraftvolle Quelle der Inspiration sowohl für Katholiken als auch für Orthodoxe dar.»[19]

Somit wird die Wiederentdeckung der Heiligkeit des liturgischen Lebens und dessen Einfluss auf das Leben der Kirche massgeblich für die Heilung der bestehenden bzw. zu findenden Strukturen innerhalb der Kirche sein.

---

19 A. a. O.

Synodalität in evangelischen Kirchen Europas

Mario Fischer

Synoden gehören zur Corporate Identity evangelischer Kirchen. Sie sind zentraler Ort der Entscheidungsfindung und ermöglichen den verschiedenen Teilen der Kirche Teilhabe an der Leitung. Nach evangelischem Verständnis soll die Willensbildung auf Synoden einmütig im gemeinsamen Hören auf Gottes Wort geschehen. Synoden haben den Auftrag, den Glauben in aktuellen gesellschaftlichen Zusammenhängen öffentlich zu bezeugen. Indem sie der Gemeinschaft und Einheit der Gemeinden dienen, sind sie sichtbarer Ausdruck der Katholizität der Kirche.

Im Folgenden soll zunächst ein Blick auf die Entwicklung von Synoden in den evangelischen Kirchen Europas geworfen werden (1). Sodann werden gegenwärtige Herausforderungen evangelischer Synoden aus der Sicht der Praxis aufgezeigt (2) und wird gefragt, wie Synoden auch über einzelne Kirchen hinaus in Europa Konziliarität im Sinne der ökumenischen Bewegung leben können (3).

1 Geschichtliche Entwicklungen

1.1 Synoden als Instrument der Einführung der Reformation

Für die Reformation war eine wichtige Frage, wer bei Lehrstreitigkeiten und wer über die Reform der Kirche entscheiden könne. Martin Luther forderte 1518, dass ein Konzil sich dieser Fragen annehmen solle, nachdem er zu dem Schluss gekommen war, dass der Papst irren könne. Doch schon im Sommer 1519 kam er in der Leipziger Disputation zu der Einsicht, dass auch Konzilien irren können und keine Autorität göttlichen Rechts innehätten.

In der Folge ergriffen verschiedene weltliche Herrschaften die Initiative und luden Geistliche und Laien zu Religionsgesprächen ein, die Elemente akademischer Disputationen mit denen von Synoden verbanden.[1] Sie folgten darin dem

---

[1] Vgl. im Folgenden: Martin Friedrich, Synoden im Protestantismus, in: Mario Fischer/ Aleida Siller (Hg.), Entscheidungsräume. Die Architektur evangelischer Synodenbauten, Regensburg 2024, 27–32.

Vorbild Kaiser Konstantins I., der im Jahr 325 das erste Ökumenische Konzil einberief, um den Arianischen Streit innerhalb der Kirche beizulegen. Jeweils auf Einladung des Rats der Stadt wurde bei solchen Disputationen in Zürich (1523), Memmingen (1525) und Nürnberg (1525) die Reformation eingeführt.

Aber nicht nur in Städten folgte die Einführung der Reformation diesem Muster; auch der hessische Landgraf Philipp der Grossmütige lud nach dem Reichstag zu Speyer 1526 die Landstände zur *Homberger Synode* ein, die die Reformation in der Landgrafschaft Hessen einführte.[2] Zwar wurde die von François Lambert von Avignon erarbeitete reformatorische Kirchenordnung, die jährliche Provinzialsynoden von Geistlichen und weltlichen Gemeindeabgeordneten vorsah, auf Anraten Luthers nicht umgesetzt, doch wurden in Hessen regelmässig als Ausdruck des allgemeinen Priestertums Synoden abgehalten.

1.2 Evangelische Synoden im 16. und 17. Jahrhundert

Die Landgrafschaft bildete damit allerdings eine Ausnahme. Im Verlauf des 16. Jahrhunderts fanden in vielen Kirchen nurmehr Geistlichkeitssynoden statt, wie z. B. eine der ältesten noch bestehenden Synoden: die *Bündner Synode*, die seit 1537 jährlich zusammenkommt und dabei auch die neuen Kandidat:innen ordiniert. Der Bündner Synode kommt damit das Amt der Episkopé zu, das in anders verfassten Kirchen durch das Bischofsamt ausgeübt wird. Was allgemein evangelisch als Synode verstanden wird, wird im schweizerischen Graubünden durch den Evangelischen Grossen Rat repräsentiert, der sich aus Abgeordneten aus den Kirchenregionen und politischen Mandataren evangelischer Konfession zusammensetzt.

In den reformierten Kirchen bildeten sich im 16. und 17. Jahrhundert einige Besonderheiten heraus, so z. B. dass sich im Zuge der von Johannes Calvin entfalteten Lehre des vierfach gegliederten gemeindeleitenden Amts (Pastoren, Älteste, Diakone und Lehrer) die Geistlichkeitssynoden zu Amtsträgerversammlungen entwickelten.

Im Zuge der Gegenreformation waren Hunderttausende von Protestanten auf der Flucht. Die niederländischen Glaubensflüchtlinge fanden sich 1571 zur *Emder Synode* ein. Die Umsetzung der Synodalbeschlüsse lag in der alleinigen Verantwortung der einzelnen Gemeinden. Die Emder Synode beschloss eine verbindliche Kirchenordnung für alle Gemeinden, die auf drei Ebenen in Classi-

---

2 Vgl. Heinrich Steitz, Geschichte der Evangelischen Kirche in Hessen und Nassau, Marburg 1977, 29–36, und Gury Scheider-Ludorff, Die Homberger Synode und die Reformatio ecclesiarum Hassiae. Beobachtungen zum Wandel Philipps von Hessen vom spätmittelalterlichen Landesherren zum protestantischen Fürsten, in: JHKV 54 (2003) 89–101.

calversammlungen, Partikularsynoden und der Generalsynode ihre verbindliche Gemeinschaft pflegen und nach dem Subsidiaritätsprinzip gestalten sollten.[3]

Wo keine landesherrlichen Strukturen vorlagen, beispielsweise während der Verfolgung oder in der «neuen Welt», bildete die Synode den eigentlichen Zusammenhalt der Kirche. Doch die Verhältnisbestimmung zwischen Gemeinde und überörtlicher Kirche war strittig. Während die *Kongregationalisten* die einzelne Gemeinde als volle Verwirklichung der Katholizität ansahen, betonten die *Presbyterianer*, die einzelne Gemeinde könne nur als Glied einer grösseren sichtbaren Kirche Anteil an deren Katholizität haben. Die Presbyterianer vertraten damit die synodal-presbyteriale Kirchenordnung.[4]

Von historischer Tragweite waren zwei «ausserordentliche» reformierte Synoden des 17. Jahrhunderts: Die *Synode von Dordrecht* (1618/19), die die göttliche Gnadenwahl zum Gegenstand hatte, und die *Westminster Synode* (1643–1649), die als Orientierungspunkt reformierter Ekklesiologie gilt.[5]

1.3 Wiederentdeckung der Synoden im 19. und 20. Jahrhundert

Im Rahmen der Staatsreformen im 19. Jahrhundert wurden auch die evangelischen Landeskirchen modernisiert. Dabei sollten «das reformatorische Verständnis christlicher Freiheit und das Konzept des Priestertums aller Gläubigen institutionelle Gestalt»[6] gewinnen in der *konsistorial-synodalen Kirchenverfassung*. Während in der Synode Ordinierte und Nicht-Ordinierte zusammenwirken, arbeiten im Konsistorium Theologen und Juristen zusammen. Die neu eingeführten Synoden entwickelten sich in den konstitutionellen Monarchien in Wechselwirkung mit dem Parlamentarismus. Oft bestanden Synoden schon vor Parlamenten, und Kirchenbauten beherbergten erste Nationalparlamente. Auch wenn sich die Kirchen parlamentarischer Arbeitsweisen und Grundsätze bedienten, bestehen doch klare Unterschiede: Synoden entscheiden nicht nur im Mehrheitsverfahren, sondern müssen geeignete Verfahren entwickeln, um auf

---

3 Vgl. Matthias Freudenberg / Aleida Siller, Emder Synode 1571. Wesen und Wirkungen eines Grundtextes der Moderne, Göttingen 2020.
4 Die *Fidei Ratio* von 1530, auf die sich später die Presbyterianer bezogen, erklärt, die einzelne Gemeinde (*particularis coetus*) sei Glied der katholischen sichtbaren Kirche. Die *Irischen Artikel* von 1615 hingegen bekannten, der *particularis coetus* sei selbst die sichtbare Kirche.
5 Vgl. Peter Opitz, Anfänge der evangelischen Synodalkultur in der «reformierten» Reformation, in: Fischer / Siller (Hg.), Entscheidungsräume (Anm. 1) 39–47.
6 Wolfgang Huber, Synode und Konziliarität. Überlegungen zur Theologie der Synode, in: Das Recht der Kirche. Band III: Zur Praxis des Kirchenrechts, hg. von Gerhard Rau, Hans Richard Reuter und Klaus Schaich, Gütersloh 1994, 319–348, 327.

Gottes Willen zu hören und einmütig zu entscheiden. Daher können Synodalversammlungen nicht losgelöst von der gottesdienstlichen Feier stattfinden.[7]

Mit dem Ende des landesherrlichen Kirchenregiments und des Summepiskopats nach dem Ersten Weltkrieg mussten die evangelischen Kirchen in Deutschland ihre Leitungsstrukturen neu durchdenken. Es wurde klar, dass es dafür personaler, kollegialer und synodaler Leitungsstrukturen bedurfte. In einer Kirche der gerechtfertigten Sünder sollten geistliche und rechtliche Leitung nicht voneinander getrennt werden. Dieser Zusammenhang kommt in der Synode zum Ausdruck.

Mit der Machtübernahme der Nationalsozialisten in Deutschland stand dieser Zusammenhang auf dem Prüfstand. Die Synoden wurden aufgelöst. Im Kirchenkampf hielt die Bekennende Kirche eigene Synoden ab, die sich als Bekenntnissynoden und damit explizit als gottesdienstliche Versammlungen verstanden. Auch wenn lutherische und reformierte Kirchen mangels eines gemeinsamen Bekenntnisses keine Abendmahlsgemeinschaft hatten – das war erst vierzig Jahre später durch die Leuenberger Konkordie von 1973 möglich –, war doch das gemeinsame Bekennen der Botschaft Christi in die gottfeindlichen Zustände der Welt Kern der Zusammenkunft. Die Synoden übernahmen Verantwortung für das Bekenntnis der Kirche und verteidigten es.

Systematische Überlegungen zum evangelischen Synodalverständnis lassen sich nicht von solchen historischen Kontexten trennen.

2 Gegenwärtige Herausforderungen synodaler Strukturen

2.1 Repräsentanz und Zusammensetzung evangelischer Synoden

Seit dem 19. Jahrhundert werden Synoden als Repräsentanz der Gemeinden angesehen, wobei das Verständnis einer angemessenen Repräsentation stark variiert, wie ein Blick in einige evangelische Kirchen in Europa zeigt: Die Synode der *Evangelischen Waldenserkirche*, einer Kirche mit 20 000 Mitgliedern in Italien, zählt 180 Mitglieder. Die *Evangelisch-Lutherische Landeskirche Sachsens* hat 80 Synodale bei 610 000 Kirchenmitgliedern und die *Church of Scotland* 500 Synodale bei 260 000 Kirchenmitgliedern. Die *General Assembly* der *Presbyterian Church of Ireland* umfasst 1100 Synodale bei 190 000 Kirchenmitgliedern, und die *Evangelische Kirche in Hessen und Nassau* hat 119 Synodenmitglieder bei einer Kirchenmitgliederzahl von 1.36 Millionen. Damit schwankt bereits bei

---

[7] Vgl. Klaus Bielitz, Probleme heutiger Synodalpraxis, in: Das Recht der Kirche (Anm. 6) 349–369, 357.

den ausgewählten Kirchen die Grösse der Synode zwischen 80 (Sachsen) und 1100 (Irland) Mitgliedern, wobei ein Synodenmitglied zwischen 111 (Italien) und 11 429 (Hessen-Nassau) Gemeindeglieder repräsentiert.

Evangelische Synoden setzen sich aus Ordinierten und «Laien» zusammen. Oft regelt ein Verteilungsschlüssel, dass der Anteil der Laien zwischen 50 und 75 Prozent liegt. Die ordinierten Synodenmitglieder sind in der Regel Pfarrer:innen, die von Gemeinden und Kirchenbezirken delegiert wurden. Zu diesen können weitere Ordinierte hinzukommen, da sie als Theologieprofessor:innen berufen oder ins Ehrenamt ordiniert wurden und damit als Ehrenamtliche in die Synode gewählt wurden.

Zugleich nimmt unter den sogenannten Laien vermehrt die Zahl derjenigen zu, die hauptamtlich bei der Kirche beschäftigt sind. Eine Folge ist, dass Hauptamtliche die Synode als Ort sehen, wo sie Lobbyarbeit für ihr Arbeitsfeld machen können, und sich zum anderen die Ordinierten verstärkt als Standesvertreter:innen der Pfarrschaft verstehen.[8] Damit geht der Gedanke verloren, dass durch die Vertreter:innen des ordinationsgebundenen Amts in der Synode der Rückbezug auf die Apostolizität, also die Ursprungstreue zur Verkündigung des Evangeliums, gewahrt werden soll. Der Fokus auf das Gemeinsame der Kirche gerät aus dem Blick, wenn sich das Miteinander von Ordinierten und Laien zu einem Gegenüber von Hauptamtlichen und Ehrenamtlichen entwickelt.

Zusätzlich zu den gewählten Synodalen können Mitglieder in die Synode berufen werden, die für verschiedene politische Parteien oder Minderheiten stehen. Auch hier besteht leicht die Gefahr, dass sich diese persönlich Berufenen als Interessenvertreter:innen verstehen. Dabei ist das Ziel solcher Berufungen nicht die Repräsentanz einzelner Gruppen, sondern dass die hörende Gemeinde vielfältiger wird und somit auch Ansichten in der Synode zur Sprache kommen, die sonst untergehen würden.

In ihrer gesellschaftlichen Zusammensetzung sind viele Synoden recht homogen. Menschen aus unterprivilegierten Schichten und Ausländer:innen finden sich seltener unter den Synodalen, womit in vielen Synoden das Kirchenvolk leider immer noch nicht in seiner Breite repräsentiert ist. Die diverseste Synode, die mir persönlich in Europa bekannt ist, ist die *General Assembly* der *United Reformed Church* in Grossbritannien, wo Menschen mit Behinderungen, aus den ehemaligen britischen Kolonialgebieten oder auch aus der LGBT+-Community als Teile der Kirche in der Synode sichtbar sind.

---

8 Vgl. Sabine Blütchen, Gegenwärtige Herausforderungen evangelischer Synoden, in: Fischer / Siller (Hg.), Entscheidungsräume (Anm. 1) 57–64.

2.2 Einmütigkeit und Konsens

«Synoden beschließen nicht über die Wahrheit, sondern sie bezeugen die Wahrheit. Auch im Streit um die Wahrheit lassen sie sich von der Hoffnung leiten, dass die Wahrheit im Konsens bezeugt werden kann.»[9] In wichtigen Fragen wird daher Einmütigkeit (vgl. 1 Kor 1,10; Röm 15,5; Apg 15,23–26) angestrebt, für die es in allen Kirchen geordnete Verfahren gibt. Das bedeutet, «dass es in synodalen Gremien am Ende nicht um Richtungsentscheidungen zuungunsten einer Minderheit gehen kann, sondern dass die Arbeit dieser Gremien auf religiös begründete Einmütigkeit, auf die – gerade im Konflikt bewährte – Einheit der Kirche zielt».[10] In den meisten Kirchen bedeutet dies, dass bei der Abstimmung eine ⅔- oder sogar ¾-Mehrheit erzielt werden muss. Doch regt sich immer auch Widerspruch, ob damit schon Einmütigkeit erzielt oder nur die Minderheit überstimmt wurde. Im Rahmen des Konziliaren Prozesses wurde daher das Konsensverfahren entwickelt, das nicht nur seit 1998 bei den Vollversammlungen des Ökumenischen Rats der Kirchen (ÖRK), sondern auch bei einigen evangelischen Synoden Anwendung findet.[11]

Die Versammlung wird gebeten, durch Stimmkarten anzuzeigen, ob sie mit dem zur Entscheidung stehenden Vorschlag «warm» (orange, einverstanden) oder «kalt» (blau, nicht einverstanden) ist. Wenn nur noch eine kleine Zahl von Teilnehmenden die blaue Karte zeigt, werden diese einzeln gebeten, ihre Einwände vorzutragen. Bei der *United Reformed Church* durfte ich einmal erleben, dass dieses Verfahren dazu führte, dass bei einer Abstimmung, bei der nur drei Personen die blaue Karte hoben, die ganze Synode den Antrag zurück an einen Ausschuss verwies, nachdem sie die Argumente derer gehört hatte, die sich nicht dafür hatten erwärmen konnten. Bei einem anderen Abstimmungsverfahren wären diese drei Stimmen nicht gehört worden, und das Ergebnis wäre als einmütig angesehen worden.

Die *Evangelisch-reformierte Kirche des Kantons St. Gallen* hat zusätzliche synodale Elemente entwickelt, um eine möglichst grosse Beteiligung der Kirchenmitglieder an der Diskussion über grundsätzliche Fragen zu ermöglichen. Neben der zweimal jährlich tagenden Synode gibt es die Instrumente der Vorsynode und der Aussprachesynode. Hier gibt es ausreichend Zeit und Raum, Grundsatzthemen ausführlich zu besprechen und aktuelle Themen zu beraten. An der Aussprachesynode dürfen alle Kirchenmitglieder teilnehmen. Sie darf

---

9 Huber, Synode (Anm. 6) 345.
10 Jan Hermelink, Kirchliche Organisation und das Jenseits des Glaubens. Eine praktisch-theologische Theorie der evangelischen Kirche, Gütersloh 2011, 249.
11 Vgl. Martin Robra, Konsensmethode und Konsensverfahren im Ökumenischen Rat der Kirchen, in: MdKI 73 (2022) 90–97.

keine verbindlichen Beschlüsse fassen, kann jedoch Empfehlungen an die Synode und den Kirchenrat richten. Das St. Galler Modell soll ermöglichen, dass Meinungsbildungsprozesse eine breite Basis der Kirche einbeziehen und nicht unter dem Druck der Entscheidung stehen müssen. Diese kann zu einem späteren Zeitpunkt erfolgen.[12]

2.3 Mobilität und neue Gestalten des Kircheseins

Die Wahlstrukturen der Synoden, die sich in den meisten evangelischen Kirchen vom Kirchengemeinderat über Bezirkssynoden hin zu Landessynoden erstrecken, haben einerseits zur Konsequenz, dass viele Synodale auf Landeskirchenebene schon viele Jahre Gremienerfahrung haben und junge Menschen auf diese Weise schwer in Synoden gewählt werden können. Andererseits wird durch dieses Wahlverfahren die Zusammensetzung der Kirchengemeinderäte, in denen bis vor wenigen Jahrzehnten hauptsächlich die Honoratioren des Ortes versammelt waren, auf die nächste Ebene fortgetragen. Was geschieht aber, wenn ein Synodenmitglied den Wohnort wechselt? Verliert es mit Wegfall des ursprünglichen Wahlgremiums auch alle Mandate in der Synode? Hier spiegelt sich wider, dass evangelische Synoden die sesshafte Bevölkerung abbilden. Die immer grösser werdende Zahl der Mobilen findet sich in den kirchlichen Gremien nicht wieder. Jesus selbst war nicht sesshaft. Das sollte den Kirchen zu denken geben, besonders wenn sie sich durch neue Formen des Kircheseins (*fresh expressions*) an Menschen richten, die nicht der Kirche angehören oder ihr entfremdet sind. Irgendwann kommt der Moment, in dem sich die Frage stellt, ob und wie diese *fresh expressions* zur Kirche gehören. Dann müssen Rechte und Pflichten dieser Gemeinschaftsformen im Verhältnis zu anderen Gemeinden geklärt werden. Dazu gehört auch die Frage nach der synodalen Repräsentanz. Der frühere Erzbischof von Canterbury Rowan Williams hat für die Frage dieser Verhältnisbestimmung den Begriff *mixed economy of Church* geprägt.[13] Wollen wir als Kirche eine Monokultur von Gemeindeformen oder wollen wir Biodiversität in der Kirche befördern?

---

12 Vgl. die Website der Evangelisch-reformierten Kirche des Kantons St. Gallen, URL: https://www.ref-sg.ch/aufgaben-und-zusammensetzung-der-synode.html und https://www.ref-sg.ch/aussprachesynode.html (17.4.2024). Ich verdanke diesen Hinweis Daniel Schmidt Holz, St. Gallen.
13 Vgl. Sabrina Müller, Towards the Acceptance of Diversity. A Brief History of the Mixed Economy of Church and Continental European Adaptations, in: Ecclesial Futures 1 (2020) 31–49.

3 Konziliarität, die einzelne Synoden überschreitet

Seit 1973 besteht durch die Leuenberger Konkordie Kirchengemeinschaft zwischen lutherischen, reformierten und unierten (und seit 1997 auch methodistischen) Kirchen Europas. Gemeinsam bilden sie die *Gemeinschaft Evangelischer Kirchen in Europa (GEKE)*.

Ihrem jüngsten Lehrgesprächsergebnis zum Verständnis von Kirchengemeinschaft entsprechend, schliesst diese nicht nur Kanzel- und Abendmahlsgemeinschaft ein, sondern auch Gemeinschaft im Lehren, Gemeinschaft in Zeugnis und Dienst und Gemeinschaft in wachsender Gestaltwerdung.[14] Wie wird dies in Hinblick auf Synodalität sichtbar?

Es gibt keine Synode der Kirchengemeinschaft, auch wenn in den 1990er-Jahren intensiv diskutiert wurde,[15] ob eine solche nicht die angemessene Gestalt dafür sei, «das Zeugnis der evangelischen Kirchen auf europäischer Ebene»[16] zum Ausdruck zu bringen. Zwar bestand Einigkeit in der Frage, dass nach evangelischem Verständnis eine gemeinsame Synode die Einheit der Kirche in ihrer Vielfalt sichtbar machen würde – also sichtbares Zeichen der Katholizität der Kirchengemeinschaft sei[17] –, doch divergierten die Ansichten bezüglich der Kompetenzen und der Autorität einer solchen «europäischen Synode» im Verhältnis zu den Synoden der Mitgliedskirchen. So blieb es beim Status quo, wenn auch ab 2006 durch ein Statut die Befugnisse und die Zusammensetzung der Vollversammlung geklärt wurden.[18] Die Entscheidungen der alle sechs Jahre stattfindenden Vollversammlung bedürfen der Rezeption durch die Mitgliedskirchen und ihrer Synoden.

Darüber hinaus gibt es ein regelmässiges Treffen der Synodenleitungen der Mitgliedskirchen. Bei diesem stehen gemeinsame Themen im Mittelpunkt, die die jeweiligen Synoden beschäftigen. Die Begegnung dient nicht der Entschei-

---

14 Mario Fischer/Martin Friedrich (Hg.), Kirchengemeinschaft. Grundlagen und Perspektiven (Leuenberger Texte 16), Leipzig 2019, 35–40.
15 Vgl. Martin Friedrich, Die Leuenberger Kirchengemeinschaft und die Diskussion über eine europäische evangelische Synode, in: ders., Von der Reformation zur Gemeinschaft. 50 Jahre Leuenberger Konkordie, Leipzig 2022, 319–329.
16 So der Titel des Berichts der Konsultation von europäischen Kirchenleitenden in Basel 1991, auszugsweise veröffentlicht bei Beatus Brenner (Hg.), Europa und der Protestantismus (Bensheimer Hefte 73), Göttingen 1993, 13–16.
17 Vgl. André Birmelé, Le défi de la synodalité dans les Églises de la Réforme, in: Alberto Melloni/Silvia Scatena (Hg.), Synod and Synodality. Theology, History, Canon Law and Ecumenism in new contact (Christianity and History 1), Münster 2005, 75–89, 79: «Le synode est le lieu ecclésial de l'unité dans la diversité.»
18 Die letzte Fassung des Statuts ist abgedruckt bei: Mario Fischer/Kathrin Nothacker (Hg.), befreit – verbunden – engagiert. Dokumentationsband der 8. Vollversammlung der Gemeinschaft Evangelischer Kirchen in Europa (GEKE) vom 13.–18. September 2018 in Basel, Schweiz, Leipzig 2019, 57–62.

dungsfindung und Beschlussfassung, sondern ist ein Instrument zur Verwirklichung der Konziliarität. 1971 definierte die Kommission für Glauben und Kirchenverfassung des ÖRK:

> «Unter Konziliarität verstehen wir das Zusammenkommen von Christen – örtlich, regional und weltweit – zu gemeinsamem Gebet, zu Beratung und Entscheidung in dem Glauben, dass der Heilige Geist solche Zusammenkunft für seine eigenen Zwecke der Versöhnung, Erneuerung und Umgestaltung der Kirche benützen kann, indem er sie zur Fülle der Wahrheit und der Liebe hinführt.»[19]

Die Mitgliedskirchen der GEKE bleiben selbständige Kirchen und versuchen unterschiedliche Wege zu gehen, wie sie bei der Entscheidungsfindung andere Kirchen der Kirchengemeinschaft miteinbeziehen. Die meisten Kirchen laden zu ihren Synoden Vertreter:innen von Partnerkirchen ein – in manchen Fällen sogar mit Stimmrecht. Andere Kirchen veranstalten vor schwerwiegenden Entscheidungen Konsultationen mit Partnerkirchen aus der Gemeinschaft.

Einen besonderen Weg haben die fünf GEKE-Mitgliedskirchen in der Tschechischen Republik gewählt. Seit 2000 bilden sie die Tschechische Leuenberg-Synode, zu der alle zwei Jahre vier Delegierte pro Kirche zusammenkommen.[20] Die Tagungen beginnen mit einem Abendmahlsgottesdienst und folgen Regeln des Aufeinander-Hörens. Die Kirchen sprechen sich zu Herausforderungen wie Mission, Diakonie oder auch Kirchenfinanzierung ab und konnten die Übersetzung von verschiedenen GEKE-Dokumenten in die Wege leiten. Seit 2013 geben die Kirchen jährlich gemeinsam ein Buch mit Andachten für jeden Tag heraus – ein Unterfangen, das keine der Kirchen allein hätte bewältigen können.

Während die evangelischen Kirchen im Laufe ihrer Geschichte bewährte synodale Strukturen und eine Theologie der Synode[21] entwickelt haben, sind sie noch dabei, gute Verfahren zu erarbeiten, wie Konziliarität sich auch zwischen Synoden von Kirchen ausdrückt, die miteinander in Kirchengemeinschaft stehen. Dabei werden praktische Fragen die Kirchen vor vielfältige neue Herausforderungen stellen – ebenso wie unterschiedliche Kulturen –, zu ein-

---

19 Konrad Raiser (Hg.), Löwen 1971. Studienberichte und Dokumente der Sitzung der Kommission für Glauben und Kirchenverfassung, in: ÖR.B 18/19 (1971) 226 f.
20 Vgl. Ladislav Beneš, Modelle gelebter Kirchengemeinschaft – das tschechische Regionalmodell einer GEKE-Synode, in: Die GEKE als Gemeinschaft von Kirchen, epd-Dokumentation 50–51/2010, 79–81.
21 Vgl. Christoph Markschies, Theologie der Synode, in: René Dausner/Florian Bruckmann (Hg.), Im Angesicht der Anderen. Gespräche zwischen christlicher Theologie und jüdischem Denken, Paderborn 2013, 35–58.

mütigen Entscheidungen zu finden, ebenso wie die Frage nach der Verbindlichkeit von solchen Entscheidungen. Wichtig ist, dass ein solches Vorhaben von dem gemeinsamen Willen getragen sein muss, in einer mehr und mehr mobilen und vernetzten Welt das gemeinsame Hören auf Gottes Wort und das Aufeinander-Hören nicht an den Grenzen des eigenen Kirchtums enden zu lassen, sondern die in Kirchengemeinschaft stehenden Kirchen miteinzubeziehen.

In diesem Sinne können die Erfahrungen der evangelischen Kirchen auf diesem Weg durchaus auch befruchtend auf die römisch-katholische Kirche wirken. Das Zweite Vatikanische Konzil hat eine Neubelebung der Synodalität in der römisch-katholischen Kirche bewirkt, die auch im neuen *Codex Iuris Canonici* von 1983 ihren Niederschlag gefunden hat. Darin werden neben dem ökumenischen Konzil (cann. 337–341) die Bischofssynode (cann. 342–348), das Partikularkonzil (cann. 439–446) und die Diözesansynode (cann. 460–468) erwähnt. Massgebend ist die Festlegung, dass es sich bei diesen synodalen Zusammenkünften um Beratungsorgane des Papstes oder des Bischofs handelt. Laien sind nur in der Diözesansynode und auch nur mit beratender Stimme vertreten.

Da die kirchenrechtlichen Regelungen begrenzt sind, werden derzeit in verschiedenen Ländern wie in Australien, Irland, Italien und auch Deutschland neue, offenere Formate von synodalen Prozessen initiiert, um eine grössere Beteiligung von Laien in der römisch-katholischen Kirche zu ermöglichen.[22] Ermutigt wurden sie unter anderem durch eine Ansprache von Papst Franziskus anlässlich der 50-Jahr-Feier der Errichtung der Bischofssynode im Jahre 2015, in der er sagte:

> «Der synodale Weg beginnt im Hinhören auf das Volk, das ‹auch teilnimmt am prophetischen Amt Christi›, gemäß einem Prinzip, das der Kirche des ersten Jahrtausends wichtig war: ‹*Quod omnes tangit ab omnibus tractari debet* – Was alle angeht, muss von allen besprochen werden›.»[23]

Dieses Zitat aufgreifend, nannte sich der 2019 etablierte synodale Prozess in Deutschland «Synodaler Weg». Da das Format so im kanonischen Recht nicht vorgesehen ist, muss der Synodale Weg in einem rechtsoffenen Raum kreativ seine Strukturen gestalten, um auch Laien in Entscheidungsprozesse einbinden zu können, damit von allen «besprochen [und entschieden!] werden kann, was

---

22 Vgl. Martin Bräuer, Das katholische Konzept von Synodalität, in: MdKI 73 (2022) 52–59, 59.
23 Franziskus, 50-Jahr-Feier der Errichtung der Bischofssynode im Jahre 2015. Ansprache vom 17. Oktober 2015, URL: https://www.vatican.va/content/francesco/de/speeches/2015/october/documents/papa-francesco_20151017_50-anniversario-sinodo.html (27.7.2024).

alle angeht». Nun wäre für die Gestaltung des Synodalen Wegs zwar ein Blick auf die Strukturen und Arbeitsformen der evangelischen Synoden in Deutschland naheliegend, doch ist dabei auch Vorsicht geboten. In Europa haben evangelische Kirchen vielfältige Formen von synodalem Leben entwickelt, die unterschiedlichen Kulturen Rechnung tragen und gegenüber den synodalen Strukturen in Deutschland andere Akzente setzen. Möglicherweise bieten sich für den Synodalen Weg dort neue Anregungen. Besonders in der Frage, wie Konziliarität zwischen Kirchen gelebt werden kann, die miteinander in Kirchengemeinschaft stehen, könnten evangelische Kirchen und die römisch-katholische Kirche im wechselseitigen Austausch viel voneinander lernen.

Synodalität im ökumenischen Horizont
Eine evangelisch-reformierte Perspektive

Martin Ernst Hirzel

1 Einleitung

Synodalität der Kirche oder das synodale Prinzip meint Partizipation in der Kirche, die, nach Leo Karrer, «sich als wechselseitige Bindung der Vielfalt der Charismen des kirchlichen Lebens mit den Ämtern bzw. Diensten an der Einheit im Glauben und Beten [definiert]».[1] Im Hinblick auf die Erneuerung der römisch-katholischen Kirche hat das Zweite Vatikanische Konzil grosse Hoffnung in die Wiederentdeckung der Synodalität gesetzt. Diese Hoffnung haben die von Papst Franziskus einberufene Weltsynode (2021–2024) und in Deutschland der Prozess des Synodalen Weges verstärkt. An diese neue Hochschätzung der Synodalität in der römisch-katholischen Kirche knüpft die dreifache Erwartung an, dass dadurch eine Erneuerung der römisch-katholischen Kirche möglich wird, sie im Sinne einer Ökumene als Lerngemeinschaft (Christoph Schwöbel) von anderen Kirchen profitiert[2] und auch die spätestens seit *Dominus Iesus* vom Jahr 2000[3] ins Stocken geratene Ökumene einen neuen Schub erhält. Wie realistisch dies ist, wird sich in den nächsten Jahren zeigen. Die Frage hängt davon ab, wie tiefgreifend eine theologisch-ekklesiologische Reflexion über Synodalität und ihre Rolle in der Kirchengeschichte sein wird, um eine tragfähige Grundlage für eine Erneuerung in der römisch-katholischen Kirche wie in der Ökumene bieten zu können. Vergessen werden darf dabei nicht, dass Synodalität zutiefst das Verständnis von Kirche berührt und dass die römisch-katholische Kirche den Konziliarismus des Mittelalters, der ein konzi-

---

1   Vgl. Leo Karrer, Art. Synodales Prinzip, in: LThK³, Bd. 9, Freiburg i. Br. 2006, 1184.
2   Vgl. dazu Eva-Maria Faber, Synodalität heute. Ökumenische und historische Lernchancen, in: Stimmen der Zeit 9/2023, 669–676.
3   Kongregation für die Glaubenslehre, Erklärung *Dominus Iesus* über die Einzigkeit und die Heilsuniversalität Jesu Christi und der Kirche, 6.8.2009, URL: https://www.vatican.va/roman_curia/congregations/cfaith/documents/rc_con_cfaith_doc_20000806_dominus-iesus_ge.html. Hier wurde festgehalten, dass «die einzige Kirche Christi […] in der katholischen Kirche subsistiert» und die protestantischen Kirchen «nicht Kirchen im eigentlichen Sinn» seien (§ 17).

liares – über dem Papsttum stehendes – Konzil anstrebte,[4] in der Weise interpretiert hat, dass die Reformation erst möglich wurde. Das Erste Vatikanische Konzil war dann ein klar monarchisches,[5] was den Prozess endgültig besiegelte, dass sich die römisch-katholische Kirche und die anderen Kirchen, insbesondere die protestantischen, in der Frage der Synodalität bis heute radikal unterscheiden. Für die reformierten Kirchen ist Kirche wesentlich eine synodale. Es handelt sich dabei nicht nur um eine kirchenrechtliche, sondern um eine ekklesiologische Frage. Angemerkt werden muss, dass für ein protestantisches Verständnis, wie schon in der Alten Kirche, zwischen den Begriffen Konzil und Synode historisch wie inhaltlich keine klare Abgrenzung besteht,[6] wohingegen nach römisch-katholischer Lehre es wesentliche Unterschiede gibt: Ein Konzil ist ein Entscheidungsgremium, eine Synode lediglich ein Beratungsorgan.[7] Auf einem Konzil übt das Bischofskollegium die gesamtkirchliche Gewalt aus, der Papst allein aber kann es einberufen, seine Agenda bestimmen, es beenden und die Dekrete genehmigen.[8] Eine Diözesansynode ist «eine Versammlung von ausgewählten Priestern und anderen Gläubigen der Teilkirche, die zum Wohl der ganzen Diözesangemeinschaft dem Diözesanbischof [...] hilfreiche Unterstützung gewähren».[9] Dass der Weg für die römisch-katholische Kirche zu einem anderen Umgang mit Synodeempfehlungen noch weit sein wird, mag der Hinweis auf die päpstliche Ablehnung des positiven Votums der Amazonas-Synode von 2019 zur Weihe von *viri probati* illustrieren[10].

Im Folgenden wird am Beispiel der Geschichte von Synodalität in der Zürcher Reformation und Kirche die Genese von Synodalität nach reformiertem Verständnis skizziert und anschliessend beschrieben, wie sie heute in der Gemeinschaft Evangelischer Kirchen in Europa (GEKE) – der evangelischen Kirchengemeinschaft Europas, zu der auch die Evangelisch-reformierte Kirche Schweiz gehört – ekklesiologisch bestimmt wird. Im historischen Durchgang wird angedeutet, welche strittigen Fragen es zu beantworten gilt, wenn man zu einem ökumenisch verantworteten Verständnis von Synodalität gelangen will. Abschliessend werden einige Punkte genannt, die sowohl für das innerprotestantische wie für das ökumenische Weiterdenken am Thema wesentlich sind.

---

4 Vgl. Hubert Wolf, Krypta. Unterdrückte Traditionen der Kirchengeschichte, München 2015, 82.
5 A. a. O. 87.
6 Vgl. Ferdinand Reinhard Gahbauer, Art. Synode I. Alte Kirche, in: TRE XXXII, Berlin 2001, 559–566, 559.
7 Vgl. Codex Iuris Canonici – Codex des kanonischen Rechtes. Lateinisch-deutsche Ausgabe, Kevelaer ^{5}2001, can. 334.
8 CIC/1983, can. 338.
9 CIC/1983, can. 460.
10 Vgl. dazu auch Kap. 5 im Beitrag von U. Körtner in diesem Band.

2 Synodalität in den reformierten Kirchen

Die synodale Verfasstheit von Kirche gehört heute grundlegend zum Kirchenverständnis der aus der Reformation hervorgegangenen Kirchen.[11] Bei der Ausbildung synodaler Strukturen von Kirchenleitung prägend war dabei von Anfang an die reformierte Tradition, auch wenn sie bei Luther theologisch bereits angelegt waren.[12] «Die Synode wurde zu einem Erkennungsmerkmal reformierter Kirchen»[13], wobei zwischen der Zürcher und Genfer Tradition zu unterscheiden ist. Calvin war stärker auf die Unabhängigkeit der Synode von der weltlichen Obrigkeit bedacht und erzielte durch den Einbezug der verschiedenen Ämter in der Kirche eine breitere Zusammensetzung der Synode. Auf die Frage nach dem Grund für die Zentralität der Synode in den reformierten Kirchen kann *cum grano salis* auf «die Priorität der Ekklesiologie vor der Rechtfertigungslehre» hingewiesen werden[14].

2.1 In der Zürcher Reformation

Dass Kirche synodal verfasst ist, bedurfte keiner langen theologischen Begründung. Es war selbstverständlich und ergab sich aus vorangehenden gesellschaftlichen Entwicklungen und dem zentralen Anliegen der Reformation in Zürich und anderen oberdeutschen Städten: Sowohl in Bezug auf die Lehre wie auf das Leben und die Leitung der Kirche war das Gemeinschaftliche zentral. Historisch gesehen waren sowohl Elemente der korporativen Ordnung der spätmittelalterlichen Stadt als auch die universitäre Disputationskultur bestimmend, wobei letztere dahingehend transformiert wurde, dass die reformatorischen Disputationen in einem kommunalen Gebäude, für alle zugänglich und in der Volkssprache abgehalten wurden.[15] Konkret zeigte sich dies in Zürich einerseits darin, dass der Rat sich schon lange vor Zwinglis Amtsantritt der kirchlichen Angelegenheiten angenommen und diese dem weit entfern-

---

11 Vgl. dazu Christian R. Tappenbeck, Das evangelische Kirchenrecht reformierter Prägung. Eine Einführung, Zürich ²2023, 96 f.
12 Vgl. Christoph Dinkel, Art. Synode III. Reformation bis zur Gegenwart, in: TRE XXXII, Berlin/New York 2001, 571–575.
13 Martin Sallmann/Matthias Zeindler (Hg.), Dokumente der Berner Reformation: Disputationsthesen, Reformationsmandat und Synodus, Zürich 2013, 18.
14 Fritz Büsser, Heinrich Bullinger (1504–1575). Leben, Werk und Wirkung, Band I, Zürich 2004, 140.
15 Vgl. Jan Andrea Bernhard, Funktion, Theologie und Wirkung von Zwinglis 67 Thesen in der Eidgenossenschaft. Ein Beitrag zur schweizerischen Disputationskultur in Zürich (1523), Ilanz (1526) und Bern (1528), in: Ariane Anna Albisser/Peter Opitz (Hg.), Die Zürcher Reformation in Europa. Beiträge der Tagung des Instituts für Schweizerische Reformationsgeschichte, 6.–8. Februar 2019 in Zürich, Zürich 2021, 293–315, 294.

ten Bischof von Konstanz aus der Hand genommen hatte; andererseits in der Bereitschaft, 1523 erstmals eine Ratsdisputation betreffend die Reformvorschläge Zwinglis durchzuführen. Dass sich der Rat als Kollegialorgan der kirchlichen Angelegenheiten annahm, war ohne Zweifel eine Wirkung der in der Diözese Konstanz besonders starken synodalen Tradition, die die Verpflichtung des 4. Laterankonzils von 1215 besonders ernst nahm, jährliche, auf Reformen zielende Diözesansynoden durchzuführen.[16] Die Disputation von 1523 gilt als eigentliche Gründungsversammlung der reformierten Zürcher Kirche, die an die konziliare Tradition anknüpfte[17] und der Einführung der Reformation diente[18]. Theologisch gesehen brach sich in der Hochschätzung der Synodalität der Gedanke Bahn, dass die Herrschaft über die Kirche von Christus ausgeht, und nicht vom Papst oder den Bischöfen, und dass die zur Wahrung der Ordnung notwendige Kirchengewalt bei der Gemeinde liegt, die in der Versammlung der Gläubigen sichtbar wird.[19] Die Legitimation dafür bezieht sie jedoch nicht aus einem demokratischen Prinzip: «Nicht die Mehrheit ist schon die Wahrheit.»[20] Vielmehr aus dem Bleiben bei der Wahrheit, die aus dem Hören auf das Wort Gottes kommt. «Welch ist Christi Kilch», fragt Zwingli: «Die sin Wort hört».[21]

Dass sich deswegen die Synode nie absolut setzen darf, sondern sich gegebenenfalls selbst relativieren muss, formuliert in klassischer Weise die erste Kirchen- und Pfarrordnung der Schweiz von 1532, der Berner Synodus:

«Würde uns aber etwas von unseren Pfarrern oder anderen vorgebracht, das uns näher zu Christus führt und nach Vermögen des Wortes Gottes allgemeiner Freundschaft und christlicher Liebe zuträglicher ist als die jetzt aufgezeichnete Meinung, das wollen wir gerne annehmen und dem heiligen Geist seinen Lauf nicht sperren.»[22]

---

16 Büsser, Heinrich Bullinger (Anm. 14) 141.
17 A. a. O. 139.
18 Vgl. Sallmann / Zeindler (Hg.), Dokumente (Anm. 13) 18.
19 Gotthard Schmid / Konrad Schmid, Die evangelisch-reformierte Landeskirche des Kantons Zürich. Eine historische Kirchenkunde, Zürich 2023, 355. Schon der mittelalterliche Konziliarismus fasste die «Kirche als Korporation» auf, in der nicht nur der Papst, sondern alle Stände Christus repräsentieren; siehe Wolf, Krypta (Anm. 4) 83.
20 Eberhard Busch, Reformiert – Profil einer Konfession, Zürich 2017, 176. Vgl. dazu Papst Franziskus, Eröffnung der 16. Ordentlichen Generalversammlung der Bischofssynode, 4. Oktober 2023, URL: https://www.vatican.va/content/francesco/de/speeches/2023/october/documents/20231004-apertura-sinodo.html (24.2.2024).
21 Zitiert bei Schmid / Schmid, Kirchenkunde (Anm. 19) 355.
22 Sallmann / Zeindler (Hg.), Dokumente (Anm. 13) 59.

Nachdem die Zürcher Reformation durch den Erfolg der Berner Disputation von 1528 gestärkt worden war,[23] fand im selben Jahr die erste offizielle Synode statt,[24] die fortan in den reformierten Kirchen der Durchsetzung und Vertiefung der Reformation dienten[25]. Zwinglis Nachfolger Heinrich Bullinger war es dann, der mit der Zürcher Prediger- und Synodalordnung von 1532 die Grundlage für die Kirchenverfassung legte, die bis zum Untergang des *Ancien Régime* in Kraft blieb und in gewisser Weise die Synode funktionell wie theologisch bis heute bestimmt.[26] In der Zusammensetzung der Synode – neben der gesamten Pfarrschaft umfasste sie Vertreter der weltlichen Obrigkeit – zeigten sich staatskirchliche Verhältnisse, wie sie erstmals in den Konzilien der konstantinischen Ära zutage getreten waren. Kirchliche und weltliche Obrigkeit nahmen gemeinsam die Verantwortung für das christliche und bürgerliche Leben wahr und prüften, ob die christliche Gemeinde dem Wort Gottes gemäss lebte. Besondere disziplinarische Aufmerksamkeit wurde an den Synoden dem Lebenswandel der Pfarrer geschenkt. Die neu in den Pfarrdienst der Kirche tretenden Theologen mussten vor der Synode einen Synodaleid leisten, wobei sie auf das Bekenntnis nicht förmlich verpflichtet, sondern nur ermahnt wurden, wo die reine Lehre zu finden sei.[27] Die Verantwortung für die Lehre lag selbstverständlich auch bei der Synode.

In der für die schweizerische Reformation und darüber hinaus zentralen und von Bullinger verfassten *Confessio Helvetica Posterior* (CHP) von 1566 findet sich zusammengefasst, was ein heutiges reformiertes Verständnis von Synodalität voraussetzt: Die CHP lehnt ab, dass der Papst «die Fülle der Gewalt und die höchste Herrschaft in der Kirche hat»,[28] denn «Christus [...] ist in der Kirche gegenwärtig und ihr lebendigmachendes Haupt.» Daher bedarf es für die CHP keines Statthalters, den nur ein Abwesender nötig hat. «Er hat seinen Aposteln und ihren Nachkommen verboten, Vorrang und Herrschaft in der Kirche aufzurichten.» Trotzdem herrscht nach der CHP in der Kirche «keine Unordnung oder Verwirrung». Die von Christus anvertraute und von den Aposteln vorgelebte Amtsgewalt (Dienst) der Kirche genügt, die Kirche in

---

23 Vgl. Gottfried W. Locher, Die Zwinglische Reformation im Rahmen der europäischen Kirchengeschichte, Göttingen/Zürich 1979, 282.
24 Vgl. Büsser, Heinrich Bullinger (Anm. 14) 139.
25 Vgl. Sallmann/Zeindler (Hg.), Dokumente (Anm. 13) 18.
26 Hierzu und zum Folgenden: Büsser, Heinrich Bullinger (Anm. 14) 127–139.
27 Vgl. Schmid/Schmid, Kirchenkunde (Anm. 19) 326; vgl. Emidio Campi, Die Reformation in Zürich, in: Amy Nelson Burnett/Emidio Campi (Hg.), Die Schweizerische Reformation. Ein Handbuch, Zürich 2017, 71–133, 107.
28 Hier und im Folgenden Heinrich Bullinger, Das Zweite Helvetische Bekenntnis, Zürich ⁵1998, 80f.

rechter Ordnung zu halten und die Einheit zu bewahren.[29] Die CHP blickt zurück auf die frühe Kirche, wo sich die Diener in Demut gegenseitig halfen, die Gemeinde zu leiten und zu bewahren. Einer davon «rief wohl die Gemeindeversammlung zusammen und legte ihr die Verhandlungsgegenstände vor, sammelte die Ansichten der andern und sorgte nach Mannesart dafür, dass keinerlei Unordnung entstand».[30] Die CHP plädiert klar für eine kollegiale Leitung der Kirche, wenn sie Hieronymus als Vorbild zitiert, nach dem die frühen Gemeinden durch den gemeinschaftlichen Rat der Ältesten geleitet wurden. Um in der Kirche Ordnung und «Zucht» zu gewährleisten, fordert die CHP, «auf den Synoden fleissig Lehre und Lebenswandel der Diener zu prüfen. Die Fehlbaren sollen von den Älteren angeklagt und auf den rechten Weg zurückgeführt werden.»[31] Hier lag der Schwerpunkt der Synoden. Es ging nicht um Fragen der Kirchenverwaltung und -finanzierung.[32]

Entsprechend der Unterscheidung zwischen der Leitung der Kirche durch ihr Haupt Christus und der menschlichen Leitung durch kirchliche Dienste wird die Hochschätzung der Synode relativiert. Das monarchische Prinzip des Papsttums wird nicht durch das gemeinschaftliche der Synodalität ersetzt. Für die Reformatoren können nicht nur Päpste, sondern auch Konzilien irren.[33] «Nicht die Mehrheit ist schon die Wahrheit». Vielmehr bleibt die Kirche in der Wahrheit, wenn sie auf das Wort Christi hört und sich als sein Leib von seinem Geist regieren lässt.[34]

Gleichwohl sind «bischöflich-monarchische» und presbyterial-synodale Leitung für ein reformiertes Verständnis nicht austauschbar. Weil allein Christus das Haupt seiner Gemeinde ist, braucht es kein zweites neben sich. Die Haupt-Leib-Metapher impliziert die kategoriale Unterscheidung von Gott und Mensch, Aktion und Reaktion, Reden und Hören, Herrschaft und Dienst. Bei der Synodalität geht es primär um die Gewinnung eines anderen Verständnisses von Leitung in der Kirche und nicht um die Demokratisierung der monepiskopalen umfassenden Gewalten des Papst- und Bischofsamtes. Dass die reformierte Kirche – im Unterschied zunächst zur lutherischen Kirche – von Anfang an bei der Ausgestaltung der Gemeinde- und Kirchenleitung auf das presbyterial-synodale, also kollegial-gemeinschaftliche Prinzip setzte, hängt daran, dass sie das fürstliche Summepiskopat nicht kannte und sich radikaler an neutesta-

---

29 A. a. O. 94–97.
30 A. a. O. 96.
31 A. a. O. 99 f.
32 Vgl. Campi, Reformation (Anm. 27) 107.
33 Hier und im Folgenden: Busch, Reformiert (Anm. 20) 176.
34 CHP (Anm. 28) 80.

mentlichen Vorbildern orientierte, wodurch auch die Leibmetapher stärker zum Tragen kam, deren bildhafter Gehalt an sich schon das plurale Element enthält und damit die Option für den Gemeinschaftscharakter von Kirche.

2.2 Die heutige Synode

In der Reformationszeit und den folgenden Jahrhunderten war die Synode der Zürcher Kirche die Versammlung aller ordinierter Pfarrer und Theologieprofessoren, ergänzt durch die Vertreter der weltlichen Obrigkeit. Alle nahmen «ihre gemeinsame Verantwortung für die Leitung der Kirche wahr»[35]. Mit der Ausgestaltung des Verhältnisses von Kirche und Staat hin zum Staatskirchentum geriet die Kirche immer mehr unter die Aufsicht des Staates. Erst nach dem Untergang des Ancien Régime wurde die Synode «zur obersten kirchlichen Behörde bestimmt, der das Recht zukam, über alle rein kirchlichen Angelegenheiten – öffentliche Gottesverehrung, kirchlicher Religionsunterricht, Seelsorge, Bibelübersetzung, Liturgie, Gesangbuch, Katechismus und andere kirchliche Lehrbücher – Beschlüsse zu fassen».[36] Allerdings behielt der Staat das letzte Wort und musste die kirchlichen Entscheide genehmigen. Die Synode blieb eine «Geistlichkeitssynode». Erst im Zuge der seit den 1860er-Jahren erstarkenden politischen demokratischen Bewegung wurde der Ruf nach einer gemischten Synode laut. Diese wurde schliesslich 1895 Realität. Zum Wechsel von der Staatskirche hin zur Landeskirche, die unter Oberaufsicht des Staates ihre Angelegenheiten ganz selbständig regelte – eine Trennung von Kirche und Staat wurde stets abgelehnt –, kam es erst mit dem neuen Kirchengesetz von 1902.[37] Der Kompetenzgewinn der Kirche beinhaltete beispielsweise die freie Wahl der Pfarrer durch die Kirchgemeinden.[38] Die Verantwortung für die Lehre liegt seit der Reformation bei der Synode, spielt aber praktisch keine Rolle mehr, nachdem sich mit der Freigabe der Verwendung des Apostolikums in der Liturgie die Bekenntnisbindung vollends gelockert hatte und die Zürcher Kirche die «Freiheit im Bekenntnis» kennt.[39] Die angehenden Pfarrpersonen werden bei der Ordination auf das Evangelium allein verpflichtet.

---

35 A. a. O.
36 Schmid / Schmid, Kirchenkunde (Anm. 19) 359.
37 A. a. O. 361.
38 Ebd.
39 A. a. O. 328.

2.3 Synodalität gemäss der Gemeinschaft Evangelischer Kirchen in Europa (GEKE)

Schon Zwingli hatte beabsichtigt, der Fragmentierung der aus der Reformation hervorgehenden Kirchen entgegenzuwirken. Er dachte an ein «eidgenössisches Synodalsystem» und plante, «alle reformierten Kirchen der Eidgenossenschaft und Süddeutschlands enger zusammenzuschliessen, um mindestens eine Gleichförmigkeit im Glauben und den Gebräuchen […] zu erreichen».[40] Damit dachte er Synodalität in enger Verbindung mit der Katholizität und Einheit der Kirche. Zwinglis Bemühen war bekanntlich ohne Erfolg, da Luther die Positionen der oberdeutschen Reformatoren beim Marburger Religionsgespräch von 1529 als zu abseitig betrachtete. Es entwickelten sich die lutherischen und reformierten Konfessionen. Erst mit der 1973 unterzeichneten Leuenberger Konkordie wurde die innerprotestantische Kirchentrennung überwunden und Kirchengemeinschaft erklärt, die Kanzel- und Abendmahlsgemeinschaft sowie die gegenseitige Anerkennung der Ordination beinhaltete. Dies wurde auf der Basis eines gemeinsamen Verständnisses des Evangeliums sowie der Verpflichtung zum Dialog über die verbliebenen Lehrunterschiede möglich. Die 96 vorwiegend europäischen lutherischen, reformierten, unierten und methodistischen Kirchen, die seit 1973 die Gemeinschaft Evangelischer Kirchen in Europa (GEKE) bilden, befinden sich seither in einem Prozess der Verwirklichung ihrer Kirchengemeinschaft. Die Ergebnisse der gemeinsamen theologischen und ethischen Arbeit werden von den Mitgliedskirchen und ihren Synoden rezipiert, wodurch sie eine «besondere Offenheit für Konziliarität» beweisen.[41] Zu einer gesamteuropäischen Synode ist es bislang noch nicht gekommen,[42] doch ist die GEKE bestrebt, Synodalität immer mehr zu leben, und sie versteht ihr Miteinander als «gelebte Konziliarität»[43]. Für ein heutiges evangelisches Verständnis von Synodalität und das ökumenische Gespräch ist ihre theologisch-ekklesiologische Lehrgesprächs- und Studienarbeit von grosser Bedeutung.

So ist im Hinblick auf die Funktion der Synode grundlegend, dass für die GEKE «die Bezeugung des Evangeliums in Wort und Sakrament dem gesamten

---

40 Vgl. Büsser, Bullinger (Anm. 14) 140.
41 Vgl. Mario Fischer / Martin Friedrich (Hg.), Kirchengemeinschaft. Grundlagen und Perspektiven (Leuenberger Texte 16), Leipzig 2019, 61 (§ 80).
42 Vgl. dazu Elisabeth Parmentier, Welche Pluralität verträgt die GEKE und welche Verbindlichkeit braucht sie zur Wahrnehmung ihres gesellschaftspolitischen Auftrags in Europa?, in: EPD-Dokumentation Nr. 50–51 vom 12.12.23, 83–87, 85.
43 Michael Weinrich, Kirchengemeinschaft wahrnehmen – Realising Church Communion – Projekt und Prozess, in: EPD-Dokumentation Nr. 50–51 vom 12.12.23, 5–14, 9.

Gottesvolk anvertraut ist».[44] Dem entspricht, dass «die sich zum Gottesdienst versammelnde Gemeinde die elementare Verwirklichungsform der Kirche» ist und dass

> «synodale Strukturen [...] durch repräsentative Organe wie Kirchenvorstände, Presbyterien und Synoden auf verschiedenen Ebenen gebildet [werden], in denen ordinierte und nicht-ordinierte Personen zusammenarbeiten».[45]

Auf die Frage, wie sich Synodalität in die gesamte Kirchenleitung einfügt und zu den verschiedenen Ämtern verhält, hat die GEKE mit dem Lehrgespräch «Amt, Ordination, Episkopé» von 2012 eine gewichtige Antwort gegeben, die auch das Potenzial hat, den Dialog mit der römisch-katholischen Kirche voranzubringen.

> «Unter den christlichen Kirchen herrscht breite Übereinstimmung, dass Episkopé zugleich in personaler, kollegialer und gemeinschaftlicher Weise ausgeübt werden muss. Die Formen, wie sich diese drei Dimensionen zueinander verhalten, weichen jedoch beträchtlich voneinander ab. Die meisten evangelischen Kirchenordnungen stellen einen Ausgleich zwischen dem personalen und dem gemeinschaftlichen Element der Episkopé her, indem sie eine geordnete Wechselwirkung zwischen Dienern der Episkopé und synodalen Formen von Kirchenleitung auf lokaler und regionaler Ebene sicherstellen.»[46]

Dies bedeutet, dass es in der Kirche beides braucht: das Gemeinschaftliche (kollegial, synodal) wie das Personale. Dieses steht für den unverzichtbaren ordinierten Dienst an Wort und Sakrament, ohne die nach reformatorischem Verständnis die Kirche als *creatura verbi* nicht existieren kann.[47] Die meisten evangelischen Kirchen ordnen dabei das synodale Element den beiden andern vor.[48] Damit wird eine Präferenz für die gemeinschaftliche Leitung von Kirche ausgedrückt

Die GEKE, deren Einheitsmodell als «Einheit in versöhnter Verschiedenheit» oder besser «Einheit in versöhnter Vielfalt» bezeichnet wird, steht stets

---

44 Mario Fischer / Martin Friedrich (Hg.), Amt, Ordination, Episkopé (Leuenberger Texte 13), Leipzig ²2020, 148 (§ 79).
45 A.a.O. 146 (§ 77).
46 Ebd.
47 A.a.O. 127–130 (§ 41–43).
48 A.a.O. 147 f. (§ 78 f.).

vor der «Herausforderung, Partikularität und Katholizität miteinander zu verbinden und über ihre bisherigen Grenzen hinauszudenken»[49]. Konkret besteht das in der «Verpflichtung, andere Mitgliedskirchen zu konsultieren, bevor in einer lokalen oder regionalen Synode Entscheidungen mit weitreichender Bedeutung getroffen werden».

Theologisch zentral sind zwei weitere Gedanken. Erstens, dass in der Synode auf die Minderheit und damit die Schwächeren geachtet werden soll, auch wenn schliesslich die Mehrheit entscheidet.[50] Und zweitens, dass die synodalen Verfahren zugeschriebene Autorität darin begründet ist, dass diese vom Heiligen Geist geleitet sind:

«Auch wenn Entscheidungen nach dem Mehrheitsprinzip getroffen werden, hören die evangelischen Kirchen auf die Stimme von Minderheiten (vgl. LK 45). Wir vertrauen darauf, dass im Prozess der Meinungsbildung, der Beschlussfassung, der Rezeption und der kritischen Auseinandersetzung der Heilige Geist am Werk ist. So vollzieht sich verbindliches Lehren in der Kirche Jesu Christi.»

3 Schlussbetrachtung

Es dürfte deutlich geworden sein, wie zentral Synodalität für das reformierte Verständnis von Kirchenleitung ist und wie gross die Herausforderungen im ökumenischen Gespräch sind angesichts der markanten Unterschiede zur römisch-katholischen Position, die sich insbesondere im Hinblick auf das Verhältnis zum Amt und der Frage der Autorität in der Kirche zeigen. Ebenso evident ist gleichzeitig, dass sich vor dem Hintergrund der Geschichte der Synode in der reformierten Kirche und eines heutigen evangelischen Verständnisses von Synodalität (GEKE) Impulse für und Anfragen an die heutige synodale Praxis der reformierten Kirchen in der Schweiz ergeben, z. B.:

(1) Synodalität und Einheit der Kirche: Synodalität ist zentral für die Einheit der Kirche nach «innen und aussen». Sie dient nicht nur der Leitung der eigenen Kirche, sondern auch der Gemeinschaft und Zusammenarbeit mit

---

49 Hier und im Folgenden: Michael Bünker (Hg.), Schrift – Bekenntnis – Kirche. Ergebnis eines Lehrgesprächs der Gemeinschaft Evangelischer Kirchen in Europa (Leuenberger Texte 14), Leipzig 2013, 41.
50 Bedenkenswert ist in diesem Zusammenhang, dass der Ökumenische Rat der Kirchen (ÖRK) in seinen Leitungsgremien Entscheide nach dem Konsensverfahren fällt (ausser bei Wahlen). Hier wird Übereinstimmung im Aufeinander-Hören gesucht und immer wieder nach dem Wahrheitskern der Minderheitenmeinung gefragt.

anderen Kirchen. Wie kann dies vermehrt berücksichtigt und sichtbar gemacht werden?
(2) Zusammensetzung der Synode: Sie besteht aus ordinierten und nichtordinierten Mitgliedern. Alle haben sie dieselbe Stellung. Sie bringen unterschiedliche Gaben mit und repräsentieren gemeinsam die Gemeinde Christi.
(3) Verhältnis Synode – Amt: Die Synode wie auch das personale Amt sind beide kirchenleitend. Letzteres handelt im Auftrag der Synode, es steht «inmitten der Gemeinde» und gleichzeitig ihr «gegenüber».[51]
(4) Aufgabe der Synode: Diese ist genuin eine geistliche und umfasst nicht nur die Beschäftigung mit Finanzen und Verwaltungsfragen. Wie kann ihrer geistlichen Aufgabe mehr Raum gegeben werden?
(5) Autorität der Synode: Wird genügend bedacht, dass synodale Beratung in der Erwartung der Leitung durch den Heiligen Geist geschieht und für ihre Beschlussfassung das theologische Nachdenken zentral ist?[52]
(6) Verfahren der synodalen Beschlussfassung: Dem unzureichenden Verständnis von Synode als Parlament könnte entgegengewirkt werden durch die sporadische Anwendung des Konsensprinzips, wie es der Ökumenische Rat der Kirchen (ÖRK) seit Längerem erprobt.

---

51 Vgl. Fischer / Friedrich (Hg.), Amt (Anm. 44) 130 (§ 43).
52 Vgl. Faber, Synodalität (Anm. 2) 674.

Synodalität in Fragen des Glaubens

Das Verfahren zur Stellungnahme in Glaubensfragen
in der Christkatholischen Kirche der Schweiz

Adrian Suter

1 Ein aufsehenerregender Synodeentscheid

Freitag, 10. September 2021, Thun: Die Nationalsynode der Christkatholischen Kirche der Schweiz debattiert darüber, welche Folgen eine zivilrechtliche Öffnung der Ehe für gleichgeschlechtliche Paare auf das theologische Verständnis des Ehesakraments und die Praxis hätte.[1] Unter Namensaufruf nehmen die 87 anwesenden Mitglieder der Nationalsynode zu folgender Aussage Stellung: «Jede Segnung, die die Kirche einer zivilrechtlich geschlossenen Ehe zwischen zwei Erwachsenen gleich welchen Geschlechts spendet, ist in gleicher Weise sakramental.» 85 Synodale sagen Ja, 2 sagen Nein. Unter denen, die ja sagen, geben 17 eine weiterführende Aussage zu Protokoll. Manche wollen damit ihr Ja bekräftigen, andere, darunter der Bischof, differenzieren ihr Ja oder nennen eine leicht abweichende Formulierung, die ihre Auffassung genauer wiedergibt.

In der Utrechter Union der altkatholischen Kirchen, zu der auch die Christkatholische Kirche der Schweiz gehört, wurde die Frage der Segnung gleichgeschlechtlicher Paare, und ob eine solche Segnung sakramental zu verstehen sei, seit einigen Jahren intensiv diskutiert. Beim geschilderten Vorgang auf der Synodesession in Thun handelt sich um die erste Lesung im Verfahren zur Stellungnahme in Glaubensfragen. Ein Jahr später, am 10. Juni 2022, erfolgt die in der Verfassung vorgesehene zweite Lesung zur «Ehe für alle».[2] Als Erster wird der Bischof aufgerufen, diesmal äussert er ein Ja ohne weitere Differenzierung. Mit ihm sagen 93 Mitglieder der Nationalsynode Ja, zwei von ihnen geben eine bekräftigende oder differenzierende Aussage zu Protokoll. Nur eine Person sagt

---

1 Vgl. Nationalsynode der Christkatholischen Kirche der Schweiz, 154. Session vom 10. und 11. September 2021 in Thun BE. Protokoll und Dokumentation, 100–143, URL: https://christkatholisch.ch/wp-content/uploads/2021-christkatholische-kirche-protokoll-154.pdf (14.5.2024).
2 Vgl. Nationalsynode der Christkatholischen Kirche der Schweiz, 155. Session vom 10. und 11. Juni 2022 in Olten (SO). Protokoll und Dokumentation, 144–155, URL: https://christkatholisch.ch/wp-content/uploads/2022-christkatholische-kirche-protokoll-155_r2.pdf (14.5.2024).

Nein, mit einer differenzierenden Ergänzung zuhanden des Protokolls. Direkt im Anschluss daran zieht die Nationalsynode die Folgerungen aus ihrer Stellungnahme und öffnet die sakramentale Ehe für Paare unabhängig vom Geschlecht der Eheleute. Praktisch geschieht dies, indem die Nationalsynode eine entsprechend revidierte Eheliturgie genehmigt, die Eintragung gleichgeschlechtlicher Ehen in die Eheregister beschliesst und eine Revision des Trauscheins in Auftrag gibt.[3]

So bedeutend dieser Synodeentscheid war: Im Folgenden soll es nicht um dessen Inhalt gehen, sondern um das Verfahren zur Stellungnahme in Glaubensfragen, das hier zum ersten Mal überhaupt zur Anwendung gekommen ist. Die Regelung der christkatholischen Kirchenverfassung der Schweiz ist ein Beispiel, vielleicht sogar ein Modell, wie eine synodale Entscheidungsfindung in Fragen des Glaubens geschehen kann.

2 Kirchenleitung im bischöflich-synodalen Gegenüber

Nach altkatholischem Selbstverständnis darf die synodale Meinungsbildung nicht als Vorgeplänkel zur «eigentlichen» Entscheidung gesehen werden, die dann beim Bischof, bei der Bischofskonferenz oder einem anderen rein geistlichen Gremium liegen würde. Die Verfassung der Christkatholischen Kirche der Schweiz[4] hält fest:

> «Die Leitung der Kirche obliegt der Nationalsynode, dem Bischof und dem Synodalrat gemeinsam.» (Art. 3)

Dabei umfassen sowohl die Nationalsynode als auch der Synodalrat als deren Exekutivorgan Laien und Geistliche, wobei die Laien in beiden Fällen in der Mehrheit sind. Die Verfassung gibt der Nationalsynode weitreichende Kompetenzen auch in geistlichen Fragen: Ihr obliegt «der Erlass allgemeiner Grundsätze über das kirchliche Leben, namentlich für Verkündigung, Liturgie, Seelsorge, Ausbildung der Geistlichen, Religionsunterricht, Jugendarbeit, Erwachsenenbildung und kirchliche Disziplin» (Art. 15 e). Auch «die Genehmigung der liturgischen Texte und der Lehrmittel für den Religionsunterricht» (Art. 15 f) sind Aufgabe der Nationalsynode. Die Nationalsynode wählt den Bischof (Art. 15 a), nimmt seinen Bericht entgegen (Art. 15 h) und kann ihn bei

---

3 Vgl. a. a. O. 156–189.
4 Die Verfassung ist abgedruckt in Adrian Suter / Angela Berlis / Thomas Zellmeyer, Die Christkatholische Kirche der Schweiz. Geschichte und Gegenwart (katholon 1), Zürich 2023, 314–321, URL: https://christkatholisch.ch/wp-content/uploads/verfassung-der-christkatholischen-kirche-der-schweiz_stand-2019-1.pdf (14.5.2024).

Verletzung seiner Pflichten zur Verantwortung ziehen, unter gewissen Voraussetzungen sogar seines Amtes entheben (Art. 13).

Dennoch ist der Bischof nicht als «Angestellter» der Nationalsynode oder des Synodalrates anzusehen. Vielmehr spricht die Kirchenverfassung ihm «die Sorge für das Bleiben der Kirche in der Überlieferung des Glaubens und für die Einheit des Bistums in Verkündigung, Liturgie und Sakramentenspendung» zu (Art. 5). Die Nationalsynode kann sich auch nicht einfach über den Bischof hinwegsetzen, denn die erste Aussage, die die Kirchenverfassung über die Nationalsynode macht, lautet:

«Die Nationalsynode berät und entscheidet zusammen mit dem Bischof.» (Art. 14)

Dabei ist dieses «Zusammen» nicht im Detail rechtlich geregelt. Die Verfassung räumt dem Bischof zahlreiche Möglichkeiten ein, den Prozess zu steuern und seine Meinung einzubringen, aber keine rechtlichen Mittel, sie gegen den Willen der Nationalsynode durchzusetzen. Weder gibt es ein Veto-Recht für den Bischof, noch ist geregelt, was passiert, wenn die Nationalsynode mehrheitlich gegen die Auffassung des Bischofs stimmt.[5] Bischof und Synode stehen einander gegenüber und sind gemeinsam verantwortlich, könnten einander auch gegenseitig blockieren – die Kirchenverfassung setzt voraus, dass sowohl der Bischof als auch die Synodalen konstruktiv zusammenarbeiten. Das System kann nur funktionieren, wenn der Bischof nicht bei jeder nebensächlichen Frage das volle moralische Gewicht seines Amtes in die Waagschale wirft, sondern nur dann, wenn «das Bleiben der Kirche in der Überlieferung des Glaubens» oder «die Einheit des Bistums in Verkündigung, Liturgie und Sakramentenspendung» auf dem Spiel stehen (Art. 5). Wenn aber umgekehrt die Synode die Stellungnahme des Bischofs nicht ernst nimmt und per Mehrheitsentscheid

---

5   Im Kommentar zur Verfassungsrevision steht: «Die Gemeinschaft zwischen Bischof und Synode erfordert eine intensive gemeinsame Beratung. Der Bischof hat deshalb zu allen wichtigen Fragen, die zur Debatte stehen, Stellung zu beziehen, damit die Synode in Kenntnis seiner Meinung entscheiden kann. Die Synode kann gegen den Willen des Bischofs entscheiden, aber es ist selbstverständlich, dass sie den Bischof nicht zu Handlungen zwingen kann, die mit seinem Gewissen und Glauben unvereinbar sind.» (Hansjörg Vogt/Kurt Stalder, Kommentar zur Verfassung, 1990, URL: https://christkatholisch.ch/wp-content/uploads/verfassung-der-christkatholischen-kirche_kommentar-1.pdf [14.5.2024]). Diese Einschätzung ist zweifellos richtig, lässt aber dennoch viele Fragen offen. Es wäre zum Beispiel ein ekklesiologisch unhaltbarer Zustand, wenn die Nationalsynode eine Gottesdienstordnung beschliessen würde, der Bischof sich aber weigerte, nach dieser Ordnung zu feiern.

vom Tisch wischt, ohne den Bischof in ihre Entscheidungsfindung einzubeziehen, dann funktioniert das bischöflich-synodale System genauso wenig.

3 Besonderheiten des Verfahrens zur Stellungnahme in Glaubensfragen

Diese allgemeinen Überlegungen zum bischöflich-synodalen Geschehen in der Christkatholischen Kirche der Schweiz bilden den Hintergrund eines spezifischen Verfahrens, in dem der Grundsatz der Synodalität in der Entscheidungsfindung zu Fragen des Glaubens zum Tragen kommen soll. Seit 1989 kennt die Verfassung der Christkatholischen Kirche der Schweiz folgende Regelung:

> «Art. 22 ¹Für Stellungnahmen in Glaubensfragen, die unter Namensaufruf aller Mitglieder der Nationalsynode erfolgen, sind zwei Lesungen erforderlich. Dazwischen werden vom Synodalrat die Internationale Bischofskonferenz und allenfalls auch Theologen und Kirchenleitungen anderer Kirchen zur Stellungnahme eingeladen.
> ²Dieses Verfahren findet Anwendung,
> a) wenn der Bischof der Nationalsynode eine Stellungnahme der Internationalen Bischofskonferenz zu einer Glaubensfrage vorlegt;
> b) wenn Bischof oder Synodalrat auf Grund innerer oder äusserer Entwicklungen einen entsprechenden Antrag stellen;
> c) wenn bei der Behandlung eines Geschäftes ein entsprechender Ordnungsantrag vom Bischof oder von einer in der Geschäftsordnung festzulegenden Mindestanzahl von Mitgliedern der Nationalsynode unterstützt wird.
> ³Nach Abschluss dieses Prozesses beschliesst die Nationalsynode im ordentlichen Verfahren, was aus ihrer Glaubensaussage folgen soll.»

Das Verfahren zur Stellungnahme in Glaubensfragen ist in mancherlei Hinsicht anders als andere Synodegeschäfte. Erstens ist es kein Beschluss, sondern eine Stellungnahme. Sie hat keine unmittelbaren praktischen Konsequenzen. Solche müssen nach Abschluss des Prozesses im ordentlichen Verfahren beschlossen werden (Art. 22 Abs 3). Im konkreten Fall hatte die Stellungnahme der Nationalsynode, kirchliche Ehesegnungen von gleichgeschlechtlichen Paaren sakramental zu verstehen, aus sich heraus keine Auswirkungen auf die Ehepraxis. Erst die nachfolgenden Beschlüsse zu Eheritus, Eheregistern und Trauschein brachten die praktischen Veränderungen. In anderen Situationen wäre es durchaus denkbar, dass sich aus einer Stellungnahme in Glaubensfragen keine oder zumindest kurzfristig keine Konsequenzen ergeben – etwa wenn die Frage in einen längeren Prozess zu einer gemeinsamen Entscheidungsfindung der altkatholischen Kirchen der Utrechter Union eingebettet ist.

Zweitens gibt es Besonderheiten bei Stimmabgabe und Auswertung. Die Geschäftsordnung der Nationalsynode hält in § 42 fest:

«Bei Stellungnahmen in Glaubensfragen (Art. 22 der Verfassung) kann der aufgerufene Synodale mit Ja oder Nein antworten oder eine eigene Formulierung seiner Überzeugung zu Protokoll geben.»

Da solche eigenen Formulierungen unter Umständen nicht eindeutig den Ja- oder Nein-Stimmen zuzuordnen sind, legt das Verfahren auch keine Mehrheiten fest. Ohnehin muss die Synode im Einzelfall abwägen, welches Gewicht sie abweichenden Stimmen zubilligt. Als das Verfahren zur Stellungnahme in Glaubensfragen 1989 in die Kirchenverfassung aufgenommen wurde, war als Kommentar im Christkatholischen Kirchenblatt zu lesen:

«Wenn eine Stellungnahme praktisch einstimmig erfolgt, wird die Synode ohne Schwierigkeit die daraus folgenden Beschlüsse fassen können. Wenn aber die Minderheit gross ist oder wenn der Bischof, anerkannte Theologen oder eine Mehrheit der Geistlichen zur Minderheit gehören, wird die Synode sehr vorsichtig sein und unter Umständen sogar darauf verzichten, konkrete Folgerungen aus ihrer Stellungnahme zu ziehen. Es ist nicht möglich, für diesen Prozess rechtliche Normen aufzustellen; es muss in die Verantwortung der Synode gegeben werden, jeden einzelnen Fall zu prüfen und das angemessene Vorgehen zu bestimmen.»[6]

Drittens kommt das Verfahren nicht wie ein normales Synodengeschäft in Gang, sondern auf drei besondere Weisen. Erstens durch die Internationale Altkatholische Bischofskonferenz: Hier wird die Glaubensfrage von den anderen altkatholischen Kirchen an die Schweizer Kirche herangetragen. Dies ist zum Beispiel der Fall, wenn eine andere altkatholische Kirche eine Reform anstrebt, bei der die Utrechter Union entscheiden muss, ob sie die kirchliche Gemeinschaft infrage stellt oder nicht.[7] Im zweiten Fall wird eine Glaubensfrage vom Bischof oder vom Synodalrat (und nur von ihnen) auf die Tagesordnung gesetzt, weil sie es wegen innerer oder äusserer Entwicklungen für notwendig erachten. Drittens kann das Verfahren vom Bischof oder einem

---

6 Christkatholisches Kirchenblatt 112 (1989) Nr. 11, 125.
7 Die Internationale Altkatholische Bischofskonferenz kennt ein eigenes Verfahren für diesen und ähnliche Fälle, geregelt in Art. 6 ihrer «Inneren Ordnung». Vgl. Urs von Arx / Maja Weyermann (Hg.), Statut der Internationalen Altkatholischen Bischofskonferenz (IBK). Offizielle Ausgabe in fünf Sprachen (Beiheft zu IKZ 91), Bern 2001.

festgelegten Quorum von Synodalen[8] bei laufenden Verhandlungen per Ordnungsantrag in Gang gesetzt werden. Dies ist vorgesehen für den Fall, dass eine Debatte auf der Synodesession unerwartet in eine Richtung geht, die Fragen des Glaubens aufwerfen. In diesem Fall kann das Verfahren auch eine «Notbremse» gegen vorschnelle Entscheidungen sein; der Bischof oder die Synodalen können damit eine vertiefte Reflexion auf die Implikationen der Frage für den Glauben einfordern.

Eine vierte Besonderheit des Verfahrens ist, dass es in zwei Lesungen erfolgt und zwischen den beiden Lesungen Stellungnahmen von aussen eingeholt werden (Art. 22 Abs. 1). Damit soll die Bedeutung von Glaubensfragen unterstrichen, die gemeinsame Verantwortung für den Glauben über die Ortskirche hinaus gewürdigt und eine überstürzte Entscheidung verhindert werden.

4 Sind Glaubensfragen kirchentrennend?

Die Kirchenverfassung äussert sich nicht zur Frage, was genau eine Glaubensfrage ist und was nicht. Ob eine Frage als Glaubensfrage behandelt wird, hängt davon ab, ob ein entsprechender Antrag eingebracht wird oder nicht. In der Debatte über die Frauenordination[9] war 1990 ein solcher Antrag gestellt worden. Die Synodalen sollten zu folgender Aussage Stellung nehmen: «Ich bin überzeugt, dass die ausschliessliche Weihe von Männern zu Priestern nicht vom Glauben der Kirche gefordert ist.» Im Laufe der Debatte kam die Synode aber überein, diesen Antrag sowie einen Gegen- und Ergänzungsantrag des Bischofs doch nicht gemäss diesem Verfahren zu behandeln.[10] Die Stellungnahme zur «Ehe für alle» war der erste Fall, in dem das Verfahren zur Stellungnahme in Glaubensfragen tatsächlich zur Anwendung kam.

Bei der Frauenordination in den 1990er-Jahren wurde kontrovers diskutiert, ob es sich dabei überhaupt um eine Glaubensfrage handle. Im Hintergrund dieser Diskussion stand die Befürchtung, falls es sich um eine Glaubensfrage

---

8   Gemäss § 32 Abs. 2 der Geschäftsordnung der Nationalsynode sind dies derzeit acht Geistliche und Theologen oder aber insgesamt zwanzig Synodale. Vgl. Suter/Berlis/Zellmeyer, Christkatholische Kirche (Anm. 4) 325.
9   Zur Einführung der Frauenordination in der Christkatholischen Kirche der Schweiz vgl. Suter/Berlis/Zellmeyer, Christkatholische Kirche (Anm. 4) 121–123 und 153–156.
10 Vgl. Christkatholische Kirche der Schweiz, 118. Session der Nationalsynode der Christkatholischen Kirche der Schweiz. 15. und 16 Juni 1990 in Bern, 18. August 1990 in Olten, 92–118. Der Prozess wurde an einer ausserordentlichen Synodesession weitergeführt: Christkatholische Kirche der Schweiz, 119. [ausserordentliche] Session der Nationalsynode der Christkatholischen Kirche der Schweiz. 15. und 16. März 1991 in Zürich. Deren Beschlüsse sind in Suter/Berlis/Zellmeyer, Christkatholische Kirche (Anm. 4) 332f. abgedruckt.

handle, müsse die Frage in allen altkatholischen Ortskirchen gleich entschieden und praktiziert werden, weil sonst eine kirchliche Einheit nicht mehr möglich sei. In der Debatte um die «Ehe für alle» wurde dann zwischen «Glaubensfrage» und «kirchentrennende Frage» differenziert.[11] Dazu ist kurz auf die (Selbst-)Verpflichtung der altkatholischen Kirchen zur kirchlichen Gemeinschaft einzugehen.

Als altkatholische Ortskirche lebt die Christkatholische Kirche der Schweiz im Spannungsfeld zwischen ortskirchlicher Autonomie und weltweiter Verbundenheit. Sie weiss sich dem katholischen, und damit dem gemeinsamen, «ganzheitsgemässen» (so die wörtliche Übersetzung des Griechischen *kat' holou*) Glauben verpflichtet. Als Teil der Utrechter Union der altkatholischen Kirchen steht sie in der Pflicht, diese kirchliche Gemeinschaft zu wahren. Doch bereits in ihren Gründungsjahren im 19. Jahrhundert und später auch in den ökumenischen Dialogen war für die altkatholischen Kirchen immer klar, dass Kirchengemeinschaft keine Uniformität bedeutet. Im Bonner Abkommen von 1931 zwischen den altkatholischen Kirchen der Utrechter Union und der anglikanischen Kirchengemeinschaft ist festgehalten:

«Interkommunion [seit 1958: Volle Gemeinschaft] verlangt von keiner Kirchengemeinschaft die Annahme aller Lehrmeinungen, sakramentalen Frömmigkeit oder liturgischen Praxis, die der anderen eigentümlich ist, sondern schliesst ein, dass jede glaubt, die andere halte alles Wesentliche des christlichen Glaubens fest.»[12]

Damit Kirchen miteinander in Gemeinschaft stehen können, ist es also wichtig, dass beide *alles Wesentliche* des christlichen Glaubens festhalten, aber nicht, dass sie sich in jeder einzelnen untergeordneten Frage des Glaubens einig sind. Diese Auffassung entspricht dem, was 1964 vom Zweiten Vatikanischen Konzil mit dem Begriff «Hierarchie der Wahrheiten» (UR 11) beschrieben wurde.[13] Davor hatte in der römisch-katholischen Kirche die Auffassung geherrscht, Kirchengemeinschaft sei nur bei Übereinstimmung in *allen* Fragen des Glau-

---

11 Vgl. Adrian Suter, Was ist eine Glaubensfrage?, in: Christkatholisch 144 (2021) Nr. 4, 9 f.
12 Bonner Abkommen, Erstveröffentlichung in: Internationale Kirchliche Zeitschrift 21 (1931) 161. Auch in: Harding Meyer u. a. (Hg.), Dokumente wachsender Übereinstimmung. Sämtliche Berichte und Konsenstexte interkonfessioneller Gespräche auf Weltebene, Band 1, 1931–1982, Paderborn 1983, 78; Suter/Berlis/Zellmeyer, Christkatholische Kirche (Anm. 4) 345.
13 Adrian Suter, Vernetzung und Gewichtung christlicher Lehraussagen. Die Vorstellung einer Hierarchie der Wahrheiten und ihre Beziehung zum wissenschaftstheoretischen Selbstverständnis der Theologie (Studien zur systematischen Theologie und Ethik 59), Wien 2011, 11–155.

bens möglich;[14] die Abkehr von diesem Maximalismus stiess in der Ökumene, auch bei christkatholischen Theologen, auf grosses positives Echo.[15]

Nicht jede Lehrmeinung gehört zum Wesentlichen des christlichen Glaubens. Nicht jede Glaubensfrage ist so zentral, dass eine Meinungsverschiedenheit sogleich die kirchliche Gemeinschaft infrage stellt. Die Frage des Fegefeuers, einige mariologische Streitfragen und Einzelheiten der Sakramententheologie, das alles sind Fragen des Glaubens, aber sie gehören nicht zum Wesentlichen des Glaubens. Verschiedene Kirchen und konfessionelle Traditionen können hier unterschiedlicher Meinung sein, sind hier tatsächlich unterschiedlicher Meinung – und doch ist kirchliche Gemeinschaft trotz diesen Unterschieden möglich.[16]

In den Debatten der 1990er-Jahre war in den altkatholischen Kirchen oft die Aussage zu hören, die Frauenordination sei «keine Glaubensfrage» – in der Regel war damit gemeint, dass jede Ortskirche diese Frage autonom entscheiden könne und man einen Dissens nicht als kirchentrennend erachte. Damals führte dies zu skurril anmutenden Vorschlägen: Sollte man der Synode die Frage, ob es eine Glaubensfrage sei, als Glaubensfrage vorlegen? Die Gleichsetzung von Glaubensfrage und kirchentrennender Frage ist jedoch unbegründet. Dies ist im Antrag von Bischof und Synodalrat an die Nationalsynode auch zum Ausdruck gekommen.[17]

---

14 In der Enzyklika *Mortalium animos* von 1928 ist zu lesen, es sei «absolut unstatthaft, den […] Unterschied zwischen den so genannten ‹grundlegenden› und ‹nichtgrundlegenden› Glaubenswahrheiten zu machen»; vielmehr müssten die anderen Christinnen und Christen, die bisher nicht der römisch-katholischen Kirche angehören, «sich der Lehre und der Leitung des Stellvertreters Christi unterwerfen und ihm gehorchen». Pius XI, Mortalium animos, in: Hans-Ludwig Althaus (Hg.), Ökumenische Dokumente. Quellenstücke über die Einheit der Kirche, Göttingen 1928, 163–174.

15 Vgl. Herwig Aldenhoven, Was bedeutet das Zweite Vatikanische Konzil für uns Alt-Katholiken?, in: Werner Schatz (Hg.), Was bedeutet das Zweite Vatikanische Konzil für uns? 6 Vorträge von Oscar Cullmann, Johannes Feiner, Herwig Aldenhoven, Patrik C. Rodger, Nikos A. Nissiotis, Ernst Ludwig Ehrlich, Basel 1966, 97–136.

16 Vgl. als jüngstes Beispiel: Die Thiruvalla-Vereinbarung. Vereinbarung der Gemeinschaft zwischen der Malankara Mar Thoma Syrian Church und den Altkatholischen Kirchen der Utrechter Union, in: Christkatholisch 147 (2024) Nr. 5, 21.

17 Das Was und Wie zur «Ehe für alle». Wie das Traktandum «Ehe für alle» an der Nationalsynode behandelt wird, in: Christkatholisch 144 (2021) Nr. 13, 6–10; Themenvorlage «Ehe für alle» – Umsetzung. Dokument zur 155. Session der Nationalsynode, Olten 2022, in: Christkatholisch 145 (2022) Nr. 11, 7–9.

5 Synodalität in Glaubensfragen

Und damit zurück zur ersten und bisher einzigen Anwendung des Verfahrens zur Stellungnahme in Glaubensfragen: Zwei Mitglieder des Synodalrates[18] hegten die Befürchtung, wenn Bischof und Synodalrat das Verfahren zur Stellungnahme in Glaubensfragen nicht selbst einleiten würden, könnte an der Synodesession ein Ordnungsantrag gestellt und eine unausgegorene Glaubensfrage vorgelegt werden – mit potenziell sehr unübersichtlicher, emotionsgeladener und zeitraubender Debatte. Sie überzeugten Bischof und Synodalrat, dass es besser sei, das Thema von vornherein als Glaubensfrage zu traktandieren und eine wohlüberlegte, bereits im Voraus bekannte und diskutierte Formulierung vorzulegen. Wie erwähnt lautete diese: «Jede Segnung, die die Kirche einer zivilrechtlich geschlossenen Ehe zwischen zwei Erwachsenen gleich welchen Geschlechts spendet, ist in gleicher Weise sakramental.»

Vorgelegt wurde also die pure Aussage, ohne einleitendes «ich bin überzeugt, dass …», auch nicht in Frageform «glaubst du, dass …?» Der Inhalt sollte im Zentrum stehen, nicht der Grad der Zustimmung. Es ging auch nicht um eine generelle Stellungnahme zur Homosexualität,[19] nicht einmal darum, ob eine Segnung für gleichgeschlechtliche Paare möglich sei oder nicht, sondern um die Sakramentalität einer solchen bereits als möglich vorausgesetzten Segenshandlung.[20] Nach Ansicht der Antragsteller war damit auch hinreichend legitimiert, das Verfahren zur Stellungnahme in Glaubensfragen anzuwenden: Der Begriff der Sakramentalität ist überhaupt nur im Glaubenskontext sinngefüllt.

Nach anfänglichen Befürchtungen, das Vorlegen einer Glaubensfrage könnte eine Verzögerungstaktik sein, liessen sich die Synodalen schliesslich

---

18 Die Synodalratsprotokolle sind nicht öffentlich; es ist aber kein Geheimnis, dass der Vorschlag von Toni Göpfert, dem Juristen im Synodalrat, und von mir selbst kam.
19 Vgl. Mattijs Ploeger, Die Segnung gleichgeschlechtlicher Partnerschaften und das Sakrament der Ehe(einsegnung). Ein Beitrag zur aktuellen Diskussion in der altkatholischen Kirche und Theologie, in: Internationale Kirchliche Zeitschrift 108 (2018) 87–109. Ploeger unterscheidet vier Fragen im Zusammenhang mit der Segnung gleichgeschlechtlicher Partnerschaften und dem Sakrament der Ehe:
1. Werden gleichgeschlechtliche Partnerschaften in der altkatholischen Kirche überhaupt akzeptiert?
2. Gibt es in der altkatholischen Kirche die Möglichkeit einer Segnung gleichgeschlechtlicher Partnerschaften?
3. Ist die Segnung gleichgeschlechtlicher Partnerschaften sakramental?
4. Ist die sakramental gesegnete gleichgeschlechtliche Partnerschaft mit der sakramental gesegneten heterosexuellen Ehe identisch?
Die Glaubensfrage auf der Nationalsynode betraf nur die dritte und vierte dieser Fragen.
20 Ein Segnungsritus für gleichgeschlechtliche Paare, der sich vom Eheritus deutlich unterschied, war in der Christkatholischen Kirche der Schweiz seit 2006 zur Erprobung freigegeben.

mit grosser Ernsthaftigkeit auf den Prozess ein. Für die Akzeptanz des Verfahrens waren zweifellos die folgenden beiden Punkte wichtig: Erstens lag seit Beginn ein präziser Zeitplan vor, der deutlich machte, dass das Verfahren noch vor Inkraftsetzung der zivilrechtlichen «Ehe für alle» in der Schweiz abgeschlossen sein würde. Zweitens konnte die Nationalsynode dem Bischof ein klares Mandat für die Diskussion in der Internationalen Altkatholischen Bischofskonferenz mitgeben. In synodalen Entscheidungsprozessen ist es wichtig, dass die Partizipation keine Alibiübung ist, sondern die Partizipantinnen und Partizipanten die Wirksamkeit ihrer Teilnahme am Prozess erfahren.

Gläubige anderer Konfessionen mögen die Sakramentalität gleichgeschlechtlicher Ehen anders sehen als die Nationalsynode der Christkatholischen Kirche der Schweiz. Vielleicht sind sie sogar der Ansicht, es stehe einer einzelnen Ortskirche gar nicht zu, eine solche Frage zu entscheiden, da damit die Substanz des Ehesakraments berührt werde. Tatsächlich gilt im Altkatholizismus der Grundsatz, dass nur ein allgemein anerkanntes, Ökumenisches Konzil,[21] dessen Entscheidungen im Nachhinein von den Ortskirchen rezipiert werden, allgemeinverbindlich über Fragen des Glaubens entscheiden kann. Nach altkatholischem Verständnis ist allerdings auch ein solcher Konzilsentscheid keine Wahrheitsgarantie: Ein Konzil wird im Altkatholizismus nicht als eine Art «Kollektivpapst» verstanden, dem Unfehlbarkeit zukommt. Aber der Konzilsentscheid ist verbindlich für die Kirche, und im synodalen Weg, der ihn ermöglicht hat, darf die Kirche das Wirken des Heiligen Geistes erkennen.[22]

Doch wie soll eine Ortskirche damit umgehen, dass seit Jahrhunderten kein allgemein anerkanntes, Ökumenisches Konzil stattgefunden hat? Auch wenn es kein solches Konzil gibt, muss es dennoch möglich sein, dass die Ortskirchen Glaubensfragen diskutieren, dazu Stellung nehmen, die Meinung anderer Ortskirchen einholen und aus diesem Prozess praktische Konsequenzen ziehen. Ein solcher ortskirchlicher Entscheidungsprozess wird keine Verbindlichkeit für die ganze Kirche beanspruchen können. Wenn sich herausstellt, dass zwischen verschiedenen Ortskirchen ein Dissens besteht, ist zu diskutieren, ob es ein Oberflächendissens ist, bei dem kirchliche Gemeinschaft möglich bleibt, oder ein Tiefendissens, der das Wesentliche des Glaubens betrifft.[23] Diese Methode

---

21 Wie in den orthodoxen Kirchen, so werden auch im Altkatholizismus nur die sieben Ökumenischen Konzilien des ersten Jahrtausends als allgemein verbindlich anerkannt. In der heutigen Situation der Kirchentrennung ist damit ein Konzil nur dann ökumenisch zu nennen, wenn es ein Unionskonzil ist, das die heute getrennte Christenheit wieder zusammenbringt.
22 Vgl. Suter / Berlis / Zellmeyer, Christkatholische Kirche (Anm. 4) 151–153.
23 Zur Unterscheidung von Oberflächendissens und Tiefendissens vgl. Suter, Vernetzung (Anm. 13) 373–378.

des «differenzierten Konsenses» haben die altkatholischen Kirchen explizit im internationalen römisch-katholisch – altkatholischen Dialog,[24] de facto in weiteren bilateralen Dialogen angewandt.[25] In Bezug auf das konkrete Thema der Segnung gleichgeschlechtlicher Partnerschaften und deren Sakramentalität hat die Christkatholische Kirche der Schweiz zum Ausdruck gebracht, dass sie die kirchliche Gemeinschaft nicht infrage gestellt sieht, wenn zwei Kirchen unterschiedlicher Meinung sind. Die Entscheidung, ob andere Kirchen dies genauso sehen, liegt bei diesen selbst.

---

24 Vgl. Kirche und Kirchengemeinschaft. Erster und Zweiter Bericht der Internationalen Römisch-Katholisch–Altkatholischen Dialogkommission 2009 und 2016, Paderborn 2017. Zur theologischen Auseinandersetzung mit dem ersten dieser Berichte vgl. Wolfgang W. Müller (Hg.), Kirche und Kirchengemeinschaft. Die Katholizität der Altkatholiken (Schriften Ökumenisches Institut Luzern 10), Zürich 2013.
25 Vgl. Concluding Common Joint Statement of the Commission for the Dialogue between the Malankara Mar Thoma Syrian Church and the Old Catholic Churches of the Union of Utrecht, in: Internationale Kirchliche Zeitschrift 113 (2023) 75–112.

Teil C
Kirchliche Synodalität in ökumenisch-theologischer Perspektive

Geht es auch ohne Primat?

Zum ökumenischen Diskurs über die Synodalität der Kirche

Dagmar Heller

Synodalität scheint derzeit in der ökumenischen Diskussion Hochkonjunktur zu haben, zumindest dort, wo die römisch-katholische Kirche wesentlich mitwirkt. Das hat damit zu tun, dass diese ernsthaft darum ringt, «synodaler» zu werden. Sie tut dies aber nicht isoliert, sondern möchte dabei von den anderen Kirchen lernen. Daher kommen an verschiedenen Stellen auch orthodoxe und protestantische Stimmen zu Wort.[1] So lässt sich ein ökumenischer Diskurs feststellen, dessen Ergebnisse die Kirchen unterschiedlich tangieren, aber in dem auch Potenzial für die gemeinsame Suche nach Einheit steckt.

Im Folgenden sollen nach einer näheren Bestimmung des Begriffs (2) die Ergebnisse des multilateralen ökumenischen Gesprächs über Synodalität zusammengefasst werden (3), bevor überblicksmässig die Situation dargestellt wird, die sich aus den internen Diskursen über Synodalität in den drei grossen Konfessionstraditionen ergibt (4). Als eine Frage, die dabei im Hintergrund steht, wird dann die Beziehung zwischen Synodalität und der modernen Idee der Demokratie untersucht (5). Ein Fazit (6) versucht eine neue Perspektive für die ökumenische Diskussion zu dieser Frage anzudeuten.

---

1 So z.B. Dietmar W. Winkler/Roland Cerny-Werner (Hg.), Synodalität als Möglichkeitsraum. Erfahrungen – Herausforderungen – Perspektiven (Salzburger Studien 71), Innsbruck/Wien 2023. Auch: Christoph Böttigheimer/Johannes Hofmann (Hg.), Autorität und Synodalität. Eine interdisziplinäre und interkonfessionelle Umschau nach ökumenischen Chancen und ekklesiologischen Desideraten, Frankfurt a.M. 2008. Vgl. auch die Veranstaltungen des Angelicums, URL: https://angelicum.it/event/listening-to-the-west/ und https://angelicum.it/event/listening-to-the-east-synodality-in-the-life-and-mission-of-the-eastern-orthodox-church. Dazu auch Johannes Oeldemann, Synodalität und Ökumene. Von der Orthodoxen Kirche lernen? Eine Fallstudie zum Konzept des ‹Receptive Ecumenism›, in: Peter Knauer/Andrea Riedl/Dietmar W. Winkler (Hg.), Patrologie und Ökumene. Theresia Hainthaler zum 75. Geburtstag, Freiburg i.Br. 2022, 468–481, 468f.

1 Klärungen zum Begriff

Das Wort Synodalität beschreibt – wie im Deutschen alle Wörter auf «-tät» – eine Eigenschaft. Inwiefern ist jedoch «Synodalität» eine Eigenschaft der Kirche? Der orthodoxe Theologe Theodor Nikolaou beantwortet diese Frage sehr klar:

> «Die Synodalität ist nicht eine fünfte Eigenschaft der Kirche neben ihrer Einheit, Heiligkeit, Katholizität und Apostolizität, sondern eine ihrem Wesen gemässe Funktion zur Bewahrung bzw. Wiederherstellung der eucharistischen Gemeinschaft; sie dient der kirchlichen Ordnung in Fragen der Lehre, der Liturgie und des Kirchenrechtes.»[2]

Synodalität bezieht sich folglich auf die Verfassung der Kirche. Dabei sind Synode und auch Synodalität direkt keine biblischen Begriffe. Aber im Neuen Testament findet sich das Verb *synerchestai*, zusammen gehen, zusammenkommen, sich vereinigen. Insbesondere in 1 Kor 11,17–20 ist das Verb laut Gerhard Kittel «geradezu terminus technicus für das Zusammenkommen zur Gemeindeversammlung der Christen, speziell zur Feier des Herrenmahls».[3] Das Wort findet sich auch an der in diesem Zusammenhang oft zitierten Stelle in Apg 15, wo von einer Zusammenkunft von Paulus und Barnabas mit den Aposteln und den Presbytern (Ältesten) in Jerusalem die Rede ist, um sich zu «beraten». Diese Zusammenkunft wurde später als Apostelkonzil bekannt. Diese Bezeichnung ist etwas irreführend, da es sich nicht um eine strukturierte, institutionalisierte Synode oder ein Konzil[4], wie man sich das heute vorstellt, handelte.

Für die eingangs angedeutete heutige Diskussion kann man daher nur bedingt auf das Neue Testament zurückgreifen, da es dort keine Hinweise auf die Zusammensetzung der Teilnehmenden an solchen Treffen oder auch auf die Frage des Vorsitzes gibt. Festzuhalten ist jedoch: Wie in jedem sozialen Gebilde, das nicht auseinanderfallen will, besteht auch für die ersten Christen die Notwendigkeit, auftauchende Fragen zu lösen und Dinge zu entscheiden. Es geht hier letztlich darum, wie Leitung geschieht und wo die Entscheidungshoheit liegt. Grundlegend – soviel ist aus dem Neuen Testament zu entneh-

---

2   Theodor Nikolaou, Die synodale Verfassung und die Ökumenischen Konzile der Kirche, in: Orthodoxes Forum 5,1+2 (2023) 207–221, 207.
3   Gerhard Kittel, Theologisches Wörterbuch zum Neuen Testament, Band 2, Stuttgart 1935, 682.
4   Der Begriff Konzil ist ein Synonym für Synode. *Concilium* (Zusammenkunft, Versammlung) ist die lateinische Entsprechung des griechischen *synodos*.

men – entschieden sich die ersten christlichen Gemeinden zur Lösung von Problemen offenbar für das Prinzip der *gemeinsamen* Entscheidung.[5] Wie aus Apg 15 abzulesen ist, lag in der Jerusalemer Gemeinde z. B. die Leitung in der Hand mehrerer Personen (Ältester) und wurde in gemeinschaftlicher Beratung durchgeführt.

Historisch gesehen sind spätestens seit der Zeit Konstantins d. Gr. im 4. Jahrhundert «Synoden ein reguläres und selbstverständliches Instrument kirchlicher Beratung und Beschlussfassung».[6] Dabei war von Anfang an klar, dass Kleriker nichts ohne Laien und umgekehrt Laien nichts ohne den Bischof durchsetzen können.[7] Allerdings haben sich im Laufe der Zeit, vor allem seit der Entstehung und Entwicklung der voneinander getrennten Kirchen, unterschiedliche Formen der Zusammensetzung von Synoden wie auch unterschiedliche Gewichtigkeiten von Synoden in der Gesamtstruktur von Kirchenleitungen herauskristallisiert.

2 Synodalität in der ökumenischen Diskussion

Dass die Kirche als Gemeinschaft Entscheidungen gemeinschaftlich fällen muss, darin sind sich alle Kirchen einig. Allerdings gibt es grosse Unterschiede darin, wie Kirchen die Synodalität leben und wie sie sie ausgestaltet haben. Dabei ist einer der Streitpunkte, der sich insbesondere im multilateralen Gespräch auf internationaler Ebene in der Arbeit der Kommission für Glauben und Kirchenverfassung des Ökumenischen Rates der Kirchen (ÖRK) herausgeschält hat, die Frage, ob die Leitung der Kirche an das ordinierte Amt und speziell an das Bischofsamt gebunden sein muss oder nicht.[8]

Einig sind sich die Kirchen auch darin, dass zur Entscheidungsfindung ein Amt der Leitung bzw. Aufsicht (*Episkopé*) nötig ist,[9] dessen Aufgabe darin besteht, die Kirche in der Kontinuität im apostolischen Glauben und der Einheit des Lebens zu erhalten. In diesem Amt spiegelt sich «diejenige Eigen-

---

5 Vgl. Konstantin Nikolakopoulos, Neutestamentliche Wurzeln der Synodalität, in: Böttigheimer / Hofmann (Hg.), Autorität (Anm. 1) 237–251, untersucht das Neue Testament auf Spuren einer «‹primitiven› synodalen Struktur».
6 Vgl. Martin Bräuer, Das katholische Konzept von Synodalität, in: Materialdienst des Konfessionskundlichen Instituts 73,2 (2022) 52–59, 52.
7 Vgl. dazu Dietmar W. Winkler, Reflexionen zur Synodalität in den Ostkirchen im Kontext des synodalen Prozesses, in: Theologisch-praktische Quartalschrift 170 (2022) 364–373, 366.
8 Vgl. dazu die Studie der Kommission für Glauben und Kirchenverfassung des ÖRK «Die Kirche. Auf dem Weg zu einer gemeinsamen Vision», Gütersloh 2014, Einleitung zu «Autorität in der Kirche und ihre Ausübung», 84 f.
9 Die Kirche (Anm. 8) Par. 52.

schaft der Kirche wider, die als ‹Synodalität› oder ‹Konziliarität› bezeichnet werden kann».[10] Daher soll es auf «persönliche, kollegiale und gemeinschaftliche Weise» ausgeübt werden.[11] Unterschiede zwischen den Kirchen kommen dort zum Tragen, wo es um die Teilnahme und die Kompetenz von Laien im Prozess der Entscheidungsfindung geht.

Damit ist in diesen Überlegungen die Frage nach dem Vorsitz einer synodalen Versammlung gleichzeitig die Frage nach dessen Gestaltung und Autorität. In diesem multilateralen Diskurs hat sich die Vorstellung durchgesetzt, dass das Amt des Vorsitzes (Primat) einer Einzelperson zukommt. Allerdings wird als «allgemeine Übereinstimmung» hervorgehoben, «dass ein derartiges persönliches Primatamt auf gemeinschaftliche und kollegiale Weise ausgeübt werden müsste».[12] Damit ist gemeint, dass dieses Amt sowohl in Beziehung zu anderen Amtsträgern als auch in Beziehung zum gesamten Kirchenvolk zu praktizieren ist. Dass dies in der Geschichte der Kirche nicht immer funktioniert hat, weiss die Kommission, bietet aber keine konkrete Lösung dafür an, wie diese Beziehungen konkret gestaltet und gelebt werden können.[13]

3 Synodalität in den konfessionellen Traditionen

Vor diesem Hintergrund soll nun in den Blick genommen werden, wie sich die verschiedenen christlichen Traditionen in den durch den römisch-katholischen synodalen Prozess hervorgerufenen Diskussionen positionieren.[14]

Wie bereits festgestellt, ist Synodalität in allen Kirchen eine wesentliche Struktureigenschaft von Kirche. Sowohl im katholischen wie auch im orthodoxen Bereich spricht man der Synodalität eine ontologische Qualität zu. So ist beispielsweise für den römisch-katholischen Konzilstheologen Yves Congar Synodalität wesenhaft mit der Natur der Kirche als *Koinonia* (Gemeinschaft) verbunden.[15] Auch der orthodoxe Theologe Alexander Schmemann spricht

---

10 A.a.O. 53.
11 A.a.O. 52.
12 A.a.O. 56.
13 Hinzu kommt die Uneinigkeit der Kirchen darüber, ob es für die Einheit der Kirchen ein universales Primatamt geben sollte. Diese Frage wird in diesem Zusammenhang jedoch nicht weiter erörtert.
14 Im Rahmen dieses Artikels ist nur ein grober Blick in die drei klassischen konfessionellen Traditionen möglich. Im katholischen Bereich steht die römische Tradition im Vordergrund, im orthodoxen Bereich liegt der Schwerpunkt auf der byzantinischen Tradition, im protestantischen Bereich werden beispielhaft die reformatorischen Kirchen herausgegriffen mit einem Schwerpunkt auf der lutherischen Tradition.
15 Vgl. Yves Congar, Structure ou régime conciliaire de l'Eglise, in: ders., Le Concile Vatican II, Son Eglise, Peuple de Dieu et Corps du Christ, Paris 1984, 34.

von einer «synodalen Ontologie» der Kirche, die den Rahmen für die Funktion der Synoden oder Konzile bildet.[16] Im evangelischen Bereich spricht man dagegen eher vom «synodalen Prinzip» als von «Synodalität» und macht damit deutlich, dass es nicht um eine ontologische Eigenschaft geht, sondern um die Art und Weise, wie Kirchenleitung praktiziert wird.[17] Allerdings wird Synodalität hier – vor allem in der spezifischen Form, die sich in den evangelischen Kirchen ausgebildet hat – häufig als «urprotestantisch» empfunden, da sie der reformatorischen Hervorhebung des Priestertums aller Gläubigen am besten entspreche.[18]

Die in jüngster Zeit in der römisch-katholischen Kirche geführte Diskussion zur Synodalität ist entstanden aus einem Unbehagen an einer Art absolutistischer Herrschaft einer einzigen Person, die als nicht mehr zeitgemäss empfunden wird. Daher ringt die katholische Kirche derzeit darum, dem gesamten Kirchenvolk als dem Volk Gottes mehr Mitbestimmung bei wichtigen Entscheidungen zuzugestehen. Hintergrund ist die Tatsache, dass im Lauf der Geschichte Synoden immer mehr zu Versammlungen von Bischöfen geworden waren und im Bereich der lateinischen Kirche eine Zentralisierung auf den Bischof von Rom entstanden war.[19] Das Zweite Vatikanische Konzil erkannte, dass eine Erneuerung der Funktion der Synoden und Konzilien nötig sei, hatte aber vor allem die Synodalität auf der Ebene der Bischöfe im Blick.[20] Dementsprechend wurde von Papst Paul VI. die Bischofssynode als Beratungsorgan des Papstes konzipiert. Gleichzeitig entstanden nun auch regionale Synoden, bei denen verstärkt Laien Mitspracherechte erhielten, allerdings nur in beratender Funktion.[21] In den verschiedenen Initiativen zur Erneuerung der Strukturen in der katholischen Kirche geht es daher einerseits um die Aufwertung von Synoden als Entscheidungsträgerinnen und andererseits um eine grössere Beteiligung der Laien. Papst Franziskus nahm bei seinem Amtsantritt beide Anliegen auf. Allerdings bleibt die Synode für ihn nach wie vor ein Beratungsgremium.[22]

In der heutigen katholischen Diskussion geht es letztlich einerseits um das Gleichgewicht im Kräftespiel zwischen Episkopat und Primat (und damit zwi-

---

16 Vgl. Alexander Schmemann, Towards a Theology of Councils, in: ders., Church, World, Mission. Reflections on Orthodoxy in the West, Crestwood 1979, 159–178, 164.
17 Vgl. Walter Dietz, Synodalität nach evangelischem Verständnis, in: Böttigheimer/Hofmann (Hg.), Autorität (Anm. 1) 191–219.
18 Vgl. dazu Bernd Oberdorfer, Synodalität im Luthertum – am Beispiel der Evangelisch-Lutherischen Kirche in Bayern, in: Una Sancta 75 (2023) 128–137, 128.
19 Vgl. Bräuer, Konzept (Anm. 6) 53.
20 Vgl. ebd.
21 Vgl. a. a. O. 55.
22 Ebd.

schen der Synode in ihrer Kollegialität und dem Vorsitzenden als Primus) und andererseits um die Frage nach der Rolle der Laien.[23]

Demgegenüber ist die Situation in der orthodoxen Welt[24] etwas anders gelagert. Die Orthodoxe Kirche betont immer wieder die Synodalität oder Konziliarität als eine ihrer Grundbefindlichkeiten[25], aber ihr synodales Modell scheint auf der universalen Ebene nur unzureichend zu funktionieren.[26] Seit Beginn des 20. Jahrhunderts wurde versucht, ein pan-orthodoxes Konzil auf die Beine zu stellen, bei dem schon lang anstehende Fragen, die sich aus dem Leben in der modernen Welt ergeben, gemeinsam entschieden werden sollten. Als 2016 ein solches Konzil auf Kreta zustande kam, verweigerten kurzfristig vier orthodoxe Ortskirchen (von insgesamt 14) ihre Teilnahme,[27] und gleichzeitig wurde nur ein Teil der zuvor identifizierten Fragen diskutiert, weil sich abzeichnete, dass in einigen davon eine Einigung nicht zustande kommen würde.

Jahrhundertelang war die Frage nach der Gestaltung der Synodalität innerhalb der Orthodoxie praktisch nicht diskutiert worden, aber 2007 wurde das Verhältnis von Synodalität und Primat im Zusammenhang einer Sitzung im bilateralen Dialog zwischen der Orthodoxen und der römisch-katholischen Kirche zu einem innerorthodoxen Streitpunkt. Die russisch-orthodoxe Seite sah sich nicht in der Lage, das gemeinsam mit den Katholiken erarbeitete Dokument[28] zu unterschreiben, weil man darin eine Parallelsetzung der beiden kirchlichen Zen-

---

23 Dies wird in der Diskussion deutlich, die 2023 in der römisch-katholischen Kirche ihre Fortsetzung fand. Siehe Martin Bräuer, Ökumenischer Lagebericht Referat Catholica 2023, in: Materialdienst des Konfessionskundlichen Instituts 75,1 (2024) 2–9.
24 Zu betrachten wären hier sowohl die orientalisch-orthodoxen Kirchen als auch die Orthodoxe Kirche, die aus der byzantinischen Tradition hervorgegangen ist. Aufgrund des eingeschränkten Raumes in diesem Artikel werde ich mich im Folgenden auf Letztere beschränken.
25 Vgl. z.B. die Botschaft des Heiligen und Großen Konzils der Orthodoxen Kirche 2016: «Die orthodoxe Kirche drückt ihre Einheit und Katholizität ‹synodal› aus. SYNODALITÄT (Konziliarität) zieht sich durch ihre gesamte Organisation, durch ihre Art und Weise, wie Entscheidungen getroffen werden, und bestimmt ihren Weg.», in: Synodos, Die offiziellen Dokumente des heiligen und grossen Konzils der Orthodoxen Kirche (Kreta, 18.–26. Juni 2016), Bonn 2018, 43. Vgl. auch die bei Oeldemann, Synodalität (Anm. 1) 472f. angeführten Zitate.
26 Vgl. Athanasios Vletsis, Orthodoxe Synodalität zwischen Ideal und Wirklichkeit: Plädoyer für eine synodale Kirche oder die Lehre aus dem Panorthodoxen Konzil, in: Una Sancta 75 (2020) 110–121.
27 Details siehe Dagmar Heller, Das (pan)orthodoxe Konzil von Kreta 2016. Seine Bedeutung für Orthodoxie und Ökumene, in: Theologische Literaturzeitung 45,3 (2020) 161–174.
28 Das sogenannte Ravenna-Dokument, URL: http://www.christianunity.va/content/unitacristiani/it/dialoghi/sezione-orientale/chiese-ortodosse-di-tradizione-bizantina/commissione-mista-internazionale-per-il-dialogo-teologico-tra-la/documenti-di-dialogo/2007-documento-di-ravenna/testo-in-tedesco.pdf.

tren Rom und Konstantinopel fand, die den Anschein erweckte, als ob der Status des Patriarchen von Konstantinopel in der Orthodoxen Kirche gleichzusetzen sei mit dem Primatsanspruch des Bischofs von Rom innerhalb der katholischen Kirche.[29] Metropolit Hilarion Alfeyev vom Patriarchat Moskau betont den wesentlichen Unterschied zwischen beiden und macht deutlich, dass es in der Orthodoxie für den Patriarchen von Konstantinopel (auch: Ökumenischer Patriarch) nur einen Ehrenprimat gibt. Er äussert die Befürchtung, Konstantinopel wolle der Orthodoxen Kirche ein Modell aufzwingen, in dem der Patriarch von Konstantinopel die Rolle des «östlichen Papstes» hätte.[30] Metropolit Elpidophoros, zum Patriarchat von Konstantinopel gehörig, machte demgegenüber deutlich,[31] dass dem Ökumenischen Patriarchen eine Rolle zukomme, die über einen reinen Ehrenprimat hinausgeht. Insbesondere mit den Vorgängen um die Gründung einer neuen autokephalen Kirche in der Ukraine 2018/2019[32] hat das Patriarchat von Konstantinopel in den Augen einiger orthodoxer Ortskirchen seine Kompetenzen überschritten, so dass sich im Hinblick auf diese Frage innerhalb der Orthodoxen Kirche inzwischen ein tiefer Graben auftut.

Mit anderen Worten: Die Orthodoxie ist sich zwar einig in der Betonung der Synodalität als Grundbefindlichkeit der Kirche,[33] aber uneins in der Frage, welche Rolle im Detail innerhalb dieses Rahmens dem (Ehren-)Primat des Patriarchen von Konstantinopel zukommt. Folglich kann man sagen: In der Ortho-

---

29 Detaillierte Darstellung in Dagmar Heller, Synodalität im Zwiespalt. Zerbricht die orthodoxe Kirche am Streit über die Rolle des Primats?, in: Materialdienst des Konfessionskundlichen Instituts 73,2 (2022) 60–67.
30 Vgl. Hilarion Alfeyev, The Ecclesiastical Models of the Orthodox Church and the Roman Catholic Church are Essentially Different, URL: http://orthodoxeurope.org/page/14/131.aspx#2.
31 Vgl. Elpidophoros Lambriniadis, Primus sine paribus. Eine Antwort auf den Text des Moskauer Patriarchats zum Primat, in: KNA-ÖKI 4,21. Januar 2014, I–IV, URL: https://www.unifr.ch/webnews/content/84/file/KNA_Elpidophoros.pdf.
32 Die Rede ist von der Orthodoxen Kirche in der Ukraine (OKU). Diese Kirche wurde 2018 gegründet auf einer Synode, die vom Ökumenischen Patriarchat einberufen worden war, und erhielt von ebendiesem Patriarchat 2019 die Autokephalie. Dieser Vorgang ist deshalb umstritten, weil nach Ansicht einiger orthodoxer Kirchen Autokephalie nur von der sogenannten Mutterkirche verliehen werden kann (in diesem Fall das Moskauer Patriarchat) bzw. weil Autokephalie nur in Übereinstimmung mit allen anderen autokephalen Ortskirchen verliehen werden kann. Details zu diesen Vorgängen sind zu finden in: Dagmar Heller, Ökumenischer Lagebericht des Konfessionskundlichen Instituts 2018. Orthodoxe Kirche, in: Materialdienst des Konfessionskundlichen Instituts 69,6 (2018) 121–125, und dies., Ökumenischer Lagebericht des Konfessionskundlichen Instituts 2019. II. Orthodoxie, in: Materialdienst des Konfessionskundlichen Instituts 70,6 (2019), Beilage, 8–12.
33 Oeldemann spricht hier vom «synodalen Ethos» der orthodoxen Kirche, siehe Oeldemann, Synodalität (Anm. 1) 473.

doxie geht es, wie in der katholischen Kirche, ebenfalls um die Frage der Synodalität in ihrer Beziehung zum Primat, aber unter einem entgegengesetzten Blickwinkel[34]: Während in der katholischen Kirche der Ausgangspunkt der Debatte die Unzulänglichkeit der realen Rolle des Primats ist, ist es in der Orthodoxen Kirche die Unzulänglichkeit der realen Gestaltung der Synodalität.

Das bisher Gesagte gilt vor allem für die universale, gesamtorthodoxe Ebene, also für die Beziehungen der selbständigen (autokephalen) Kirchen untereinander und ihre Fähigkeit, als *eine* Kirche aufzutreten. Demgegenüber gibt es die synodale Leitung jeder autokephalen orthodoxen Ortskirche, in denen verschiedene konkrete Modelle[35] existieren. Deutlich ist aber überall, dass im obersten Gremium jeder autokephalen Ortskirche vor allem Bischöfe sitzen, nur in einigen auch Laien vertreten sind.[36] Ausserdem hat in manchen orthodoxen Ortskirchen der Primas in der Praxis eine Rolle, die den kollegialen Aspekt der Kirchenleitung in den Hintergrund treten lässt.[37] In den Ortsgemeinden ist das synodale Element sehr schwach ausgeprägt. Laien sind damit bei Entscheidungsprozessen im Hinblick auf Glaubensfragen praktisch ausgeschlossen, haben aber eine wichtige Funktion bei der Wahl der Bischöfe.[38] Man kann sagen, dass in der Orthodoxen Kirche das Kirchenvolk immer mit im Blick ist und den Laien eine Funktion zugestanden wird, die aber nicht in funktionalen Strukturen geregelt und festgehalten ist.

In den gegenwärtigen Reflexionen der reformatorischen Kirchen wird der Begriff synodal etwas anders verstanden als im katholischen und orthodoxen Bereich. Das «synodale Prinzip» meint nicht einfach gemeinsames Entscheiden, das unterschiedlich strukturiert sein kann, sondern es meint das Mitspracherecht aller auf der Grundlage des Priestertums aller Gläubigen. Deshalb kann Walter Dietz[39] davon sprechen, dass erst im 19. Jahrhundert durch den Einfluss der französischen Revolution und der Forderung nach gemeinschaftlicher Leitung der Kirche durch Friedrich Schleiermacher von einer Umsetzung des synodalen Prinzips die Rede sein kann, da vorher die Synoden reine Amtsträgersynoden waren.[40] Zu einer vollständigen Überwindung der Amtsträgersynoden kam es erst nach dem 2. Weltkrieg und der Auseinandersetzung mit

---

34 Vgl. dazu Kallistos Ware, Synodality and Primacy in the Orthodox Church, in: International Journal of Orthodox Theology 10,1 (2019) 19–40; auch Vletsis, Synodalität (Anm. 26).
35 Vgl. dazu Oeldemann, Synodalität (Anm. 1) 473–476.
36 Oeldemann beschreibt dies genauer für die verschiedenen orthodoxen Landeskirchen a. a. O. 474–476.
37 Das zeigt sich beispielsweise in der Entwicklung der Russischen Orthodoxen Kirche seit den 1990er-Jahren.
38 Vgl. Winkler, Reflexionen (Anm. 7) 370.
39 Dietz, Synodalität (Anm. 17) 194.
40 A. a. O. 205.

dem Nationalsozialismus. Der Bischof ist seither ein kirchenleitendes Organ neben anderen.

Die meisten Kirchen dieser Tradition sind in unterschiedlichen Ausprägungen presbyterial-synodal strukturiert, d. h. eine Synode (in den deutschen Landeskirchen: Landessynode) bildet den Kern der Leitung, daneben gibt es einen Bischof, eine Bischöfin oder Präses[41] sowie einen (Landes)Kirchenrat, dem die Verwaltung obliegt. Alle diese Gremien sind zusammengesetzt aus Ordinierten und Nichtordinierten. In manchen Landeskirchen ist ausdrücklich eine Mehrheit für Nichtordinierte in der Landessynode festgelegt.[42]

Im evangelischen Bereich ist also die Frage der Laienbeteiligung wie auch die Frage nach der Rolle einer Synodalentscheidung in der Leitungsstruktur der Kirche anders gelöst als in den beiden vorgenannten Traditionen. Wichtig ist dabei eine Ausbalancierung im Zusammenwirken von Ordinierten und Nichtordinierten bei der Leitung einer Kirche. Das Gremium der Synode hat eine tragende Rolle bei Entscheidungen.

Wenn man insgesamt die verschiedenen Kirchen dieser Welt heute im Hinblick auf ihre Leitungsstrukturen betrachtet, so kann man grundsätzlich unterscheiden zwischen kongregational organisierten Kirchen und solchen, die ein episkopales System praktizieren. Im Kongregationalismus liegt die Entscheidungshoheit bei der Gemeinde bzw. der Gemeindeversammlung. Im episkopalen System liegt sie beim Bischof. Mit anderen Worten, im ersten Fall wird das Amt der Leitung gemeinschaftlich praktiziert, im anderen Fall ist die Ausübung dieses Amtes auf eine Person fixiert. In der Realität findet man aber praktisch in allen Kirchen eine Zwischenform zwischen diesen beiden Extremen, die in unterschiedlicher Weise in Richtung des einen oder des anderen Poles tendieren.

4 Synodalität als oder im Gegensatz zu Demokratie

Der lutherische Theologe Bernd Oberdorfer stellt für die Entwicklung im lutherischen Bereich fest: «[...] ohne Zweifel steht das Aufkommen des Synodalwesens geschichtlich in engem Zusammenhang mit dem politischen Konstitu-

---

41 Zu beachten ist, dass es bei den reformatorischen Kirchen gewisse Unterschiede gibt: In reformierten Kirchen «kommt der Kirchenleitung einschließlich des synodalen Elements [...] eine Kompetenz zu, die auch Grundsatzfragen von Glauben und Lehre nicht außen vor lassen kann. Aus lutherischer Sicht stellt sich das etwas anders dar, sofern bestimmte Bekenntnisschriften als unhintergehbare Lehrnorm betrachtet werden. Eine substantielle Abänderung infolge theologischen Lehrfortschritts oder externer Herausforderungen ist hier nicht ohne weiteres denkbar.» Dietz, Synodalität (Anm. 17) 208 f.
42 Vgl. Oberdorfer, Synodalität (Anm. 18) 129.

tionalismus und Parlamentarismus im 19. Jahrhundert und verdankt diesem Zusammenhang in erheblichem Mass seine Überzeugungskraft.»[43] Daher muss beim gegenwärtigen Nachdenken über Synodalität immer auch die Frage gestellt werden, inwieweit es sich hier um ein Phänomen handelt, das dem Zeitgeist unterworfen ist oder jedenfalls in engem Zusammenhang mit der modernen säkularen Diskussion über Demokratie und ihre Umsetzung steht, oder ob Synodalität eine ureigene christliche Form der gemeinsamen Entscheidungsfindung und Leitung einer Gemeinschaft darstellt.

Zunächst fällt auf, dass praktisch in allen konfessionellen Traditionen betont wird, Synodalität und Demokratie seien zwei unterschiedliche Dinge. So wird beispielsweise von Papst Franziskus verschiedentlich deutlich gemacht, dass Synodalität und demokratische Methode voneinander zu unterscheiden sind.[44] In der Orthodoxie wird die demokratische Seite der Synodalität entweder gar nicht erst wahrgenommen oder aber negativ gesehen. So qualifiziert beispielsweise der zum Patriarchat von Konstantinopel gehörige Metropolit Job Getcha die Einflüsse demokratischen Gedankengutes auf die Entwicklung in Russland Anfang des 20. Jahrhunderts als negativ.[45] Das Problem sieht er in der gleichberechtigten Rolle der Laien, wodurch das geistliche Element als Grundlage der Kirche zu sehr zurückgedrängt wird.[46] Grund für diese Fehlentwicklung ist nicht einfach die Anzahl von Laien, sondern das dahinter stehende Prinzip der Repräsentation, wonach die Mitglieder einer Synode als Repräsentanten verschiedener Interessengruppen verstanden werden.[47] Auch in evangelischen Äusserungen wird das geistliche Element der Synode betont.[48] Der Begriff Synode lässt offen, ob sie aus Geistlichen oder Laien zusammengesetzt ist, eine solche Zusammenkunft hat aber – laut Dietz – immer gottesdienstlichen Charakter. Daher wird auch hier der Vergleich mit einem Parlament nor-

---

43 A.a.O. 131.
44 Vgl. z.B. Papst Franziskus, Ansprache beim traditionellen Weihnachtsempfang für die römische Kurie, 21. Dezember 2020, URL: https://www.vatican.va/content/francesco/de/speeches/2020/december/documents/papa-francesco_20201221_curia-romana.html. Vgl. auch Bräuer, Konzept (Anm. 6) 57.
45 Vgl. Job (of Telmessos) Getcha, «Synodality» – Results and challenges of the theological dialogue between the Orthodox and the Catholic Church, URL: https://www.unifr.ch/orthodoxia/de/assets/public/files/Dokumentation/Synodality/Introduction_Mgr-Job.pdf, 8.
46 A.a.O. 10.
47 Vgl. auch seine Intervention bei der Bischofssynode in Rom im Oktober 2023, URL: https://www.vaticannews.va/en/vatican-city/news/2023-10/intervention-of-his-eminence-metropolitan-of-pisidia-job-getcha.html. Getcha bezieht sich auf Nicolas Afanassieff.
48 Vgl. Dietz, Synodalität (Anm. 17) 191.

malerweise abgewiesen.[49] Zwar agiere eine Synode wie ein Parlament, aber es werde nicht zwischen Parteien gegeneinander Position bezogen, sondern der Dialog und gemeinsames Ringen um Konsens für zukunftsweisende Entscheidungen stehe im Vordergrund.[50]

Der katholische Dogmatiker Bernd Jochen Hilberath hebt demgegenüber die positive Bedeutung von Demokratie hervor und wendet sich gegen die «Furcht vor einer Demokratisierung der Kirche»[51]. Mit dem verstorbenen Kardinal Karl Lehmann macht er darauf aufmerksam, «dass es ‹im Grundwesen der Kirche tragende Elemente [gibt], die mit dem Ethos der Demokratie als Lebensform Berührungen aufweisen›»[52]. Der Schweizer katholische Theologe Daniel Kosch kommt zu dem Schluss, dass «zwischen Kirche und demokratischen Entscheidungsstrukturen kein unüberbrückbarer Gegensatz besteht».[53]

Die Synodalität der Kirche in ihren heutigen Formen steht somit durchaus den säkularen demokratischen Strukturen nahe, ist aber in allen Kirchen nicht eins zu eins mit diesen identisch, da sich Kirche in einem transzendentalen Horizont versteht.

5 Fazit

Die derzeitige durch die innerkatholische Diskussion angestossene Debatte ist von Bedeutung für den gesamten ökumenischen Diskurs zur Frage nach der Synodalität. Die Frage nach der Laienbeteiligung bei der Entscheidungsfindung, aber auch die Frage nach der Gestaltung des Vorsitzes bei synodalen Versammlungen betreffen alle Kirchen. Sie werden zwar auch in Zukunft unterschiedlich gelöst werden, aber durch die derzeitige Debatte könnten Gemeinsamkeiten deutlicher werden. Ein Ansatzpunkt ist die Frage nach dem Verhältnis von Synodalität und Demokratie. Hier könnten die gemeinsamen Elemente zwischen beiden Konzepten positiv aufgenommen werden. Die

---

49 Vgl. Hans-Martin Köbler, Die Landessynode: Demokratie auch in der Kirche, URL: https://www.himmelfahrtskirche-pasing.de/die-landessynode-demokratie-auch-der-kirche.
50 Ebd. Vgl. auch Leo Koffemann, Synodalité: idée et réalité dans l'Eglise protestante, in: Irénikon XCIII,1 (2020) 33–47.
51 Bernd Jochen Hilberath, Synodalität statt Demokratie? Oder: Wer unterscheidet die Geister?, in: feinschwarz.net, 11. Mai 2021, URL: https://www.feinschwarz.net/synodalitaet-statt-demokratie/.
52 Ebd. mit Bezug auf: Karl Lehmann, Zur dogmatischen Legitimation einer Demokratisierung der Kirche, in: Concilium 7 (1971) 171–181, 173.
53 Vgl. Daniel Kosch, Synodal und demokratisch, Katholische Kirchenreform in schweizerischen Kirchenstrukturen, Luzern 2023, 44, sowie D. Koschs Beitrag in diesem Band, v.a. die Abschnitte 1, 2 und 3.6.

gleichzeitig nötige Abgrenzung der kirchlichen Synodalität von der säkularen demokratischen Idee der Repräsentanz verschiedener Gruppeninteressen könnte zu einer ökumenisch gemeinsam verantworteten Profilierung der Idee der Synodalität führen.

Protestantisierung der katholischen Kirche?
Ein evangelischer Blick auf den Synodalen Weg[1]

Ulrich H. J. Körtner

1 Synodale Wege

Sexueller Missbrauch in der katholischen Kirche, seine Vertuschung und das systemische Versagen der Amtskirche, auch bei der Aufklärung und Entschädigung der Opfer, haben die Forderung nach grundlegenden Reformen laut werden lassen. Am 1. Advent 2019 haben sich die Deutsche Bischofskonferenz (DBK) und das Zentralkomitee der deutschen Katholiken (ZdK) gemeinsam auf einen Synodalen Weg begeben, der mit der Fünften Synodalversammlung im März 2023 seinen vorläufigen Abschluss gefunden hat. In vier Synodalforen wurde über Macht und Gewaltenteilung in der Kirche, priesterliche Existenz heute, Frauen in Diensten und Ämtern der Kirche sowie über Sexualität und Partnerschaft debattiert. Die Ergebnisse liegen in Form von Grundtexten und Handlungstexten vor,[2] die im Juni 2023 offiziell an Papst Franziskus gegangen sind. Dieser selbst hat 2021 einen synodalen Prozess auf Weltebene initiiert, dessen erste wichtige Etappe eine Bischofskonferenz zum Thema Synodalität war, die im Oktober 2023 in Rom stattfand.

Dass sich der deutsche Synodale Weg und der synodale Prozess auf Weltebene im Gleichklang befinden, wird man nicht behaupten können, auch wenn sich die deutschen Katholiken gern als *Pressure-Group* des synodalen Prozesses verstehen und von diesem ihrerseits neue Schubkraft für die deutschen Reformvorhaben erhoffen. Zu den strittigen Fragen im kirchlichen Reformprozess sind die Positionen weltweit disparat. Das betrifft Themen wie Homosexualität und gleichgeschlechtliche Partnerschaft ebenso wie die Zulassung von Fragen zum Priesteramt.

Auf den Reformgeist des Papstes zu setzen, bleibt riskant. Viele der von ihm ausgesendeten Signale sind eindeutig zweideutig, wie sich zuletzt bei der Zulas-

---
1 Dem Beitrag liegt ein Text zugrunde, der im Februar 2021 unter dem Titel «Eine katholische Nationalkirche?» online auf zeitzeichen.net erschienen ist (URL: https://zeitzeichen.net/node/8776). Für den vorliegenden Band wurde er aktualisiert und erweitert.
2 Sie sind abrufbar unter URL: https://www.synodalerweg.de/beschluesse (23.1.2024).

sung der Segnung gleichgeschlechtlicher Paare durch die Erklärung *Fiducia supplicans* im Dezember 2023 gezeigt hat. Einerseits wird eine schlichte Segenshandlung erlaubt, andererseits darf sie aber nicht in einem gottesdienstlichen Rahmen stattfinden, weil Rom gleichzeitig bekräftigt, dass gleichgeschlechtliche Ehen im Widerspruch zur kirchlichen Lehre stehen. Was die einen als Durchbruch feiern, bewerten andere als offene Fortsetzung der Diskriminierung Homosexueller. Die afrikanischen Bischöfe lehnen den päpstlichen Vorstoss mehrheitlich entschieden ab. Als Reaktion auf den afrikanischen Widerstand hat der im Vatikan verantwortliche Kardinal Víctor Manuel Fernández veranlasst, eine Reihe von Erklärungen nachzuschieben, durch die das Dokument *Fiducia supplicans* heruntergespielt werden soll. Das Beispiel zeugt weniger von synodaler Aufbruchstimmung als von Auflösungserscheinungen. Theologische Klarheit sieht anders aus. Aber vielleicht wittern die Verfechter des Synodalen Weges in diesem Wirrwarr neue Morgenluft für ihre Reformideen.

Kirchenrechtlich betrachtet bewegt sich der Synodale Weg auf weit unsichererem Gelände als seinerzeit die Würzburger Synode (1971–1975). Die vielbeschworene neue Dynamik katholischer Synodalität wird durch die komplizierte Machtbalance zwischen DBK und ZdK deutlich eingebremst. Beschlüsse bedürfen stets einer qualifizierten Mehrheit auch unter den Bischöfen. Bindende Wirkung haben sie ohnehin nicht.

Papst Franziskus hat den Verfechtern des Synodalen Weges in Deutschland mehrfach einen Dämpfer erteilt. Auch unter Deutschlands katholischen Bischöfen herrscht weiter keine Einigkeit. Die Vorkämpfer des Synodalen Weges lassen sich dadurch aber nicht beirren. Die Erwartungen, die sich an den synodalen Prozess richten, sind nach wie vor hoch. Manche Beobachter sehen in ihm die letzte Chance der katholischen Kirche, ihre Glaubwürdigkeit wiederzugewinnen und eine Antwort auf die andauernde Kirchenkrise zu geben, in der immer mehr Menschen der Kirche den Rücken kehren.

2 Synodalität nach katholischem und evangelischem Verständnis

Oberflächlich betrachtet scheinen die Kritiker und Reformer eine Protestantisierung der katholischen Kirche anzustreben. Den Vorsitzenden der deutschen Bischofskonferenz, Bischof Georg Bätzing, liess Papst Franziskus, wie er in einem Interview 2022 erzählte, wissen: «Es gibt eine sehr gute evangelische Kirche in Deutschland. Wir brauchen nicht zwei von ihnen.»[3] Der Papst bemängelte ausserdem, dass der Synodale Weg ein Projekt der intellektuellen,

---

3 Zitiert nach: Papst: Brauchen nicht zwei evangelische Kirchen, religion.orf.at vom 14.6.2022, URL: https://religion.orf.at/stories/3213637/ (31.1.2024).

theologischen Eliten sei, das sehr stark von äusseren Faktoren beeinflusst werde. Ausdrücklich und sehr entschieden hat Franziskus hingegen das Thema der Evangelisierung angemahnt, doch haben sich DBK und ZdK nicht zu einer Erweiterung der vier Synodalforen durchringen können. Dabei sind die Kirchen – auch die evangelischen – gefordert, substanzielle Antworten zu geben auf die Gottesfrage und die Frage, wer Jesus Christus für uns heute ist.

Aus protestantischer Sicht halte ich die Einschätzung, der Synodale Weg könnte im Ergebnis zu einer Protestantisierung der römisch-katholischen Kirche oder gar zu einer zweiten evangelischen Kirche führen, allerdings für oberflächlich und in der Sache nicht für begründet. Konsequent zu Ende gedacht, könnte der Synodale Weg eher darauf hinauslaufen, dass neben der Altkatholischen Kirche und der römischen eine weitere katholische Kirche entstehen könnte – gewissermassen eine deutsche katholische Nationalkirche.

Von der presbyterial-synodalen Ordnung evangelischer Kirchen, die im Priestertum aller Getauften gründet, bleibt Synodalität nach katholischem Verständnis weiterhin grundlegend verschieden, weil die Unterscheidung zwischen Bischöfen und Priestern auf der einen und den nicht geweihten Laien auf der anderen Seite weder vom Synodalen Weg noch vom synodalen Prozess infrage gestellt wird, unbeschadet des innerkatholischen Streits darüber, ob Frauen wenigstens zur untersten Stufe des Weihesakraments, dem Diakonenamt, Zugang bekommen sollen. Auch die Bischofssynode zur Synodalität 2023 hat die hierarchischen Spielregeln der römisch-katholischen Kirche nicht ausser Kraft gesetzt.

Synodalität im römisch-katholischen Sinn bedeutet, dass Entscheidungen zwar gemeinsam mit Laien, deren Rolle aufgewertet wird, gefunden werden können, jedoch ausschliesslich von den Bischöfen getroffen werden. In diesem Sinne fasst auch die Internationale Theologische Kommission der katholischen Kirche den Begriff der Synodalität in einem Dokument aus dem Jahr 2018. Er finde sich zwar noch nicht in den Dokumenten des Zweiten Vatikanums, werde aber als Fortentwicklung der durch das Konzil angestossenen Erneuerungsarbeit angesehen.[4]

Dem Begriff der Synodalität wird derjenige der Kollegialität zugeordnet, womit das Kollegium der geweihten Bischöfe gemeint ist. «Während die Idee der Synodalität auf die Beteiligung des ganzen Gottesvolkes am Leben und an der Sendung der Kirche verweist, präzisiert der Begriff der Kollegialität die theologische Bedeutung und die Form der Ausübung des Bischofsamtes im

---

4   Vgl. Internationale Theologische Kommission, Die Synodalität in Leben und Sendung der Kirche, Rom 2018, Nr. 6, URL: https://www.vatican.va/roman_curia/congregations/cfaith/cti_documents/rc_cti_20180302_sinodalita_ge.html (23.1.2024).

Dienst der Partikularkirche, die der pastoralen Sorge eines jeden anvertraut ist, und in der Gemeinschaft der Partikularkirchen im Leib der einen und universalen Kirche Christi, durch die hierarchische Gemeinschaft des Bischofskollegiums mit dem Bischof von Rom.»[5] Ohne die uneingeschränkte Autorität der Bischöfe keine Synodalität im römisch-katholischen Sinne. «Jede authentische Manifestation von Synodalität erfordert daher wesentlich die Ausübung durch das kollegiale Bischofsamt.»[6]

Diese Grundsätze unterscheiden sich allerdings von den Ideen des Synodalen Weges in Deutschland. Der nächste Schritt auf dem Synodalen Weg soll die Einrichtung eines Synodalen Rates sein, in welchem die Bischöfe und Laienvertreter gleichberechtigt zusammenwirken. Zur Vorbereitung hat sich im November 2023 ein Synodaler Ausschuss konstituiert, bestehend aus den 27 Diözesanbischöfen, 27 vom Zentralkomitee der deutschen Katholiken (ZdK) und weiteren 20 anschliessend von der Synodalversammlung gewählten Mitgliedern. Wiederholt hat Rom klargestellt, dass die deutschen Katholiken zu einem derartigen Schritt nicht befugt sind. Die Verfechter des Synodalen Weges lassen sich jedoch nicht beirren.

Synodalität bedeutet im evangelischen und im katholischen Kontext erkennbar Verschiedenes. Wer das Kirchenverständnis der evangelischen Kirchen auf ihre heutige presbyterial-synodale Verfassung reduziert, hat von reformatorischer Theologie und Ekklesiologie allerdings nur eine oberflächliche Vorstellung. Das Augsburger Bekenntnis von 1530 nennt in CA VII als Kennzeichen der Kirche (*notae ecclesiae*) die reine Verkündigung des Evangeliums und die stiftungsgemässe Feier der Sakramente (Taufe und Abendmahl), aber keine bestimmte Kirchenverfassung. Zwar reichen die Wurzeln der heutigen presbyterial-synodalen Grundordnung evangelischer Kirchen in die Reformationszeit zurück – und hier besonders in die reformierte Tradition. Das heutige Modell einer presbyterial-synodalen Grundordnung hat sich freilich erst in den letzten beiden Jahrhunderten entwickelt. Dabei handelt sich nicht um eine sachfremde Anpassung an den modernen Parlamentarismus, wird doch in ökumenischer Übereinstimmung Christus als Herr und Haupt der Kirche bekannt.

3 Protestantisierung oder katholische Reform?

Gewaltenteilung in der Kirche, Abschaffung des Zölibats, Frauenordination und eine zeitgemässe Sexualethik: Sind das nicht alles Forderungen, die in der evangelischen Kirche längst verwirklicht sind? Trotzdem befindet sich auch die

---

5 A. a. O. Nr. 7.
6 Ebd.

evangelische Kirche in einer veritablen Krise. Trotz demokratischer Kirchenstrukturen, Pfarrerinnen auf der Kanzel und einer liberalen Sexualethik kehren ihr massenhaft Mitglieder den Rücken zu. Dieser Einwand ist von Kritikern des Synodalen Weges zu hören, die den Reformprozess für eine Auflösungserscheinung halten. Ihrem konservativen Kirchen- und Glaubensverständnis gemäss hat die katholische Kirche durch ihre Protestantisierung kaum etwas zu gewinnen, dafür aber viel und Entscheidendes zu verlieren, nämlich ihre sakramentale Substanz und damit gewissermassen ihren Markenkern.

So argumentiert beispielsweise die Initiative Maria 1.0, die sich als Gegenbewegung zur Initiative Maria 2.0 gebildet hat und die Zulassung von Frauen zum Priesteramt für einen Irrweg hält. Johanna Stöhr, Lehrerin in Augsburg und Initiatorin von Maria 1.0, erklärt: «Maria braucht kein Update!» In Wahrheit habe die katholische Kirche keine Strukturkrise, sondern eine Glaubenskrise. Stöhr und ihre Mitstreiterinnen repräsentieren allerdings eine kleine Minderheit. Lediglich 1500 Personen hatten bis Juli 2019 ihre Petition unterschrieben, während die zu Beginn des Jahres gegründete Initiative Maria 2.0 im gleichen Zeitraum mehr als 34 000 Unterstützerinnen und Unterstützer zählte. Deren Forderung nach Zugang von Frauen zu allen Ämtern der Kirche, also auch der Priesterweihe für Frauen, stösst allerdings nicht nur in konservativen und rechtskatholischen Kreisen auf Ablehnung, sondern wird auch von einigen angesehenen Universitätstheologen kritisiert, wovon noch zu reden sein wird.

Um die Ziele der Reformkräfte zu charakterisieren, greift das Schlagwort der Protestantisierung der katholischen Kirche zu kurz. Ihre Forderungen laufen nicht auf eine zweite Reformation hinaus, sondern auf eine katholische Reform, bei der sich allerdings die Frage stellt, ob diese im Rahmen der bestehenden römisch-katholischen Kirche tatsächlich möglich ist oder sich am Ende als systemsprengend erweist.

4 Neuerfindung des Katholizismus

Möglicherweise sind wir Zeugen eines Prozesses der Neuerfindung des Katholizismus, wie sie auch schon in der Vergangenheit stattgefunden hat. Der Münsteraner Kirchenhistoriker Hubert Wolf spricht von der «Erfindung des Katholizismus» im 19. Jahrhundert durch Papst Pius IX. (1792–1878), in dessen Pontifikat das Erste Vatikanum (1870) und das Dogma von der Unfehlbarkeit und obersten Jurisdiktionsgewalt des Papstes fielen.[7] Um die damaligen Vorgänge historisch einzuordnen, arbeitet Wolf mit dem ideologiekritischen Kon-

---

7 Vgl. Hubert Wolf, Der Unfehlbare. Pius IX. und die Erfindung des Katholizismus im 19. Jahrhundert, München [4]2023.

zept der «erfundenen Tradition», das Eric Hobsbawm und Terence Ranger in der Geschichtswissenschaft eingeführt haben.[8] Das Unfehlbarkeitsdogma berufe sich auf die fortdauernde, gewissermassen überzeitliche Tradition der katholischen Kirche, reagiere aber tatsächlich auf den durch Aufklärung, Französische Revolution und Säkularisierung ausgelösten Traditionsabbruch durch eine neue Formatierung und Transformation von Elementen der Tradition. Die Kontinuität und Stabilität verbürgende Tradition wurde neu konstruiert, um gerade so Identität in Zeiten des Umbruchs zu stiften.

Dieser Versuch stiess freilich auf heftige Kritik, die schliesslich zur Gründung der altkatholischen Kirche in Deutschland, Österreich und der Schweiz führte. Ihre Bistümer gehören zur Altkatholischen Kirchengemeinschaft der Utrechter Union, deren Anfänge in einem Schisma zu Beginn des 18. Jahrhunderts liegen. Ihr wichtigster Grundsatz stammt von Vinzenz von Lerinum (um 450 n. Chr.) und besagt, nur das könne als katholische Lehre gelten, «was überall, immer und von allen geglaubt worden ist». Das Unfehlbarkeitsdogma von 1870 verstösst nach altkatholischer Auffassung klar gegen diesen Grundsatz. Verworfen werden aber auch weitere Dogmen und Dekrete aus den zurückliegenden Jahrhunderten, die zur Lehre der Kirche des 1. Jahrtausends im Widerspruch stehen, darunter die Transsubstantiationslehre des Vierten Laterankonzils (1215) und einige Entscheidungen des Trienter Konzils (1545–1563). Dem Bischof von Rom wird nur noch ein historischer Primat unter den Bischöfen zugestanden. Als Papst ist er lediglich *primus inter pares*.

Haben die Gründergestalten einer autonomen altkatholischen Kirche, allen voran Ignaz von Döllinger (1827–1914), Pius IX. und dem Ersten Vatikanum vorgeworfen, von der authentischen Tradition abgewichen zu sein, so haben sie doch mit deren Gleichsetzung mit der Lehrbildung des 1. Jahrtausends – also der Zeit vor dem Schisma zwischen Ost- und Westkirche – und der Herabstufung des Papstamtes auf einen lediglich historischen Primat ihrerseits den Katholizismus neu erfunden. Die altkatholische Kirche ist synodal und nicht zentralistisch wie die römische Papstkirche verfasst. In den 1980er-Jahren wurden Frauen zur Diakonenweihe zugelassen. In den 1990er-Jahren wurde die Weihe von Frauen zum Priesteramt eingeführt. Dieser Schritt war innerhalb der Utrechter Union allerdings nicht unumstritten und führte 2003 zum Bruch mit der Polnischen Katholischen Nationalkirche. Inzwischen segnet die altkatholische Kirche auch gleichgeschlechtliche Partnerschaften.

Reformen, die in Deutschland im Rahmen des Synodalen Weges gefordert werden, sind also in der altkatholischen Kirche längst verwirklicht. Doch statt sich dieser anzuschliessen, soll die bestehende römisch-katholische Kirche von

---

8 Vgl. Eric Hobsbawm / Terence Ranger (Hg.), The Invention of Tradition, Cambridge [19]2010.

innen heraus grundlegend umgestaltet werden, bei gleichzeitiger Beibehaltung des zentralistischen Papstamtes und der Dogmen des zweiten Jahrtausends. Wie das gehen soll, ohne die Grundfesten der römischen Kirche zum Einsturz zu bringen, ist bislang nicht erkennbar.

Sollte der jetzige Reformprozess nicht im Sande verlaufen wie vergleichbare Bestrebungen in der Vergangenheit, werden wir möglicherweise Zeugen einer weiteren Neuerfindung des Katholizismus. Konsequent zu Ende gedacht könnte diese, wie schon weiter oben als Möglichkeit angesprochen, auf die Entstehung einer weiteren deutschen katholischen Nationalkirche hinauslaufen. Das ist zwar ganz gewiss nicht das Ziel der Reformer. Was aber wäre die Alternative, wenn der Reformprozess in der Weltkirche ein deutscher Sonderweg bleiben sollte?

5 Streitpunkt Frauenordination

Unter den verhandelten Konfliktthemen nimmt die Frauenordination eine Schlüsselstellung ein. Während die Vertreterinnen und Vertreter des Reformflügels die Zulassung von Frauen zum Priesteramt mit den theologischen Grundideen der römischen Kirche für vereinbar halten, wird dies keineswegs nur von verbohrten Traditionalisten, sondern auch von gemässigt konservativen Theologen bestritten. Papst Franziskus hat bis jetzt keinen Zweifel gelassen, dass er nicht von der durch seinen Vorvorgänger Johannes Paul II. 1994 noch einmal unmissverständlich und unverrückbar festgeschriebenen lehramtlichen Position abzuweichen gedenkt. Für ihn repräsentiert das hierarchisch gestufte ordinierte Amt das petrinische Prinzip, dem das marianische Prinzip zur Seite gestellt wird. Erstes kann nur durch Männer repräsentiert werden, letzteres durch Frauen. Ob auch das Diakonenamt – die unterste Stufe des Weihesakraments – einseitig, wie bisher, dem petrinischem Prinzip zuzuordnen ist oder auch dem marianischen zugeordnet und damit für Frauen geöffnet werden kann, bleibt der Zukunft überlassen.

Die Reformkräfte argumentieren unter Berufung auf Gal 3,28, in Christus sei der Unterschied zwischen Mann und Frau prinzipiell aufgehoben. Schon Karl Rahner (1904–1984) erklärte, dass Gott Mensch, aber nicht Mann geworden sei. Die sakramentale Repräsentanz Christi in der Eucharistiefeier als dem Zentrum der Kirche und aller ihrer Vollzüge könne daher von einer Frau ebenso gut wie von einem Mann ausgeübt werden. So argumentieren zum Beispiel die Tübinger Professorin Johanna Rahner und ihre Kollegin Dorothea Sattler aus Münster. Einige Bischöfe schliessen sich ihrer Argumentation an.

Helmut Hoping von der Universität Freiburg im Breisgau und der Wiener Systematiker Jan-Heiner Tück halten dagegen.[9] Wie das Judesein Jesu, so gehöre auch sein Mannsein konstitutiv zur Inkarnation des Logos. In der Beschneidung Jesu komme beides sinnenfällig zusammen. Dass Jesus nur Männer in seinen engsten Jüngerkreis berufen und zu Aposteln gemacht habe, sei nicht allein den patriarchalen Zeitumständen geschuldet.

Was evangelischerseits von den Pro- und Contra-Argumenten zu halten ist, spielt zunächst keine Rolle. Meines Erachtens zeigt aber die von Tück und Hoping eingeschlagene Argumentationslinie, die massgebliche Teile der katholischen Tradition auf ihrer Seite hat, wie tragend die Konstruktion des männlichen Priestertums nicht nur für die römische Ämterlehre und den gesamten Aufbau der Kirche, sondern auch für die Eucharistiefeier ist. Es hat den Anschein, als sei die Frage der gültigen Repräsentanz Christi in der Gestalt des Leiters der Feier noch bedeutsamer als die Transsubstantiationslehre. Wenn dem so ist, hat das nicht nur dramatische Folgen für den innerkatholischen Reformprozess, sondern auch für die Ökumene.

Nun gibt es Stimmen, die Frage der Frauenordination könne gar nicht vom Papst, sondern nur durch ein Konzil entschieden werden. Doch auch Konzile stehen in der katholischen Kirche nicht über dem Papst. Sie können niemals gegen ihn entscheiden oder ihn überstimmen. Bereits das Fünfte Laterankonzil (1512–1517) hat die auf den Konzilen von Konstanz (1414–1418) und Basel (1431–1449) vertretene Idee des Konziliarismus zugunsten des Papalismus verworfen, der durch das Unfehlbarkeitsdogma von 1870 nochmals gestärkt wurde. Daran hat auch das Zweite Vatikanische Konzil (1962–1965) – der Aufbruch der römischen Kirche in die Moderne – nicht gerüttelt. Der Suchbewegung nach neuen Formen der Synodalität sind damit in der römisch-katholischen Kirche deutlich Grenzen gesetzt.

Hoffnungen auf eine stärkere Regionalisierung und massvolle Pluralisierung der Weltkirche in Sachen Zölibat, Zulassung von Frauen wenigstens zum geweihten Diakonat und Stärkung der Mitbestimmungsrechte von Laien hat die Amazonien-Synode 2019 geweckt. Die Strategie der «heilsamen Dezentralisierung» (*Evangelii gaudium* 16) hätte auch für andere Regionen ein Modell abgeben und damit dem Synodalen Weg in Deutschland päpstlichen Rückenwind geben können. Das Abschlussdokument und das nachsynodale Schreiben *Querida Amazonia* von Papst Franziskus mussten aber für die Reformkräfte eine Enttäuschung sein. Zur Frage der Zulassung von Frauen zu kirchlichen Ämtern bezog der Papst keine klare Stellung, was dazu passt, dass er auch die

---

9   Vgl. Jan-Heiner Tück, Den Bräutigam darstellen, in: Herder Korrespondenz 75 (2021/1) 21–25; Helmut Hoping, Bild und Geschlecht, in: Herder Korrespondenz 75 (2021/4) 42–45.

Ergebnisse einer von ihm eingesetzten Kommission zum Diakonat von Frauen bis heute nicht veröffentlicht hat. Die Zulassung von verheirateten Männern, die sich in Ehe und Beruf besonders bewährt haben (*viri probati*), zum Priesteramt war dem Papst nicht einmal eine Fussnote wert, von Erwägungen zur generellen Aufhebung des Pflichtzölibats für Priester ganz zu schweigen.

6 Ökumenischer Realitätssinn

Den aus der Reformation hervorgegangenen Kirchen wird bis heute ein *defectus ordinis* ihres geistlichen Amtes attestiert. Ob *defectus* lediglich eine Mangelhaftigkeit oder das völlige Fehlen jeglicher Voraussetzung für eine Anerkennung des evangelischen ordinierten Amtes durch die römische Kirche bedeutet, wird unterschiedlich beantwortet. Wenn aber die Ordination von Frauen nach römischer Lehre für alle Zeiten eine unmögliche Möglichkeit bleibt, so das apostolische Schreiben *Ordinatio sacerdotalis* (1994), kann man von evangelischen Pfarrerinnen, Superintendentinnen und Bischöfinnen wohl nur sagen, dass in ihrem Fall nicht einmal ansatzweise eine Ordination im katholischen Sinne vorhanden ist. Da Frauen nun aber in evangelischen Kirchen – wie auch in der altkatholischen Kirche oder bei den Anglikanern – nicht nur ordiniert werden, sondern selbst andere Frauen und Männer ordinieren, muss man nach römischer Lesart wohl auch bei solchen Männern von einem völligen Fehlen der Ordination sprechen.

Wie man unter solchen Voraussetzungen behaupten kann, in der Ämterfrage sei im Grunde eine weitgehend ökumenische Verständigung erreicht, sei es zwischen Lutherischem Weltbund und römisch-katholischer Kirche, sei es im Ökumenischen Arbeitskreis evangelischer und katholischer Theologen in Deutschland, bleibt ein Rätsel. Die Frauenordination ist keine Spezialfrage, die sich in der Ämterdebatte zunächst einmal ausklammern liesse, sondern ein zentraler Bestandteil derselben. Mit ihr aber steht und fällt die Möglichkeit eines gemeinsamen Abendmahls – und sei es auch nur in Form einer eucharistischen Gastfreundschaft.

Davon wollen freilich weder die katholischen Reformer noch die evangelischen Kirchen etwas wissen, die mit Blick auf den Ökumenischen Kirchentag 2021 in Frankfurt am Main den Druck Richtung eucharistischer Gastfreundschaft weiter erhöht haben. Dass der Kirchentag aufgrund der Corona-Pandemie, von wenigen Veranstaltungen abgesehen, nur digital gefeiert werden konnte, verlieh dem Drängen auf gemeinsame Eucharistiefeiern einen unvorhersehbaren Dämpfer. Ohnehin hatte die römische Glaubenskongregation der gegenseitigen Einladungen zum Abendmahl im Vorfeld des Kirchentages eine klare Absage erteilt.

An der Lage in Sachen gemeinsames Abendmahl hat sich seither nichts geändert. Wie die römisch-katholischen Geschwister damit umgehen, ist ihre Sache. Der Ökumene täte es aber gut, gemeinsam eine Denkpause einzulegen, statt den eingeschlagenen Weg unverdrossen weiterzugehen, auf dem ein erneutes Scheitern vorprogrammiert ist. Für die evangelischen Kirchen ist das aus meiner Sicht auch eine Frage der Selbstachtung.

Zur Fortsetzung ökumenischer Bemühungen gibt es keine Alternative, gerade in Anbetracht der Kirchenkrise, die je auf ihre Weise die römische wie die evangelischen Kirchen erfasst hat. Der Synodale Weg der katholischen Geschwister weckt Sympathien auf evangelischer Seite. Zur ökumenischen Solidarität gehört es aber auch, Realitätssinn zu bewahren. Ohne Gottvertrauen, visionären Geist und Aufbrüche in den Kirchen wird die Ökumene verkümmern. Der Grat zwischen geistgewirkten Visionen und falschen Illusionen ist aber schmal.

Wahrheit und Intersubjektivität

Kurt Stalders altkatholische Theologie der Synodalität

Andreas Krebs

1 Katholische Tradition und modernes Demokratiebewusstsein

Die Kirchenordnungen der altkatholischen Kirchen der Utrechter Union versuchen auf unterschiedliche Weise, bischöfliche und synodale Elemente miteinander zu verbinden. Diese Kirchenordnungen sind – zumindest für jene altkatholischen Kirchen, die nach 1870 aus dem Protest gegen die Papstdogmen hervorgegangen sind[1] – auch als Versuche zu werten, die katholische Tradition mit modernem Demokratiebewusstsein zu verbinden. Bereits beim Münchener (Alt-)Katholikenkongress 1871 – dem Gründungsereignis des Altkatholizismus in Deutschland, Österreich und der Schweiz – wurde die Forderung erhoben: «Wir erstreben [...] eine Reform in der Kirche, welche [...] die berechtigten Wünsche des katholischen Volks auf verfassungsmäßig geregelte Teilnahme an den kirchlichen Angelegenheiten erfüllen werde.»[2] In den altkatholischen Kirchenordnungen, die wenig später aus diesem Impuls heraus geschaffen wurden, geschieht die «verfassungsmäßig geregelte Teilnahme» des Kirchenvolks auf Bistumsebene durch Synoden. Sie sind oberste gesetzgebende Organe der Ortskirchen und bestehen aus Geistlichen und

---

1 Die altkatholische Kirche der Niederlande entstand 1723 im Zuge der Auseinandersetzungen um den Jansenismus. Die altkatholischen Kirchen Tschechiens und Polens gingen in der ersten Hälfte des 20. Jahrhunderts aus nationalkirchlichen Bewegungen hervor. Zu den unterschiedlichen Kirchenverfassungen der altkatholischen Kirchen siehe Jan Hallebeek, Akzente im Kirchenrecht, in: Anja Goller / Theresa Hüther / Andreas Krebs / Peter-Ben Smit (Hg.), Altkatholische Theologie. Aktuelle Beiträge und weiterführende Perspektiven, Zürich 2025. Die traditionellste Kirchenverfassung hat innerhalb der Utrechter Union die altkatholische Kirche der Niederlande: Dort hat die Synode formell nur eine beratende Funktion; die Jurisdiktion liegt bei den Bischöfen. Der Unterschied zu den übrigen altkatholischen Kirchen ist in der Praxis jedoch geringer, als es bei abstrakter Betrachtung scheinen mag.

2 Münchener Programm, zit. nach Johann Friedrich von Schulte, Der Altkatholizismus. Geschichte seiner Entwicklung, inneren Gestaltung und rechtlichen Stellung in Deutschland. Aus den Akten und anderen authentischen Quellen dargestellt, Gießen 1887, Neudruck Aalen 2003, 23.

gewählten Laienvertreter:innen, die gegenüber den Geistlichen in der Mehrheit sind. Bischöfliche Sonderrechte sind auf die Bereiche der Verkündigung, der Liturgie und der Ordination begrenzt.

Sollte man diese Form der Synodalität aber wirklich mit modernem Demokratiebewusstsein in Verbindung bringen? Im altkatholischen Raum ist das umstritten. Demokratie klingt nach «weltlicher» Politik. Manchen ist demgegenüber wichtig, Synodalität nicht auf die moderne Demokratie, sondern auf das angebliche Zusammenwirken von Bischof und Kirchenvolk in der Alten Kirche zu beziehen. Ausserdem gebe es in Synoden, anders als in staatlichen Parlamenten, keine Fraktionen; bei wichtigen Entscheidungen suche man nicht bloss eine Mehrheit, sondern möglichst einen breiten Konsens; schliesslich sei es keineswegs trivial, dass bei der Eröffnung von Synoden um den Heiligen Geist gebetet werde – wodurch die gesamte Arbeit der Versammlung eine Dimension erhalte, die im politischen Raum naturgemäss keine Rolle spiele. Während die letztgenannten Punkte tatsächlich Besonderheiten von Synoden treffen, ist die Berufung auf die Alte Kirche ein Anachronismus. Kirchenleitende Synoden mit einer Mehrheit gewählter Laienvertreter:innen sind eine moderne Innovation. Aus historischer Perspektive ist auch deutlich zu erkennen, dass etwa die breite katholische Synodenbewegung des 19. Jahrhunderts – ohne welche auch die Forderung des Münchener Kongresses und ihre altkatholischen Umsetzungen nicht denkbar gewesen wären – eng mit der politischen Parlamentarismus-Bewegung verbunden war.[3]

Wie sehr gerade die Anfänge des Altkatholizismus von modernem Demokratiebewusstsein inspiriert sind, zeigt sich auch in seinem Charakter als Laienbewegung. Schon die erste öffentliche Widerrede gegen die Papstdogmen – die mehrfach in der Kölnischen Zeitung publizierte Königswinterer Erklärung (1870) – wurde von Nichttheologen verantwortet. Weit über tausend Kaufleute, Beamte und Professoren, aber auch Handwerker und «Tagelöhner» unterzeichneten sie.[4] Selbstbewusste Mitglieder des Kirchenvolks aus allen gesellschaftlichen Schichten wagten es öffentlich, der «im Vatican gehaltene[n] Versammlung»[5] abzusprechen, ein Ökumenisches Konzil gewesen zu sein. Um ihrem Standpunkt Geltung zu verschaffen, bedienten sie sich der Medien und Verge-

---

3 Vgl. Günter Eßer, Politik und Glaube. Ein Beitrag zur Gründungsgeschichte der altkatholischen Kirche in Baden, unveröffentliche Habil., Theologische Fakultät der Universität Bern 1997.
4 Siehe dazu Andreas Krebs, «Wir halten fest an der alten Verfassung der Kirche». Ein Blick auf das Erste Vatikanische Konzil und seine Folgen aus alt-katholischer Sicht, in: Julia Knop / Michael Seewald (Hg.), Das Erste Vatikanische Konzil. Eine Zwischenbilanz 150 Jahre danach, Darmstadt 2019, 288–303.
5 Königswinterer Erklärung, zit. nach von Schulte, Altkatholizismus (Anm. 2) 106.

sellschaftungsformen einer entstehenden demokratischen Öffentlichkeit. In der Folge entstanden zahlreiche altkatholische Komittees, Vereine und Gemeinden. Es waren deren Delegierte sowie altkatholische Geistliche und Theologen, die 1871 auf dem Münchener Kongress zusammenkamen. Organisatorisch knüpften sie dabei an die Generalversammlungen der katholischen Vereine (Katholikentage) an, die bereits seit 1848 stattgefunden hatten.[6] Wie bei den Generalversammlungen wurden die Beschlüsse des Münchener Kongresses und seiner Nachfolger[7] durch demokratische Abstimmung herbeigeführt. Es ist dieser Kontext, in dem die altkatholische Entscheidung für synodale Kirchenordnungen zustande kam. Ohne sie wären wichtige Reformen wie die Aussetzung des Pflichtzölibats (in der Schweiz 1876, in Deutschland 1878, in Österreich 1879) und die Einführung einer volkssprachlichen Eucharistiefeier (in Österreich 1879, in der Schweiz 1880, in Deutschland 1887/88) vielleicht gar nicht, gewiss aber weniger rasch vollzogen worden. Auch in jüngerer Zeit – mit Blick etwa auf die Frauenordination (seit Ende der 1980er-Jahre) und die Anerkennung gleichgeschlechtlicher Partnerschaften bzw. Ehen (seit Mitte der 2000er-Jahre) – hat sich die Laienmitbestimmung als wichtiger Reformmotor erwiesen.

2 Kommunikatives Wahrheitsverständnis

Es gibt ökumenische Gesprächspartner:innen, die von diesem modernen, reformorientierten und demokratischen Element im Altkatholizismus befremdet sind. Passen Katholizismus und innerkirchliche Demokratie überhaupt zusammen? Aus römisch-katholischer Perspektive wird das mitunter verneint. Eine hierarchisch strukturierte Gemeinschaft sei zumindest nach römisch-katholischer Auffassung für das geistliche Amt und die Kirche konstitutiv. Weil die altkatholische Kirche demgegenüber Synodalität als demokratische Laien-Mitbestimmung verstehe, so der römisch-katholische Journalist Christian Geyer, träten ihr Amtsverständnis und das der römisch-katholischen Kirche «radikal auseinander»; für Letztere sei ein «Rede, und tu, was du willst» keine

---

6   Vgl. Theresa Hüther/Ruth Nientiedt, Von den Generalversammlungen der katholischen Vereine Deutschlands zu den Internationalen Altkatholikkongressen, in: Alt-Katholische und Ökumenische Theologe 6 (2021) 9–34.
7   Wichtig für die Gründungsphase der altkatholischen Kirche in Deutschland waren ausserdem die Altkatholiken-Kongresse in Köln (1872, Entscheidung für die Wahl und Weihe eines altkatholischen Bischofs) und Konstanz (1873, Verabschiedung einer altkatholischen Synodal- und Gemeindeordnung). Die Altkatholiken-Kongresse finden bis heute regelmässig statt und sind ein wichtiger Ort der internationalen Begegnung zwischen Mitgliedern der Kirchen der Utrechter Union und sowie ihrer ökumenischer Partnerkirchen.

Option.[8] Dieselbe Position vertritt der römisch-katholische Theologe Karl-Heinz Menke gegenüber Stimmen, die *innerhalb* der römisch-katholischen Kirche deren Demokratisierung fordern. Sein Argument ist kein amtstheologisches und ekklesiologisches, sondern ein fundamentaltheologisches: «[D]ie Wahrheit ist noch nie ein Mehrheitsbeschaffer gewesen.»[9] Und an anderer Stelle: Wer das Christentum als Gesprächsgemeinschaft verstehe, plädiere «für den Primat der [...] Pluralität vor der Wahrheit»[10].

Wie kann altkatholische Theologie diesen Anfragen begegnen? Der Schweizer altkatholische Theologe Kurt Stalder (1912–1996) hat dazu einen Ansatz entwickelt, der einen kommunikativen Wahrheitsbegriff mit einem dialogischen Amtsverständnis sowie einer Theologie der Synodalität verbindet.[11] Ausgangspunkt ist der trinitätstheologische Grundgedanke, dass Gott *Person* und in sich selbst *Beziehung* ist. Nach Stalder ergibt sich daraus unmittelbar, dass ein Wahrheitsverständnis, das dem christlichen Glauben angemessen ist, sich nicht an «objektiver» Wahrheit orientieren kann – einer Wahrheit, die unabhängig von interpersonaler Begegnung, Beziehung und Subjektivität ist. Gewiss, es gibt Wirklichkeitsbereiche, in denen von mehr oder weniger objektiver Wahrheit zu sprechen ist. Aber Gott ist kein Objekt. Wo man Gott zu einem solchen macht, ist Gott bereits verfehlt. Die Behauptung, objektive Wahrheit sei *das* Paradigma von Wahrheit überhaupt, ist nach Stalder «atheistisch».[12]

Wenn der trinitarische Gott keine objektive Tatsache, sondern *sich selbst* als beziehungsreiche Personalität offenbart, dann muss das personale In-Beziehung-Sein auch zum *Geschehen* der Offenbarung und zum *Inhalt* des Offenbarten gehören. Das *Geschehen* der Offenbarung kann diejenigen, an die es sich richtet, nicht ihrerseits zu blossen Objekten machen: Sich als Person zu offenbaren, setzt ein Gegenüber voraus, das zu verstehen und zu antworten fähig ist;

---

8 Christian Geyer, Alt-katholische Synodalität. Rede, und tu, was du willst, in: FAZ vom 22. Juni 2022, Seite «Geisteswissenschaften». Geyer bespricht hier meinen Aufsatz: Andreas Krebs, Synodalität in der alt-katholischen Kirche, in: Materialdienst des konfessionskundlichen Instituts Bensheim 73 (2022) 75–82.
9 Karl-Heinz Menke, Macht die Wahrheit frei oder die Freiheit wahr? Eine Streitschrift, Regensburg 2017, 83.
10 A. a. O. 155.
11 Ich verwende den Begriff Synodalität im Folgenden durchgehend im modernen Sinn. – Zu Stalder siehe Andreas Krebs, Erlösung zur Freiheit. Die «doppelte Freiheit» Gottes und des Menschen in der Theologie Kurt Stalders, Münster 2011, sowie ders. (Hg.), Die Wirklichkeit Gottes. Zur Aktualität der Theologie Kurt Stalders. Beiträge zum Berner Symposium am 21. September 2012 aus Anlass des 100. Geburtstages Kurt Stalders (1912–1996), Bern 2013 [= Internationale Kirchliche Zeitschrift 103 (2013), Nr. 3/4].
12 Kurt Stalder, Sprache und Erkenntnis der Wirklichkeit Gottes. Texte zu einigen wissenschaftstheoretischen und systematischen Voraussetzungen für die exegetische und homiletische Arbeit, Freiburg i. Üe. 2000, 174.

das Gegenüber muss also als Subjekt involviert sein. Und da es keinen *Inhalt* der Offenbarung gibt, der unabhängig von diesem interpersonalen Geschehen wäre, gehört die subjektive Involviertheit der Personen, an die sich die Offenbarung richtet, selbst mit zur Offenbarung hinzu. Dies führt Stalder zu einem bemerkenswerten hermeneutisch-offenbarungstheologischen Schluss: Es gibt nicht Gottes Offenbarung auf der einen und ihre menschlichen Deutungen auf der anderen Seite. Beides gehört untrennbar zu zusammen! Ist Offenbarung wirklich ein Beziehungs- und Kommunikationsgeschehen, sind *auch* die vielfältigen menschlichen Deutungen *Teil* der Offenbarung selbst.[13]

Wird daraus subjektivistische Willkür abgeleitet, verfehlt man die Wirklichkeit Gottes freilich ebenso wie ein apersonaler Objektivismus. Gottes Selbstoffenbarung ist interpersonal und *intersubjektiv*: Sie kann deshalb nicht in subjektivistische Vereinzelung führen. Intersubjektivität gibt den vielfältigen Perspektiven ihr Recht, lässt sie aber nicht bei sich. Sie werden verbunden, vermittelt, miteinander in Kommunikation gebracht. Einen solchen Offenbarungsbegriff vorausgesetzt, kann es bei der Wahrheit des Glaubens weder um die *eine* objektive Wahrheit gehen, welche die Vielfalt der Perspektiven ausschaltet, noch um blosse subjektive Vielfalt, die nicht zur Einheit findet. Intersubjektivität ist die *eine* Wahrheit *in* der Vielfalt der Perspektiven – wie auch die trinitarische Gottheit *ein* Gott *in* der Dreiheit der göttlichen Personen ist.[14] Deshalb darf «die Wahrheit» nicht – wie das bei Menke und anderen geschieht – *gegen* die Pluralität subjektiver «Wahrheiten» gestellt werden. Stattdessen wären das eine und das viele Wahre in eine Perspektive zu setzen, in der die Versöhnung von Einheit und Vielfalt aufscheint: Wahrheit als Intersubjektivität.

3 Räume für Intersubjektivität

Mit diesen Überlegungen wird Synodalität als Versuch beschreibbar, Räume für Intersubjektivität zu öffnen. Alle Mitglieder der Kirche sollen auf die eine oder andere Weise Möglichkeiten haben, sich mit ihren Sichtweisen in Diskussionsprozesse einzubringen und bei Entscheidungen mitzubestimmen – das hat Synodalität mit politischer Demokratie gemeinsam. Aber es gibt auch Unterschiede: Wie schon erwähnt, gibt es auf Synoden keine Fraktionen, und man sucht, zumindest bei wichtigen Fragestellungen, einen möglichst breiten Konsens – weil es nicht nur um demokratisch legitimierte Entscheidungen, sondern um ein gemeinsames Erkennen und Handeln geht, das ein wechselseitiges Wahrnehmen und Verstehen unterschiedlichster Perspektiven einschliesst. Das

---

13 A.a.O. 301.
14 Siehe dazu Krebs, Erlösung (Anm. 11) 79–83.

ist eine hohe Anforderung. Im Wissen darum, dass ihr eigentlich nicht entsprochen werden kann und sie dennoch gilt, bitten Synoden um den Heiligen Geist. Synodalität will damit *mindestens* so viel wie die politische Demokratie. Deshalb muss sie ihre Verwandtschaft mit der Demokratie auch nicht verleugnen. Zugleich aber will sie *mehr*, als Demokratie wollen kann. Es geht ihr letztlich um Einsicht und Handeln im Horizont der Erlösung – der «Wiederherstellung der Gemeinschaft mit Gott und den Menschen». Dann aber «kann die Intersubjektivität nicht nur eine wünschenswerte Zutat sein; sie muss, ausgesprochen oder nicht, mit zum Inhalt der gewonnenen Einsicht gehören».[15]

Macht dieses Verständnis von Synodalität das kirchliche Amt überflüssig? Stalder bestreitet das; er bejaht sogar ausdrücklich die Autorität des Amtes. Dessen Träger:innen haben nicht ihre Meinungen, sondern das Evangelium zu verkünden. Und mit keinem geringeren Anspruch als dem, dass dies das Evangelium sei, haben die Gläubigen die Verkündigung zu hören. Doch zugleich zeigt die Erfahrung, dass die Autorität, im Namen des Evangeliums zu sprechen, faktisch verfehlt werden kann. Der Anspruch kirchlicher Amtsträger:innen, selbst der Anspruch der altkirchlichen Konzilien auf Wahrheitserkenntnis erweist seine Gültigkeit nach Stalder – bis heute – in eben dem Masse, in dem es ihnen gelingt, Einsicht, Intersubjektivität und Gemeinschaft herzustellen. Wo hingegen Einsicht vernebelt, die Würde der Person missachtet und Gemeinschaft zerstört wird, muss widersprochen werden, sei es einem Pfarrer, einer Bischöfin oder sogar einem Konzil. Kirche kennt also sehr wohl Autorität – sie zu respektieren, kann aber verlangen, einem konkreten Anspruch auf sie entgegenzutreten. Hierin besteht die Verantwortung der Rezeption.[16]

So sind Stalders Ideen durchaus vereinbar damit, dass die Kirche differenzierte Verpflichtungen und besondere Ämter kennt. Diese bleiben aber stets an die erkenntnissuchende Gemeinschaft der gesamten Kirche rückgebunden. Auf der anderen Seite nimmt Stalder aber auch nicht an, dass intersubjektive Wahrheit mit Stimmenmehrheit identisch wäre. Zwar ist gegen Menkes pauschale Behauptung, die Wahrheit sei «noch nie ein Mehrheitsbeschaffer gewesen», doch festzuhalten, dass Mehrheiten durchaus im Recht und Minderheiten im Irrtum sein können. Es gibt zudem die Erfahrung, dass eine Einsicht umso vielschichtiger, ein Beschluss umso klüger wird, je zahlreicher und unterschiedlicher die Sichtweisen sind, die darin Eingang finden. Doch gewiss kann ein Kompromiss auch faul, eine Mehrheit taub und verblendet sein, eine Minder-

---

15 Kurt Stalder, Die Wirklichkeit Christi erfahren. Ekklesiologische Untersuchungen und ihre Bedeutung für die Existenz von Kirche heute, Zürich 1984, 181.
16 Vgl. a. a. O. 216.

heit dagegen Ohren zu hören und Augen zu sehen haben. Es gehört zur Unverfügbarkeit von Wahrheit, dass sie dem rechnerischen Kalkül entzogen bleibt. Nach Stalder gilt allerdings, dass überall dort, wo Intersubjektivität *nicht* zustande kommt, Wahrheit und Einsicht in jedem Fall *verdunkelt* sind. Eine Minderheit, die für sich selbst und andere den Anspruch darauf preisgibt, dass ihre Einsicht doch vermittelbar und mit den Einsichten anderer verknüpfbar ist, gibt letztlich auch den Anspruch auf Wahrheit als solche preis. Erst in Intersubjektivität zeigt sich Wahrheit ganz und unverstellt. *Vollständige* Intersubjektivität bleibt in unserer Welt jedoch ein Ideal. Dass wir Gott und einander von Angesicht zu Angesicht schauen – es steht noch aus, dass diese Verheissung sich für uns erfüllt.

4 Ökumenische Perspektiven

Somit ist Kirche nach Stalder *schon* in der Wahrheit, hat sie aber eben *noch nicht* ganz. Dieser eschatologischen Struktur entspricht, dass Gottes Offenbarung existenzielle Fragen von Menschen beantwortet, aber selbst wiederum auch neue Fragen aufwirft. «Indem Gott uns begegnet, begegnet er uns als Frage und Antwort zugleich», so Stalder – als «Frage, die eine Antwort impliziert», aber auch als «Antwort, die eine Frage provoziert». Menschen werden dabei auch mit *ihren* Fragen und Antworten Teil der Gottesbegegnung, und darin liegt immer ein «Vollzug von Freiheit».[17] Dieser ist Voraussetzung echter Gemeinschaft. «Dogma, fixfertiges Dogma» kann nach Stalder, «keine Gemeinschaft herstellen. Es kann nur eine autoritär geführte Gruppe herstellen, aber keine Gemeinschaft. Nur dort, wo etwas diskutierbar ist, wo es Fragen gibt, gibt es gleiche Dignität von Menschen [...] Die Frage wäre keine erlösende Frage, wenn sie keine Antwort bei sich hätte. Trotzdem ist der Umstand gemeinschaftsbildend, dass an der Antwort etwas zu fragen ist, dass die Antwort die Frage ermöglicht, wie es sich mit allem in der Wirklichkeit verhalte.» «Die Frage macht die Gemeinschaft, nicht die Antwort.»[18]

Stalders Konzeption ist ökumenisch vielfach anschlussfähig. Er selbst ist von der *Kirchlichen Dogmatik* des reformierten Theologen Karl Barth geprägt.[19] Trinität und Intersubjektivität werden auch von dem orthodoxen Theologen

---
17 Vgl. Stalder, Sprache (Anm. 12) 284.
18 Beide Zitate a. a. O. 291.
19 Zum altkatholischen Barthianismus, dem Stalder zuzurechnen ist, vgl. Andreas Krebs, «Die Kirche als Schutzhort der Freiheit». Der altkatholische Barthianer Ernst Gaugler und die Politik, in: Matthias Gockel/Andreas Pangritz/Ulrike Sallandt (Hg.), Umstrittenes Erbe. Lesarten der Theologie Karl Barths, Stuttgart 2020, 61–75.

Dumitru Stăniloae zusammengedacht,[20] und viele Verbindungen lassen sich etwa zu dem evangelischen Theologen Christoph Schwöbel[21] oder auch zu römisch-katholischen Entwürfen wie dem Bernd Jochen Hilberaths[22] ziehen. Der interessanteste Beitrag Stalders zum ökumenischen Gespräch könnte aber in dem Gedanken liegen, dass die *Frage* gemeinschaftsstiftende Kraft besitzt.[23] Allzu oft werden interkonfessionelle Gespräche immer noch mit Antworten bestritten, welche die jeweiligen Traditionen auf bestimmte Herausforderungen gefunden haben – sei es, um im Austausch über diese Antworten Möglichkeiten eines differenzierenden Konsenses auszuloten, sei es, um bleibende Differenzen festzustellen, sei es seit Neuerem auch, um im Sinne des «Receptive Ecumenism»[24] in einen offenen Lernprozess einzutreten. Was aber, würde man nicht zuerst auf Antworten, sondern auf die alten und die neuen Fragen schauen, die uns als Christ:innen gemeinsam umtreiben? Vielleicht sähe man sich weniger dazu gezwungen, die eigene Tradition als kohärente Grösse zu konstruieren, die dann mit anderen vermeintlich kohärenten Grössen ins Gespräch gebracht werden müsste. Stattdessen könnte man bei sich und dem Gegenüber die Bruchstellen in den jeweiligen Lehrgebäuden offenlegen, über Ungereimtheiten staunen, miteinander zweifeln. Man könnte endlich auch gebührend wahrnehmen, dass die wichtigsten Konfliktlinien innerhalb des Christentums längst nicht mehr mit Konfessionsgrenzen zusammenfallen. Oft wäre dabei festzustellen: Diese Auseinandersetzung, dieses Problem, diese Ratlosigkeit haben wir auch. Solch eine «fragende Ökumene» wäre nicht primär in Zielvorstellungen zu denken – sondern zunächst und vor allem als suchender Mit-Weg (*synhodos*), als Weg-Gemeinschaft.

---

20 Vgl. Dumitru Stăniloae, Orthodoxe Dogmatik, Bd. 1, übers. von Hermann Pitters, Zürich/Köln/Gütersloh 1984, 272–277.
21 Vgl. Christoph Schwöbel, Gott in Beziehung. Studien zur Dogmatik, hg. von Katrin König und Katrin Bosse, Tübingen ²2022.
22 Vgl. Bernd Jochen Hilberath/Matthias Scharer, Kommunikative Theologie. Grundlagen – Erfahrungen – Klärungen, Ostfildern 2012.
23 Siehe dazu auch Andreas Krebs, «Geboren aus der Jungfrau Maria». Maria und eine Ökumene gemeinsamen Fragens, in: Matthias Felder/Frank Mathwig (Hg.), Das Apostolikum. Reformiert gelesen – ökumenisch akzentuiert, Zürich 2020, 107–122.
24 Vgl. Paul Murray, Receptive Ecumenism and the Call to Catholic Learning. Exploring a Way for Contemporary Ecumenism, Oxford 2008.

Die katholische als synodale Kirche

Eine Entdeckungsreise

Thomas Söding

1 Die strukturelle Herausforderung

Die katholische Kirche kennt von Anfang an Synoden.[1] In den katholischen Kirchen des Ostens sind Bischofssynoden ebenso wie in der Orthodoxie Grundformen der episkopalen Kirchenleitung. Nach dem Zweiten Vatikanischen Konzil werden regelmässig auf kontinentaler und globaler Ebene Bischofssynoden durchgeführt, die der Beratung des Papstes dienen.[2] Aber erst Papst Franziskus hat begonnen, von einer «synodalen Kirche» zu sprechen.[3] Er hat entschieden, bei der Weltsynode über Synodalität, deren Generalversammlung im Herbst 2023 und im Herbst 2024 stattfindet, achtzig Personen mit Sitz und Stimme einzuladen, die nicht Bischöfe sind, davon mehr als die Hälfte Frauen. Der Papst hat nicht eine bestimmte Definition von Synodalität vorgegeben; er hat auch nicht vorgegeben, in welchem Sinn eine Weltbischofssynode eine Weltsynode sein kann oder werden soll. Die Folge ist eine intensive Debatte – und eine starke Entwicklung, deren Ende noch nicht absehbar ist.

Der weltweite Synodalprozess soll Entwicklungen aufnehmen und fördern, zusammen- und weiterführen, die Synodalität neu auf katholisch buchstabieren.[4] Besonders markant sind die Prozesse in Australien, Lateinamerika und Deutschland. In Australien ist nach dem Muster des katholischen Kirchenrechts ein (kontinentales) Plenarkonzil durchgeführt worden, das aber mit so weitreichenden römischen Dispensen ausgestattet worden ist, dass die Formate der

---

1 Thomas Söding, Gemeinsam unterwegs. Synodalität in der katholischen Kirche, Ostfildern 2022.
2 Vgl. Nikola Eterović, Sinodi continentali. I consigli speciali del sinodo dei vescovi; incontri con Giovanni Paolo II e Benedetto XVI, Città del Vaticano 2013; Markus Graulich, Die Bischofssynode, in: Handbuch des katholischen Kirchenrechts (2015) 478–485.
3 So mehrfach in der Rede zum 50jährigen Jubiläum der Bischofssynode, URL: https://www.vatican.va/content/francesco/de/speeches/2015/october/documents/papa-francesco_20151017_50-anniversario-sinodo.html.
4 Einen ersten Überblick verschafft das Heft: Weltkirche im Aufbruch. Synodale Wege: Herder Korrespondenz. Sonderheft 2022.

einschlägigen *canones* gesprengt wurden: Die Endentscheidung blieb zwar Bischöfen vorbehalten (*decision votes*), aber Abstimmungen konnten nur durchgeführt werden, nachdem die gesamte Versammlung, in der Mehrzahl kirchenrechtliche Laien zusammen mit Priestern, Diakonen und Ordensleuten, positiv votiert hatte (*deliberation votes*). Die Bischöfe haben sich immer an das Votum der Kirchenvolksvertretung gehalten – mit einer Ausnahme, als es um die Rechte von Frauen ging und ein Sturm der Entrüstung durch den Kontinent fegte, bis die Bischöfe beidrehen mussten. In Lateinamerika und der Karibik ist die hochprofilierte Bischofskonferenz auf dem Weg, zu einer Kirchenversammlung zu werden; für Amazonien ist nach einer Bischofssynode vom Papst eine kollegiale Kirchenleitung konstituiert worden, an der nicht nur Bischöfe, sondern auch Laien, Ordensleute und vor allem auch Indigene teilhaben.[5] In Deutschland ist der Synodale Weg[6] von der Deutschen Bischofskonferenz als ein Gemeinschaftsprojekt mit dem ZdK, dem Zentralkomitee der deutschen Katholiken, beschlossen worden, um auf vier Themenfeldern systemische Konsequenzen aus den systemischen Dimensionen des Missbrauchsskandals zu ziehen, den eine wissenschaftliche Untersuchung[7] aufgedeckt hat: Macht und Gewaltenteilung, Priesterrollen, Frauenrechte und Sexuallehre.

Die Modelle sind unterschiedlich, aber nicht widersprüchlich. Sie sind insofern typisch katholisch, als sie Synodalität *mit* dem Papst und *mit* Bischöfen organisieren. Sie alle unterstreichen die Führungsrolle, die in der katholischen Kirche der Papst kraft Wahl durch die Kardinäle, der Bischof kraft Ernennung durch den Papst und der Pfarrer kraft Einsetzung durch den Bischof haben; sie alle sehen im sakramental begründeten Amt, das Dienst ist, den Heiligen Geist am Werk. Alle synodalen Initiativen arbeiten aber daran, eine Lücke im Kirchenrecht auszufüllen: mehr Subsidiarität in der katholischen Kirche zu organisieren und mehr Beteiligung an Prozessen, die über Beratungen zu Entscheidungen und über evaluierte Umsetzungen zu Nachsteuerungen führen. Die Kompetenz der Mitwirkung aller, die es angeht, ist – dem Urteil des Glaubens zufolge – gleichfalls in der Kraft des Heiligen Geistes begründet, der den Gläubigen sakramental vermittelt ist: durch Taufe und Firmung.

---

5   Vgl. Birgit Weiler, Gegen Klerikalismus, Machismo und Klimanot. Impulse der Kontinentalen Phase der Weltsynode in Lateinamerika, in: Herder Korrespondenz 77 (2023/7) 27–29.
6   Alle Dokumente finden sich bei URL: https://www.synodalerweg.de/.
7   Harald Dreßing / Hans Joachim Salize / Dieter Dölling / Dieter Hermann / Andreas Kruse / Eric Schmitt / Britta Bannenberg u.a., Sexueller Missbrauch an Minderjährigen durch katholische Priester, Diakone und männliche Ordensangehörige im Bereich der Deutschen Bischofskonferenz, 2018, URL: https://www.dbk.de/fileadmin/redaktion/diverse_downloads/dossiers_2018/MHG-Studie-gesamt.pdf.

Die ekklesiologische Herausforderung der katholischen Kirche besteht darin, ihre episkopale Grundstruktur, die unstrittig ist, mit einer synodalen Grundstruktur zu vermitteln, die es neu zu gestalten gilt. Die römisch-katholische Kirche ist besonders gefordert; die griechisch-katholische, die ukrainisch-katholische, die koptisch-katholische, die chaldäisch-katholische, die eritreisch-katholische, die armenisch-katholische, die maronitische, die syro-malabarisch- und die syro-malankarisch-katholische Kirche, alle mit Rom uniert, werden anhand ihres eigenen Gesetzesbuches eigene Formen finden, die zu ihrer Tradition und ihrer Kultur passen.

2 Die historische Herausforderung

Mit ihrem Verständnis von Schrift und Tradition[8] kann die katholische Kirche darüber Rechenschaft ablegen, welche Fokussierungen im Bild und im Vollzug der Kirche im Laufe der Geschichte typisch geworden sind, welche Engführungen sich ergeben haben und welche Klärungen erfolgt sind; sie kann nach theologischen Kriterien auch untersuchen, welche Ressourcen ungenutzt geblieben sind und welche getrost ins Archiv überführt werden können.

In ganz groben Zügen lässt sich im Rückblick erkennen, dass die römisch-katholische Kirche seit der Aufklärung und in Deutschland verstärkt nach der Säkularisierung versucht hat, von politischen Einflüssen frei zu werden, um ihre Selbstbestimmung zu stärken.[9] Der unglückselige Kampf um den Kirchenstaat hat sie zwar in die Defensive gebracht; aber sein Ende war ein Segen für die Kirche, nicht anders als die Auflösung der Fürstbistümer in Deutschland. Die katholische Kirche musste lernen, sich nicht als Konkurrentin im politischen Mächtespiel von Staaten zu sehen, sondern als eine Grösse *sui generis*. Mit einer hohen moralischen Autorität und einer tiefen spirituellen Sakramentalität wurde sie lange Zeit vom Kirchenvolk vieler Länder getragen, auch wenn die Autorität auf einer *invented tradition*[10] beruhte und die Ambition zu einer starken Disziplinierung führte.

Auf dem Ersten Vatikanischen Konzil hat die römisch-katholische Kirche ihren Autonomieanspruch zunächst durch die Konzentration auf den Papst zu

---

8 Der «Orientierungstext» des Synodalen Weges in Deutschland nennt weitere theologische «Orte»: die «Zeichen der Zeit», den «Glaubenssinn des Volkes Gottes, das Lehramt und die wissenschaftliche Theologie», URL: https://www.synodalerweg.de/fileadmin/Synodalerweg/Dokumente_Reden_Beitraege/beschluesse-broschueren/SW2-Orientierungstext_AufdemWegderUmkehrundderErneuerung_2022_NEU.pdf.
9 Vgl. Hermann Josef Sieben, Katholische Konzilsidee im 19. und 20. Jahrhundert (Konziliengeschichte B), Paderborn 1993.
10 Vgl. Eric Hobsbawm/Terence Ranger, The Invention of Tradition, Cambridge 1992.

sichern versucht, dem Unfehlbarkeit und höchste Jurisdiktion zugesprochen wurde.[11] Allerdings geschah dies so profiliert und einseitig, dass Ideal und Realität breit auseinanderklafften. Auch wenn die Brüche hinter glänzenden Fassaden versteckt wurden, war die Kritik an der Überbetonung von Anfang an gross; sie hat auch nie aufgehört.

Die katholische Kirche hat im Zweiten Vatikanischen Konzil Konsequenzen gezogen.[12] Sie hat das Erste Vatikanische Konzil nicht revidiert; aber sie hat den Papst in das Kollegium der Bischöfe gestellt und die Stellung der Bischöfe in den Teilkirchen gestärkt. Sie werden vom Papst ernannt und von anderen Bischöfen, die in apostolischer Sukzession stehen, zum Bischof geweiht; sie haben die höchste gesetzgebende, gesetzausführende und jurisdiktionelle Gewalt, die sie nur im Gehorsam dem Papst gegenüber richtig ausüben. Das lateinische Kirchenrecht von 1983 hat diese Machtstellung festgeschrieben.[13]

Allerdings hat die offizielle Rezeption des Zweiten Vatikanischen Konzils bislang nicht eingeholt, was in der Anlage der Dogmatischen Konstitution über die Kirche *Lumen Gentium* begründet ist: dass die Kirche um Christi willen nicht vom Papst über die Bischöfe und Priester hin zu den «einfachen Gläubigen» zu denken ist, sondern vom Volk Gottes her.[14] Alle Getauften haben Anteil am dreifachen Amt Christi: des Priesters, des Königs und des Propheten (*Lumen Gentium* 10–12). Das besondere Priestertum des sakramentalen Dienstes gibt es um des gemeinsamen Priestertums aller willen. Dann aber besteht seine Aufgabe darin, nicht nur die katechetische und liturgische Bildung sowie das soziale Gewissen der Gläubigen zu fördern, die zur Mündigkeit im Glauben (Eph 4,7–16), zur «*actuosa participatio*» (tätige Teilnahme) am Gottesdienst (*Sacrosanctum Concilium* 21) und zur Aktivität in der samaritanischen Sozialarbeit führen[15]; konsequent ist es auch, die Beteiligung an den kirchlichen Entscheidungsprozessen strukturell zu sichern und organisch zu erhöhen.

Zu diesem Zweck muss aber eine aus dem Ultramontanismus erbte Dichotomie überwunden werden: dass die «Laien» nur für den «Weltdienst» zuständig seien, aber nicht für die innerkirchlichen Belange. Denn zum einen zeigt sich, dass die Entgegensetzung von Kirche und Welt unterkomplex ist, weil die Kirche, johanneisch formuliert, zwar nicht «von», aber «in der Welt» ist

---

11 Vgl. Hubert Wolf, Der Unfehlbare. Pius IX. und die Erfindung des Katholizismus im 19. Jahrhundert, München 2020.
12 Einführend: Knut Wenzel, Das Zweite Vatikanische Konzil. Eine Einführung, Freiburg i. Br. 2014.
13 Vgl. Ulrich Rhode, Kirchenrecht, Stuttgart 2015.
14 Grundlegend: Jürgen Werbick, Kirche. Ein systematischer Entwurf, Freiburg i. Br. 1994.
15 Vgl. Karl Gabriel, Caritas und Sozialstaat unter Veränderungsdruck. Analysen und Perspektiven, Münster 2006.

(Joh 17,11.14.16.18);[16] zum anderen sprechen sich die Bischofskonferenzen mehr oder weniger selbstverständlich auch ein politisches Mandat zu, erkennen also zwar eine Unterscheidung, aber keinen Gegensatz; dann aber müssen die «Laien», wenn sie eine Stimme des Glaubens ausserhalb der Kirche haben, auch innerhalb der Kirche Gehör finden, so gewiss ihre Expertise für Weltliches Anerkennung findet. Vor allem aber leuchtet nicht ein, weshalb der Glaubenssinn des Gottesvolkes, der das gesamte Leben der Kirche trägt,[17] nicht auch im Binnenleben der Kirche einen Ort erhält, eine Verantwortung übernimmt und eine starke Rolle spielt.

3 Die theologische Herausforderung

Der neue Begriff der synodalen Kirche verlangt nach einer theologischen Präzisierung, die biblisch begründet und systematisch entfaltet wird. Nur durch eine klare Ekklesiologie, die an den Schaltstellen auch kirchenrechtlich gesichert wird, kann es gelingen, den gegenwärtigen Streit darüber zu befrieden, wie sich die Beteiligung des Kirchenvolkes an den Beratungen und Entscheidungen, die es in der römisch-katholischen Kirche zu treffen gilt, zur Leitungsaufgabe des Pfarrers auf lokaler, des Bischofs auf regionaler und des Papstes auf universaler Ebene verhält.

Um eine theologische Klärung herbeizuführen, bedarf es vor allem einer Reflexion, wie sich der neu betonte Leitbegriff der Synodalität zu dem der «Communio» verhält, von dem die Rezeption des Zweiten Vatikanischen Konzils stark bestimmt worden ist.[18]

3.1 Der Leitbegriff Communio

Communio ist ein Schlüsselbegriff der katholischen Kirche geworden. Er ist ökumenisch signifikant und politisch brisant. Die ökumenische Bedeutung liegt darin, dass «Gemeinschaft» (*communion*), auch für den Ökumenischen Rat der Kirchen einen hohen Stellenwert hat, besonders auf das Miteinander verschiedener evangelischer Kirchen bezogen, während im Katholizismus die

---

16 Vgl. die Reflexionsbeiträge in: Johanna Rahner / Thomas Söding (Hg.), Kirche und Welt – ein notwendiger Dialog. Stimmen katholischer Theologie (QD 300), Freiburg i. Br. 2019.
17 Vgl. Thomas Söding (Hg.), Der Spürsinn des Gottesvolkes. Eine Diskussion mit der Internationalen Theologenkommission (QD 281), Freiburg i. Br. 2016.
18 Wegweisend war die ausserordentliche Weltbischofssynode 1985: vgl. Schlußdokument der Außerordentlichen Bischofssynode 1985 (Verlautbarungen des Apostolischen Stuhles 66), Bonn 1985. Erhellend ist der Kommentar von Walter Kasper, Zukunft aus der Kraft des Konzils. Die Außerordentliche Bischofssynode 1985. Die Dokumente, Freiburg i. Br. 1986. Er war Spezialsekretär der Synode.

ökumenischen Beziehungen von den innerkirchlichen Beziehungen zwischen Klerikern und Laien abhängig gemacht werden.[19] Die politische Brisanz liegt darin, dass «Gemeinschaft» in der Kulturgeschichte des 19. Jahrhunderts antidemokratische Assoziationen entwickelt hat, speziell in Deutschland.[20] Die Befreiung von dieser Last und die Vertiefung der Ökumene kann durch einen Rekurs auf die biblischen Wurzeln des Begriffs gelingen.[21]

In der Apostelgeschichte charakterisiert Lukas das Leben der frühesten Kirche mit vier Identitätsmerkmalen: «Lehre der Apostel, Gemeinschaft (*koinonia* – *communio*), Brotbrechen und Gebet» (Apg 2,42). Das Teilen des Glaubens und das Teilen des Lebens gehören zusammen; die Eucharistie und der Dienst an den Armen, getragen von einer Katechese, die mit den Aposteln das Gedächtnis Jesu belebt und in den Gebeten die Psalmen Israels wie das Vaterunser Jesu mit neuen Worten des Lobes, des Dankes, der Bitte und der Klage verbindet (Apg 2,43–47; 4,32–37).

Der Apostel Paulus verdichtet den theologischen Zusammenhang, der tief das Glaubensleben bestimmt:

«Der Kelch des Segens, den wir segnen, ist er nicht die Gemeinschaft [*koinonia*] des Blutes Christi?
Das Brot, das wir brechen, ist es nicht die Gemeinschaft [*koinonia*] des Leibes Christi?
Ein Brot ist es, deshalb sind wir, die wir viele sind, *ein* Leib;
denn wir haben alle teil an dem einen Brot.» (1 Kor 10,16 f.)

Das Geheimnis der Eucharistie, die Einheit der Kirche und die Teilnahme am kirchlichen Leben aller, die im Namen Jesu Christi zusammenkommen, gehören zusammen. Der griechische Begriff *koinonia*, der das lateinische *communio* bestimmt, beschreibt eine besondere Form der Gemeinschaft: keine Selbstorganisation zur Verfolgung bestimmter Ziele, sondern eine Verbindung, die von einem anderen gestiftet wird, der Menschen zusammenführt, in diesem Fall von Gott. Die kirchliche Gemeinschaft ist die Teilhabe an Christus selbst, der sein Leben für die Rettung aller hingibt, die ohne ihn verloren wären (Gal 1,4).

---

19 Im Konsultationsprozess zwischen der Gemeinschaft Evangelischer Kirchen in Europa (GEKE) und dem Päpstlichen Rat (heute: Dikasterium) für die Förderung der christlichen Einheit ist herausgearbeitet worden, dass ein spannungsvolles, aber kein kontradiktorisches Verhältnis besteht: Gemeinsamer Bericht GEKE – PCPCU über Kirche und Kirchengemeinschaft, Endfassung 2018.
20 Vgl. Kurt Sontheimer, Antidemokratisches Denken in der Weimarer Republik, München 1962, 315.
21 Vgl. Julien Ogerau, A Survey of Κοινωνία and its Cognates in Documentary Sources, in: Novum Testamentum 57.3 (2015) 275–294.

Die kirchliche Gemeinschaft ist eine Gnade, die nicht nur das persönliche, sondern auch das gesellschaftliche Leben grundlegend verändert. Durch die Taufe gibt es keine diskriminierenden Unterschiede mehr zwischen Juden und Griechen, Sklaven und Freien, Männern und Frauen (Gal 3,26–28). In der heutigen Welt ist diese Gemeinschaft durch Gott im Glauben eine neue Verheissung: dass die Zukunft der Geschichte nicht durch Krieg und Gewalt, nicht durch Nationalismus und Rassismus, nicht durch Ausbeutung und Unterdrückung bestimmt wird, sondern durch den «Frieden Gottes, der alles Verstehen übersteigt» (Phil 4,7).

Nach dem Zweiten Vatikanischen Konzil ist auf katholischer Seite klargestellt worden, dass die Communio eine kirchliche Wirklichkeit ist, die drei wesentliche Dimensionen hat: die Gemeinschaft der Gläubigen, die Gemeinschaft der Hierarchie und die Gemeinschaft der Kirchen. In der katholischen Theologie sind alle diese drei Dimensionen untrennbar miteinander verbunden: Die Gemeinschaft der Gläubigen (*communio fidelium*) braucht die *communio hierarchica*, weil alle Gläubigen der Verkündigung des Evangeliums in der *successio apostolica* bedürfen (Röm 10,13–15); die Bischöfe und Hirten sind aufgerufen, auf den *sensus fidei fidelium* zu hören und die Gemeinschaft des Gottesvolkes zu stärken (vgl. 2 Kor 1,24); die Gemeinschaft zwischen dem gläubigen Volk und seinen Hirten und Lehrern vertieft die Einheit der Kirche in der Vielfalt der kirchlichen Gemeinschaften (*communio ecclesiarum*) mit unterschiedlichen Sprachen, Kulturen, Riten und Traditionen (Eph 4,4–16).

In der Theorie ist die Ekklesiologie der Communio klar. Allerdings hat das Lehramt nach dem Zweiten Vatikanischen Konzil einseitig die Kompetenz des bischöflichen Amtes betont und nicht gleichermassen die des Gottesvolkes. Dadurch hat auch die Ökumene Schaden genommen.

3.2 Der Leitbegriff Synodalität

Synodalität ist zwar kein biblischer Begriff für die Kirche, aber eine ursprüngliche Praxis des Glaubens. Sie ist die Form der Nachfolge, vorösterlich wie österlich und nachösterlich. «Weg» ist in der Apostelgeschichte eine der ältesten Selbst- und Fremdbeschreibungen des Christentums (Apg 9,2; 16,17; 18,25; 19,23; 24,14.22). Vor dem korrupten Statthalter Felix angeklagt, plädiert Paulus als Anwalt in eigener Sache:

> «Ich gestehe dir dies: dass ich nach dem Weg, den sie eine Sekte nennen, den väterlichen Gott verehre, weil ich allem glaube, was gemäß dem Gesetz und in den Propheten geschrieben steht. Ich setze meine Hoffnung auf Gott, auf den auch sie warten, dass die Auferstehung der Toten kommen

werde, der Gerechten wie der Ungerechten; und ich übe mich darin, vor Gott und den Menschen in jeder Hinsicht ein reines Gewissen zu haben.» (Apg 24,14–16)

Nach dem Johannesevangelium (Joh 1,38 f.) lädt Jesus seine Jünger, die ihn, von Johannes dem Täufer angeleitet, fragen, wo sein Zuhause sei, in die Nachfolge ein: «Kommt und seht.» Philippus gibt diese Einladung an Nathanaël weiter (Joh 1,46); Jesus selbst wird am geschlossenen Grab des Lazarus gebeten: «Komm und sieh» (Joh 11,34).

Das gemeinsame Kommen und Gehen in der Erinnerung an den irdischen Jesus und im Angesicht des auferstandenen Herrn ist die Verheissung für alle Menschen, die an das Evangelium glauben. Wer sich auf den Weg macht, verändert den eigenen Standpunkt und macht neue Entdeckungen – bis an die Grenze des Todes und über sie hinaus, schon mitten im Leben. Auf dem Weg sind weder nur der Ausgangspunkt noch nur das Ziel wesentlich, sondern die Verbindung zwischen beiden, an jeder einzelnen Etappe und Station. Der christologische Grund wird nach Johannes von Jesus in der Abschiedsrede (Joh 14,6) formuliert:

«Ich bin der Weg und die Wahrheit und das Leben.
Niemand kommt zum Vater ausser durch mich.»

Wenn die Exklusivität des Nachsatzes von der Positivität des Vorsatzes her gedeutet wird, ergibt sich, dass der Weg, den Jesus bahnt, nicht mit dem identifiziert werden kann, den der Glaube in die und in der Kirche führt, dass aber dieser gemeinsame Weg der Nachfolge den universalen Heilswillen Gottes erkennen lässt.

Heute ist Synodalität als ekklesialer Leitbegriff eine starke Inspiration für die Kirche, die sich auf dem Weg der Umkehr und Erneuerung orientieren will. Drei Dimensionen der Synodalität sind wesentlich: Gemeinschaft, Mission und Partizipation. Die Gemeinschaft ist die Quelle der Mission; die Partizipation ist der Weg, auf dem die Gemeinschaft der ganzen Kirche Wege findet, im Glauben zu wachsen, Zeugnis für den lebendigen Gott zu geben und den Armen zu dienen. Synodalität ist die Art und Weise, in der die kirchliche Gemeinschaft die Dynamik des Glaubens konkretisiert, von der sie erfüllt ist. Synodalität ist die Form, in der Laien, Ordensleute und Hirten zusammenkommen, um das Wort Gottes zu hören, die Sakramente zu feiern, die Wahrheit des Evangeliums zu lehren, die befreit (Joh 8,32), und für Gerechtigkeit, Freiheit und Frieden einzutreten. Die Synodalität ist nach römisch-katholischem Verständnis der Weg, auf dem sich das Volk der ganzen Kirche des Zeugnisses der

Heiligen Schrift, der Lebendigkeit der Tradition und der Zeichen der Zeit bewusst wird, indem es auf das Lehramt hört und durch eine gute Katechese geformt wird. Gleichzeitig ist die Synodalität der Raum, in dem die Bischöfe und Hirten die Charismen jedes Gliedes des Leibes Christi stärken, ihr eigenes Verständnis des Evangeliums in der geistlichen Umkehr mit allen Gläubigen und mit allen Menschen guten Willens vertiefen und ihre Bereitschaft zur Umkehr und zur Erneuerung der Kirche bezeugen. Sie hören auf das, «was der Geist den Gemeinden sagt» (Offb 2–3).

3.3 Das Verhältnis von Communio und Synodalität

Die kirchliche Communio braucht Synodalität, kirchliche Synodalität braucht die Communio. Communio stärkt den Zusammenhalt, Synodalität den Aufbruch. Dass der Communio ein dynamisches Moment der Umkehr und Erneuerung innewohnt, ohne die sie weder entstanden wäre noch lebendig bliebe, wird durch Synodalität qualifiziert. Dass die Synodalität die Kirche auf ihrem Weg durch die Zeit nicht auseinandertreibt, sondern zusammenhält, wird dadurch gesichert, dass sie sich auf die Communio des Glaubens besinnt. Communio, die Lebensgemeinschaft im Glauben, qualifiziert das Miteinander derer, die zur Kirche gehören und deshalb vorankommen wollen auf dem Weg des Lebens; Synodalität, die Weggemeinschaft im Glauben, betont die Nachfolge derer, die zu Jesu Christus gehören und deshalb ihre Gemeinschaft intensivieren wollen.

Durch Begriffsbestimmung allein kann sich die katholische Kirche nicht schon als synodale Kirche erneuern; aber die strukturelle und die historische Herausforderung wird besser bestanden, wenn die theologische Herausforderung entschieden angegangen wird.

Auf der einen Seite gilt: Communio vertieft die Synodalität – durch Wachstum im Glauben, durch die Unterscheidung verschiedener Dienste in der Einheit des Leibes Christi (1 Kor 12,12–27; Röm 12,4 f.), durch die Konzentration auf die Eucharistie als «Quelle und Gipfel» des kirchlichen Lebens.[22] Wenn der Begriff der Synodalität von einer biblisch verwurzelten Communio-Ekklesiologie her reflektiert wird, klärt sich, wie «in Christus» alle, die auf dem Weg der Nachfolge ihren Glauben in der Kirche leben, mit unterschiedlichen Gaben und Aufgaben jeweils einander anzuerkennen und zu befördern verstehen.

---

22 So das Thema der Bischofssynode 2005, zusammengefasst von Benedikt XVI. im nachsynodalen Schreiben *Sacramentum Caritatis* (Verlautbarungen des Apostolischen Stuhles 177), Bonn 2007.

Auf der anderen Seite gilt: Synodalität öffnet die Communio, die Gemeinschaft der Kirche – durch Umkehr und Erneuerung; durch die Beteiligung aller Mitglieder, die ihre Erfahrungen, Gebete, Gedanken, Ängste, Hoffnungen, Berufungen und Kompetenzen mit anderen teilen; Synodalität öffnet die missionarische Grunddimension der Kirche. Wenn die Dimension der Communio von einer biblisch verwurzelten Synodal-Ekklesiologie her reflektiert wird, klärt sich, wie die Gemeinschaft von allen mit ihren je spezifischen Charismen getragen wird, die zu Kompetenzen werden (1 Kor 12,4–11.28–31; Röm 12,3.6–8), und wie sie nicht um sich selbst kreist, sondern sich mit den Armen zu Armen aufmacht, deren Armut zu bereichern und deren Armut als ihren Reichtum zu entdecken (2 Kor 8,9).

Ohne dass Synodalität als ein Strukturelement der römisch-katholischen Kirche gestärkt wird, lassen sich weder die systemischen Ursachen des Machtmissbrauchs bekämpfen noch lässt sich der Klerikalismus überwinden, der nach den Befragungen im Vorfeld der Weltsynode über Synodalität zu den massivsten Problemen der katholischen Kirche gehört, verbunden mit der Missachtung von Frauenrechten. Die Konsequenz lautet: Transparenz und Kontrolle müssen im katholischen Kirchenrecht festgeschrieben werden, ebenso die Rechenschaftspflichten der Führungspersonen und die Beteiligungsrechte von «Laien», die vielfach die eigentlichen Experten sind, auch in den kirchlichen Belangen.

4 Die ökumenische Herausforderung

Die katholische Kirche hat eine Bringschuld bislang nicht abgetragen, weil sie zwar nach ihren eigenen Lehrdokumenten im Blick auf die reformatorischen Bewegungen von «Kirchen und kirchlichen Gemeinschaften» spricht (*Unitatis redintegratio* 19), aber bislang weder erklärt hat, wie das eine vom anderen zu unterscheiden, noch, wie das Attribut «kirchlich» (vgl. *Lumen Gentium* 15) bei den Gemeinschaften zu verstehen sei, die nicht Kirchen nach katholischem Verständnis sind oder sein wollen. Das Kernproblem besteht darin, dass die verschiedenen Dimensionen der *communio* in der katholischen Ekklesiologie nicht deutlich genug unterschieden sind, so dass sie eher monolithisch als kommunikativ gedacht werden. Durch den Begriff der Synodalität wird aber die *communio fidelium* gestärkt; denn die entscheidende Rolle des Gottesvolkes im Leben und in der Sendung der Kirche wird hervorgehoben. Die *communio hierarchica* bleibt wesentlich, dominiert aber nicht die *communio fidelium*, sondern ist die Gemeinschaft derer, die dazu berufen sind, die katholischen Gläubigen so zu leiten und so gehen zu lassen, dass sie auf den Weg der Nachfolge finden. Dadurch wird die *communio ecclesiarum* mit neuer Energie versorgt. Zwar bleibt ein signifikanter Unterschied zu protestantischen Synoden, die sich nicht nur legislative und exekutive Gewalt, sondern auch Lehrkompetenz zusprechen; denn zu katholischen Synoden gehören starke Bischöfe, und zwar solche, die sich nicht gegen die Gläubigen durchsetzen oder von ihnen absetzen, sondern für sie einsetzen sollen. Aber katholische Synodalität lässt sich nicht als episkopale Kollegialität engführen; deshalb ist zwar nach katholischer Auffassung die Anerkennung des Bischofsamtes in apostolischer Nachfolge eine Voraussetzung für die *communio plena*, aber die Möglichkeit, die Gradualität der *communio ecclesiarum* positiv zu bestimmen, bei Weitem noch nicht ausgereizt. Erstens öffnet sich der theologische Blick für die grundlegende ekklesiologische Bedeutung der gelebten ökumenischen Beziehungen vor Ort, die heute sehr oft von guter Nachbarschaft, enger Freundschaft und herzlicher Geschwisterlichkeit geprägt sind – und wenn dies nicht der Fall ist, aber doch so entwickelt werden sollten. Zweitens lässt sich schwer verkennen, dass diejenigen, die in den evangelischen Kirchen das Geistliche Amt innehaben, erheblich zum Wachstum im Glauben beitragen, mögen auch die Fragen der rechtlichen, dogmatischen und pastoralen Autorität nicht restlos geklärt sein. Vor allem wird drittens deutlich, dass sich die katholische Kirche wie alle anderen Glaubensgemeinschaften konstitutionell auf einen Weg der Umkehr und Erneuerung machen muss. Ihre Strukturen bleiben nicht unverändert. Wenn Synodalität die innerkatholische Communio dynamisiert, dann auch die ökumenische.

Reflexionen zur Synodalität in den Ostkirchen im Kontext des synodalen Prozesses[1]
Dietmar W. Winkler

Der von Papst Franziskus initiierte synodale Prozess lenkt auch den Blick auf die Kirchen, die nicht mit der katholischen Kirche in Gemeinschaft sind. Von Beginn an trachteten das für die Bischofssynode zuständige römische Dikasterium und dessen Generalsekretär Kardinal Mario Grech danach, den Prozess ökumenisch inklusiv zu gestalten. Mit einem Schreiben, das er gemeinsam mit dem Präsidenten des Dikasteriums zur Förderung der Einheit der Christen, Kardinal Kurt Koch, verfasste, wurden die Bischofskonferenzen weltweit dazu aufgerufen, vor Ort und regional die jeweiligen Kirchen der Ökumene über den synodalen Prozess zu informieren und sie in die diözesanen und nationalen vorsynodalen Beratungen einzubinden.[2]

In den ökumenischen Dialogen ist das Thema Synodalität *con variazioni* seit Jahrzehnten auf der Agenda. Insbesondere durch die offiziellen und inoffiziellen theologischen Dialoge mit den orthodoxen und orientalisch-orthodoxen Kirchen zieht sich die Frage nach dem rechten Verhältnis zwischen Synodalität und Primat wie ein roter Faden. Das Dikasterium zur Förderung der Einheit der Christen hat daher ein Studiendokument mit dem Titel «Der Bischof von Rom, Primat und Synodalität» erarbeitet und bei seiner Vollversammlung im Mai 2022 verabschiedet.[3] Dieses wurde ebenso mit orthodoxen, evangelischen und anglikanischen Expert:innen reflektiert. Umfassend legt der 2024 veröffentlichte Text bereits in den Dialogen erzielte Ergebnisse vor und zeigt, wieviel

---

1 Leicht bearbeitete Fassung eines Aufsatzes mit gleichem Titel in Heft 4 der Theologisch-praktischen Quartalschrift: 170 (2022) 364–373.
2 Vgl. Mario Cardinal Grech/Kurt Cardinal Koch, To the Bishops responsible for ecumenism in the Episcopal conferences and Synods (E Civitate Vaticana, 28 October 2021), URL: https://www.synod.va/content/dam/synod/news/2021-10-29_ecumenism/EN-Ecumenism.pdf (13.7.2022).
3 Dicastery for Promoting Christian Unity, The Bishop of Rome. Primacy and Synodality in the Ecumenical Dialogues and in the Responses to the Encyclical *Ut Unum Sint*. A Study Document (Collana Ut Unum Sint 7), Città del Vaticano 2024, URL: http://www.christianunity.va/content/dam/unitacristiani/Collezione_Ut_unum_sint/The_Bishop_of_Rome/The%20Bishop%20of%20Rome.pdf.

Material schon auswertbar wäre. Allerdings wird man einschränkend hinzufügen müssen, dass der Fokus auf einer universalen Ebene liegt und Synodalität insbesondere mit Bezug auf das Amt des Bischofs von Rom bedacht wird.

Im Folgenden geht es darum, einige Aspekte aufzuzeigen, die nicht die globale Ebene betreffen und die seit dem 19. Jahrhundert synodal gehörig aus der Übung gekommene katholische Kirche aus den Beziehungen mit den Ostkirchen mitnehmen könnte.

1 Synodalität als gemeinsames Wesensmerkmal der Kirche des Ostens und des Westens

Das am 7. September 2021 veröffentlichte Vorbereitungsdokument zur Bischofssynode («Für eine synodale Kirche: Gemeinschaft, Teilhabe und Sendung»[4]) stellt mit Verweis auf den Text der Internationalen Theologischen Kommission «Die Synodalität im Leben und in der Sendung der Kirche» vom 2. März 2018 fest, dass Synodalität weit mehr sei

> «als die Feier kirchlicher Treffen und die Versammlungen von Bischöfen oder eine Frage der einfachen internen Verwaltung der Kirche; sie ist ‹der spezifische *modus vivendi et operandi* der Kirche als Gottesvolk, das seine Existenz als Gemeinschaft und Weggemeinschaft manifestiert und konkretisiert, indem es in der Versammlung zusammenkommt und indem alle seine Mitglieder aktiv an seinem Auftrag der Evangelisierung teilnehmen›. Hier verbinden sich daher jene Elemente, die das Thema der Synode als tragende Achsen einer synodalen Kirche vorschlägt: Gemeinschaft, Teilhabe und Sendung.»[5]

Synodalität gehört zum Wesen der Kirche und zur Grundstruktur der gemeinsam unterwegs seienden *ekklesia*. In den ökumenischen Dialogen mit den Ostkirchen wird hier gerne bereits auf Mt 18,20 verwiesen («Wo zwei oder drei in meinem Namen versammelt sind, da bin ich mitten unter ihnen») und sodann auf das sogenannte Apostelkonzil (Apg 15), wo sich auch die Formulierung «der Heilige Geist und wir haben beschlossen» findet. Mit diesem neutestamentlichen Zugang ist zugleich die christologische und pneumatologische Dimension von Synodalität als kirchliche Realität ausgedrückt.

---

4 Vgl. Für eine synodale Kirche: Gemeinschaft Teilhabe und Sendung. Vorbereitungsdokument der XVI. ordentlichen Generalversammlung der Bischofssynode, 7. September 2019, URL: https://press.vatican.va/content/salastampa/it/bollettino/pubblico/2021/09/07/0540/01156.html#tedescook (13.7.2022); im Folgenden: SynVD.
5 SynVD 10.

Wesentlicher Referenzpunkt im ökumenischen Austausch mit den Ostkirchen ist die gemeinsame Zeit vor den jeweiligen Trennungen. Im Dialog mit den orientalisch-orthodoxen Kirchen (Kopten, Armenier, Syrer, Äthiopier, Inder) ist dies die Zeit bis zum Schisma im frühen 6. Jahrhundert als Folge der Auseinandersetzungen um das Konzil von Chalzedon (451).[6] Demgemäss wurde in der zweiten Phase des theologischen Dialogs mit diesen Kirchen besonderes Augenmerk auf die ersten fünf Jahrhunderte gelegt.[7] Im Dialog mit der Orthodoxen Kirche ist und bleibt wiederum das ganze erste Jahrtausend Referenzpunkt gemeinsamer Geschichte, auch wenn diese keineswegs ohne Brüche verlaufen ist.[8] Die Auseinanderentwicklung verläuft hier erst im zweiten Jahrtausend.[9]

Das Vorbereitungsdokument für den synodalen Prozess verweist daher sinnvollerweise auf die synodale Praxis des ersten Jahrtausends, denn hier war dieses gemeinsame Gehen (*syn-hodos*)

> «die gewöhnliche Art und Weise des Vorgehens einer Kirche, die verstanden wurde als ‹Volk, das von der Einheit des Vaters, des Sohnes und des Heiligen Geistes versammelt wurde› [Cyprian, *De Orat. dom.*, 23]. [...] In diesem kirchlichen Horizont, der vom Prinzip der Teilnahme aller am kirchlichen Leben inspiriert ist, konnte der hl. Johannes Chrysostomos sagen: ‹Kirche und Synode sind Synonyme› [Johannes Chrys., *Explicatio in Ps.* 149].»[10]

---

6 Nach dem Konzil von Chalzedon war lange nicht klar, ob es sich durchsetzen würde. Zeitweise waren im Osten des Römischen Reichs alle Patriarchensitze antichalzedonisch besetzt. Erst durch das imperiale Einschreiten Kaiser Justinians kam es 537 zur Verdoppelung der Hierarchie und dadurch zum endgültigen Schisma. Vgl. u. a. Dietmar W. Winkler, Koptische Kirche und Reichskirche. Altes Schisma und neuer Dialog (IThS 48), Innsbruck 1997.
7 Vgl. das gemeinsame Dokument der «International Joint Commission for Theological Dialogue between the Catholic Church and the Oriental Orthodox Churches» zum Abschluss der zweiten Dialogphase: The Exercise of Communion in the Life of the Early Church and its Implications for our Search for Communion Today, URL: http://www.christianunity.va/content/unitacristiani/en/dialoghi/sezione-orientale/chiese-ortodosse-orientali/commissione-mista-internazionale-per-il-dialogo-teologico-tra-la/documenti-di-dialogo/the-exercise-of-communion-in-the-life-of-the-early-church-and-its-implications-for-our-search-for-communion-today.html (14.10.2024).
8 Vgl. Dietmar W. Winkler, Church Unity – The Myth of the First Millennium. Remarks on Pluralism and Church Divisions in Late Antiquity, in: Ökumenisches Forum 39 (2017) 7–18.
9 Das Jahr 1054 ist lediglich ein symbolisches Datum, bei dem es aber kein Schisma im eigentlichen Sinn gegeben hat; vgl. Grigorios Larentzakis, Kein Schisma, trotzdem getrennt, in: Die Tagespost vom 27. Juni 2021.
10 SynVD 11.

Mit Cyprian von Karthago († 258) und Johannes Chrysostomos († 407) werden zwei Kirchenväter herangezogen, die repräsentativ für West- und Ostkirche sind und auf ein gemeinsames Erbe verweisen. Der Nordafrikaner Cyprian zeigt ferner auf, dass Entscheidungen gemeinsam erfolgten. Von ihm ist das markante Wort überliefert: «Nichts ohne den Bischof, nichts ohne den Rat des Presbyteriums und nichts ohne den Konsens des Volks» (Cyprian, ep. 14,4). Synodalität und Hierarchie widersprechen sich demnach nicht, sondern ergänzen und fördern einander. Beim Griechen Johannes Chrysostomos kann ebenso auf weitere für die Orthodoxe Kirche wichtige Referenztexte verwiesen werden, in denen er die wechselseitige Bedingtheit und Gleichwertigkeit aller Glieder des einen Leibes der Kirche hervorhebt. Jeder brauche den anderen, die Laien die Kleriker, aber auch die Kleriker könnten ohne die Laien nicht existieren: «Niemand vermag alleine aus sich etwas zu tun, wenn er weihen müsste, wenn er entscheiden müsste; redlicher werden alle durch die Synode und durch die Vielen.»[11]

Die synodale Praxis des ersten Jahrtausends hat sich in den verschiedenen Ostkirchen in unterschiedlicher Weise erhalten und weiter entfaltet. Damit kann die Orthodoxie für die katholische Kirche nicht nur ein Ort der Erinnerung sein, der in die Vergangenheit führt, sondern auch zeigen, wie diverse Elemente, etwa Laienpartizipation, weitergetragen und entwickelt wurden.

2 Die Praxis der Alten Kirche als Referenzpunkt und gemeinsame Basis

Zugleich mit der Ausbreitung des Christentums nach Ost und West entwickelte sich die Synode als Zusammenkunft zur Lösung gemeinsamer Probleme und Aufgaben. Wenn Probleme anstanden, die die Einheit der Kirche gefährdeten und eine gemeinsame Reaktion erforderten, kam man zur Problemlösung auf lokaler und regionaler Ebene zusammen.

Die ersten Synoden, die im Römischen Reich mit dem Ende des 2. Jahrhunderts und dem Beginn des 3. Jahrhunderts anzusetzen sind, waren durch grosse Unabhängigkeit und Freiheit in der Themenwahl gekennzeichnet und betrafen jeweils ein spezifisches geografisches Gebiet, z. B. Kleinasien, Ägypten, Syrien, Nordafrika, Gallien, Korinth. So schreibt der Klerus von Rom in einem Brief, der sich mit dem Problem der *lapsi* (lat. Abgefallene) beschäftigt, also jenen Christen, die während der decianischen Verfolgung (250/51) ihrem Glauben untreu geworden seien, an Cyprian von Karthago:

«Uns sagt bei der so gewaltigen Aufgabe die Auffassung zu, die du [Cyprian] selbst vertreten hast, dass nämlich zuerst der Friede in der Kirche bewahrt

---

11 Johannes Chrysostomus, hom. 37, 3.

werden muss und dann in gemeinschaftlicher [konziliarer] Beratung mit den Bischöfen, Presbytern, Diakonen, Bekennern [*confessores*] und Laien, die standhaft geblieben sind, der Fall der Behandlung der Gefallenen [*lapsi*] besprochen werden soll.»[12]

Zur Zeit Cyprians umfasste eine Synode sowohl Klerus als auch Laien. Dies änderte sich in der zweiten Hälfte des 3. Jahrhunderts, als Regionalsynoden als Versammlung einer römischen Provinz (*dioecese*) in der jeweiligen Hauptstadt (*metropolis*) abgehalten wurden. Nun erlangte der Bischof der Metropolis einen grösseren Einfluss- und Verantwortungsbereich, und die Bischöfe wurden zu allein handelnden Mitgliedern der Synoden. «War bisher ein geistiges Geben und Nehmen zwischen Laien, Klerikern und Bischöfen vorherrschend gewesen, so werden jetzt die Kleriker und Laien zur ‹hörenden› Kirche, zu bloßen Rezipienten der von Bischöfen aufgestellten und bezeugten Lehre.»[13] Laien und Priester konnten durchaus als Experten und Ratgeber zugelassen werden (vgl. Origenes in Postra, Malchion in Antiochien, Athanasius in Nizäa), aber die Entscheidung lag bei den Bischöfen allein.

Die Ergebnisse der Synoden des 2. und 3. Jahrhunderts hatten zunächst nur lokale Bedeutung, konnten allerdings auch von anderen Ortskirchen rezipiert werden. Dies geschah durch Austausch sogenannter Synodalbriefe, mit denen die Ergebnisse kommuniziert wurden. Eusebius von Cäsarea († 339/40) beschreibt diesen Briefaustausch und die Unabhängigkeit lokaler Synoden des Ostens und des Westens im Zusammenhang des Osterfeststreits:

«Noch jetzt sind vorhanden ein Schreiben der damals in Palästina zusammengetretenen Bischöfe, von welchen Bischof Theophilus von Cäsarea und Bischof Narcissus von Jerusalem den Vorsitz führten, ein Schreiben der in Rom versammelten Bischöfe, welches die gleiche Streitfrage behandelt und den Namen des Bischofs Viktor [von Rom] trägt, ein Schreiben der Bischöfe des Pontus, deren Vorsitzender Palmas als der Älteste war, ein Schreiben der Gemeinden in Gallien, deren Bischof Irenäus war, ferner ein Schreiben der Bischöfe in Osroëne und in den dortigen Städten, ein Privatschreiben des Bischofs Bacchyllus von Korinth und noch Schreiben von sehr vielen anderen Bischöfen. Sie bekunden eine und dieselbe Meinung und Ansicht und geben das gleiche Urteil ab. Ihr einstimmiger Beschluss ist erwähnt.»[14]

---

12 Cyprian, ep. 30,5.
13 Johannes B. Bauer, Die Rezeption der Konzilien. Das Wort und der Begriff, in: Alfred Stirnemann / Gerhard Wilflinger (Hg.), Konzilien und Kircheneinheit (Pro Oriente 20), Innsbruck/Wien 1988, 144–152, 149.
14 Eusebius, Historia Ecclesiastica V, 23.

Hinter diesem Rezeptionsprozess stand das Bewusstsein, dass eine Ortskirche und ihre Synode immer auch die ganze Kirche repräsentiert, aber nicht die ganze Kirche ist. Und umgekehrt wurde auch erst durch die Rezeption der Synodenergebnisse die Ortskirche als wahre Kirche erkannt. Synodalbriefe waren demnach ein wichtiges Instrument der Gemeinschaft und Kircheneinheit. Damit wird auch der innere Zusammenhang von *traditio*, *receptio* und *communio* deutlich.

Mit Kaiser Konstantin änderte sich die Struktur und Dynamik der Kirche. Während die Synoden des 2. und 3. Jahrhunderts von den Bischöfen initiiert wurden, berief nun der Kaiser Reichssynoden ein, da er sich als irdischer Sachwalter der Kirche verstand. Eusebius von Cäsarea beschreibt in seiner «Vita Constantini», wie Konstantin das Konzil von Nizäa (325) einberief, Ort und Zeit festlegte, die Anreisekosten durch die kaiserliche Post für die Bischöfe deckte, persönlich intervenierte und die Dekrete des Konzils promulgierte.[15] Auch die späteren Reichssynoden wurden vom Kaiser einberufen, von seinen Kommissären geleitet, die Dekrete wurden durch die kaiserliche Verkündigung zum Gesetz und jene, die die Unterschrift verweigerten, mit Strafen belegt. Allerdings zeigt sich auch hier, dass die Inhalte eines Konzils bzw. einer Synode nicht allein durch die kaiserliche Promulgation wirksam wurden, sondern vor allem durch den Rezeptionsprozess innerhalb der Kirche.

Es gibt etliche Stimmen von Kirchenvätern, die ob der kaiserlichen Initiative heftiges Unwohlsein ausdrückten. So schreibt etwa Athanasius von Alexandrien im Jahr 338 in seiner «Apologia contra Arianos» über die (Pseudo-) Synode der Eusebianer in Tyrus:

> «[...] was für eine Zuversicht gewährt die von ihnen sogenannte Synode oder richterliche Entscheidung? [...] Und wie können sie sich erdreisten, von einer Synode zu reden, bei der ein [kaiserlicher] *comes* präsidierte, ein [kaiserlicher] *speculator* anwesend war und ein [kaiserlicher] *commentarius* statt der Diakonen der Kirche uns einführte? Jener sprach, und die Anwesenden schwiegen oder gehorchten vielmehr dem *comes*. Und die Bischöfe wurden durch sein Eingreifen gehindert, der Meinung ihres Herzens zu folgen. [...] Überhaupt aber, Geliebte, was ist das für eine Synode, wo der Ausgang Verbannung und Hinrichtung war, wenn es dem Kaiser gefiel?»[16]

---

15 Vgl. Eusebius, Vita Constantini III.
16 Vgl. Athanasius, Apologia contra Arianos I.8. Weitere Quellen vgl. Hermann Josef Sieben, Die Konzilsidee der Alten Kirche, Paderborn 1979.

Ganz offensichtlich macht also die kaiserliche Einberufung, Leitung und Promulgation einer Reichssynode diese noch nicht ökumenisch gültig, also zu einem «Ökumenischen Konzil». Dies geschieht erst durch den vielschichtig verlaufenden Rezeptionsprozess, der ganz wesentlich Teil von Synodalität ist. Praktisch jedes Konzil produzierte Auseinandersetzungen, wenn nicht Schismen, auch wenn das Konzil selbst eine «einmütige» Entscheidung getroffen haben mag. Umso bemerkenswerter ist es, dass Synoden, die von einem römischen Kaiser einberufen und dessen Beschlüsse *per decretum* zunächst nur für das Römische Reich Gültigkeit haben können, auch ausserhalb der Grenzen des Imperiums rezipiert wurden.[17]

Für die Orthodoxe Kirche sind die sieben Ökumenischen Konzilien des ersten Jahrtausends grundlegend.[18] Sie stellen nicht nur den höchsten Grad der Verbindlichkeit dar, sondern formulierten zugleich die grundlegenden Glaubensaussagen zu Trinität und Christologie und bilden für sie die gemeinsame Basis mit der Westkirche.

Mit den Lokal- und Regionalsynoden bis hin zu den als Ökumenische Konzilien rezipierten Reichssynoden wird deutlich, dass Synodalität in der Kirche alle betrifft, dass sie Gültigkeit durch die Zeiten hat und dass sie durch die Geschichte hindurch auf verschiedenen Ebenen praktiziert wurde. Auch nach der Auseinanderentwicklung von Ost- und Westkirche behielten regionale Synoden im lateinischen Westen eine starke Tradition, allerdings – anders als in der Alten Kirche – bei einer wachsenden Bedeutung der kirchlichen Hierarchie.

Auch die Primatsentwicklung verlief unterschiedlich in Ost und West. Die fünf alten Patriarchate Rom, Konstantinopel, Alexandrien, Antiochien und Jerusalem zeigen zwar eine gewisse interne Hierarchie mit Rom als *primus inter pares*, waren jedoch jurisdiktionell unabhängig. Über die Konzile von Nizäa (325), Konstantinopel (381) und Chalzedon (451) bildete sich diese sogenannte Pentarchie («Fünfherrschaft») heraus. Im 6. Jahrhundert, zur Zeit Kaiser Justinians, konkretisierte sich diese polyzentrische überregionale Kirchenstruktur in der theologischen Literatur und Kanonistik und galt noch im 9. Jahrhundert selbst in Rom als passendes Konzept der Kircheneinheit. Ein solches ist die Pentarchie für die Orthodoxie als Kirchenmodell der Einheit in der Vielfalt bis heute. Man wird aber schon hier hinzufügen müssen, dass dieses Modell für altorientalische Kirchen, die sich ausserhalb des Römischen Rei-

---

17 Vgl. Dietmar W. Winkler, Zur Rezeption «Ökumenischer Konzilien» am Beispiel der persischen und armenischen Kirche, in: Christian Hornung / Andreas Merkt / Andreas Weckwerth (Hg.), Bischöfe zwischen Autarkie und Kollegialität. Variationen eines Spannungsverhältnisses (QD 301), Freiburg i. Br. 2019, 129–157.
18 Nizäa I (325), Konstantinopel I (381), Ephesus (431), Chalkedon (451), Konstantinopel II (553), Konstantinopel III (680/81), Nizäa II (787).

ches entfalteten wie etwa in Armenien, Persien, Indien und Äthiopien, kein Referenzpunkt sein kann.

Durch die Auseinanderentwicklung ab dem 11. Jahrhundert verblieb im Westen mit Rom nur ein Patriarchat, das sich in einem spezifischen historischen Kontext seit der Völkerwanderung in den neuen politischen Gegebenheiten behaupten musste, bis hin zum Investiturstreit. Im Osten verblieben vier Patriarchate und damit per se eine Polyzentrik und die Idee der Synodalität. Dennoch sind für das Mittelalter im Westen viele historische Beispiele für regionale und nationale Synoden in den Regionen der Goten und Franken, in Gallien, Spanien, England und anderen Ländern nachweisbar. Augustinus († 430) unterschied bereits zwischen Plenar- und Regionalkonzilien. Johannes von Ragusa OP († 1143) erwähnte fünf verschiedene Arten von Partikularsynoden (Diözesan-, Metropolitan-, Provinz-, National- und Patriarchalsynoden), die im 14. und 15. Jahrhundert von Bedeutung waren.[19] Aber es war vor allem das 19. Jahrhundert, also kirchenhistorisch gesehen gleichsam vor Kurzem, das den Bischof als alleinigen Entscheidungsträger hervorhob bis hin zum Anspruch eines universalen Jurisdiktionsprimats des Papstes beim Ersten Vatikanischen Konzil (1869/70). Weniger als hundert Jahre später unternahm das Zweite Vatikanische Konzil (1962–1965) schon wieder eine Kurskorrektur Richtung *communio* und Kollegialität, indem es unterstreicht, dass die Gesamtheit der Gläubigen, Kraft der Salbung des Hl. Geistes, die alle in der Taufe empfangen haben, im Glauben nicht irren kann (vgl. *Lumen Gentium* 12). Und dennoch tut sich die römisch-katholische Kirche heute so schwer mit synodalen Strukturen. Das historische Gedächtnis ist kurz. Ein Blick zu den Ostkirchen mag dienlich sein.

3 Aspekte der Orthodoxen Praxis

Es ist wichtig, diese gemeinsamen Grundlagen festzuhalten, denn Orthodoxe und katholische Kirche sind nicht zwei Entitäten, die sich in Ost und West völlig isoliert voneinander entwickelt haben, sondern können auf eine vielfältige gemeinsame Geschichte verweisen, die auch über das erste Jahrtausend hinausgeht. Allerdings tragen der westliche historische Kontext und das Faktum, dass hier nur ein Patriarchat verblieb, auch dazu bei, dass das synodale Bewusstsein im Westen nicht so wach blieb wie im Osten.

Die Orthodoxe Kirche versteht sich grundlegend als synodale Kirche. Dabei zeigt sich dieses synodale Selbstverständnis «nicht in einer ausgefeilten Theo-

---

19 Vgl. Dietmar W. Winkler, Conciliarity and Primacy. Some Aspects on the Basis of the Development since the Second Vatican Council, in: inter – Romanian review for theological and religious studies 2 (2008) 136–149.

logie der Synodalität, sondern kommt in erster Linie in der synodalen Praxis der Orthodoxen Kirche zum Ausdruck.»[20] Wie in der Alten Kirche, so steht jede Entscheidung eines Bischofs immer auch unter dem Vorbehalt der Rezeption durch das Volk Gottes. Die orthodoxe Theologie des Bischofsamtes betont daher die Verbindung des Bischofs mit seiner Ortskirche.

> «Die Bischöfe, die Erzbischöfe und die Patriarchen werden in der Orthodoxen Kirche von den Synoden der Autokephalen Kirchen oder von eigens zusammengesetzten Wahlorganen mit Mehrheitsbeschlüssen auf synodaldemokratische Weise gewählt. [...] Dabei muss der Wille der Ortskirche und der Gläubigen berücksichtigt werden, denn der Bischof hängt sehr eng zusammen mit seiner Ortskirche. Sonst besteht die Gefahr, dass der Neugewählte und -Geweihte von den Gläubigen nicht angenommen wird. Wenn dieser Fall eintritt, kann dieser Bischof nicht in der Diözese bleiben, sondern er muss auch nach kirchenrechtlichen Bestimmungen gehen.»[21]

Auch wenn bei den verschiedenen autokephalen orthodoxen Kirchen der Grad und die Art und Weise der Mitwirkung des Kirchenvolks unterschiedlich ist, so ist die Beteiligung des Kirchenvolkes bei der Wahl, Weihe und Inthronisation des Bischofs notwendig. Dass es auch in der Orthodoxie Spannungen zwischen Theorie und Praxis gibt, muss nicht eigens hervorgehoben werden, aber grundsätzlich sind Volk Gottes und Bischöfe durch das synodale Selbstverständnis der Orthodoxie in Beziehung gesetzt. So stehen bischöfliche Entscheidungen auch immer in Beziehung zur Rezeption durch das Kirchenvolk.

Auf regionaler Ebene haben die autokephalen Kirchen unterschiedliche Partizipationsmöglichkeiten in der synodalen Praxis entwickelt. Es gibt orthodoxe Kirchen, wie etwa die Patriarchate Konstantinopel, Alexandrien und Jerusalem oder die Orthodoxen Kirchen von Serbien, Griechenland und Georgien, wo die Entscheidungen massgebend über die Bischöfe ablaufen. Aber diese stehen immer unter dem Vorbehalt der Annahme durch das Kirchenvolk. Auch wenn Laien in manchen orthodoxen Kirchen auf den ersten Blick wenig partizipatorische Möglichkeiten gegeben sind, so zeigt doch die Beteiligung an der Bischofswahl, dass es wesentlich von ihnen abhängt, wer als Bischof Entschei-

---

20 Johannes Oeldemann, Synodalität und Ökumene: von der Orthodoxen Kirche lernen? Eine Fallstudie zum Konzept des «Receptive Ecumenism», in: Peter Knauer / Andrea Riedl / Dietmar W. Winkler (Hg.), Patrologie und Ökumene. Theresia Hainthaler zum 75. Geburtstag, Freiburg i. Br. 2022, 468–481, 473.
21 Grigorios Larentzakis, Die orthodoxe Kirche. Ihr Leben und ihr Glaube (orientalia – patristica – oecumenica 4), Berlin 2012, 64 f.

dungsträger und authentischer Zeuge des Glaubens in der apostolischen Nachfolge wird.

In anderen orthodoxen Kirchen zeigt sich wiederum eine ausgeprägte Laienpartizipation, wie etwa in der Rumänisch-Orthodoxen Kirche:[22] Der Nationalen Kirchenversammlung gehören jeweils für vier Jahre ein Kleriker und zwei Laien aus jeder Eparchie sowie alle Bischöfe an. Zu den Hauptaufgaben gehören die Finanzaufsicht und die Genehmigung des kirchlichen Haushalts, wie sie auch eine wesentliche Rolle bei der Wahl des Patriarchen spielen. Auch auf der Diözesanebene gibt es ein entsprechendes Gremium, womit Kleriker und Laien auf allen Ebenen in die synodalen Strukturen integriert sind und auch im Auswahlprozess neuer Bischöfe beteiligt sind. Auch in der Kirche von Zypern oder der Bulgarisch-Orthodoxen Kirche sind Laien in den verschiedensten Gremien präsent und bei der Bischofs- und Patriarchenwahl beteiligt. In Bulgarien erstellt etwa der Heilige Synod eine Liste von Kandidaten, aus der dann Wahlmänner – bestehend aus Klerikern und Laien – zwei Kandidaten auswählen, von denen der Heilige Synod wiederum einen zum neuen Diözesanbischof wählt.[23]

Während also innerhalb der jeweiligen autokephalen Kirchen unterschiedliche synodale Strukturen grundlegend sind, hat sich in der Orthodoxen Kirche im zweiten Jahrtausend kein allgemeingültiges Modell für eine universale Synodalität erhalten, das die Brücke zwischen Autokephalie und Synodalität schlägt. Die Ökumenischen Konzilien des ersten Jahrtausends können hier bezüglich des Ablaufs nicht als Vorbild herhalten, denn sie wurden vom Kaiser einberufen und ihre Dekrete von ihm verkündet. Die Bemühungen um die Vorbereitungen des ersten Panorthodoxen Konzils, das 2016 in Kreta abgehalten wurde, zeigen diese Schwierigkeiten.

4 Aspekte aus den orientalisch-orthodoxen Kirchen

Die orientalisch-orthodoxen Kirchen armenischer, koptischer, syrischer, äthiopischer und indischer Tradition verfügen über unterschiedliche interessante partizipatorische Erfahrungen und synodale Strukturen. Kirchliche Entscheidungen werden auf verschiedenen Ebenen unter Einbeziehung von Nichtkleri-

---

22 Vgl. Ioan Moga, Synodalität und Mission. Eine orthodoxe Bestandsaufnahme, in: Dietmar W. Winkler / Roland Cerny-Werner (Hg.), Synodalität als Möglichkeitsraum. Erfahrungen – Herausforderungen – Perspektiven (Salzburger Studien 71), Innsbruck/Wien 2023, 227–238.
23 Vgl. Lewis J. Patsavos, The Synodal Structure of the Orthodox Church, in: ders., Primacy and Conciliarity. Studies in the Primacy of the See of Constantinople and the Synodal Structure of the Orthodox Church, Brookline MA 1995, 31–57, 46 f.

kern (Männern wie Frauen) getroffen. Hier sei nur auf die koptisch-orthodoxe Kirche und die malankara-orthodoxe Kirche Indiens hingewiesen.

Der Wahl des koptischen Papstes geht ein interessantes Procedere der Kandidatenfindung voraus.[24] Zwar ist die «Heilige Synode» die höchste Autorität der ägyptischen Kirche, aber sie ist nicht die einzige Entscheidungsträgerin bei der Patriarchenwahl. Kandidaten wurden zunächst vom Heiligen Synod, dann auch von der Mönchs-Synode, den Diözesen und einem Laiengremium (dem sogenannten Millet-Rat) benannt. Koordiniert wurde die Wahl von einem Wahlausschuss, dem zwölf Bischöfe der Heiligen Synode angehörten sowie zwölf Vertreter des Millet-Rates, darunter zwei Frauen.

Der Wahlverlauf war bei der letzten Wahl 2012 erstaunlich transparent. Man konnte im Internet gut verfolgen, welche Kandidaten nach welchem Schritt durch die Gremien noch unter den Anwärtern auf das höchste Amt in der ägyptischen Kirche waren. Aus den Vorschlägen ergab sich eine Liste von 17 Kandidaten, elf davon waren Mönche, die übrigen Bischöfe. Alle koptischen Gläubigen hatten, da die Liste öffentlich war, während des ganzen Sommers die Möglichkeit, über die Kandidaten zu diskutieren und eventuelle begründete Einsprüche zu erheben. Im Oktober gab das Wahlkomitee das Resultat der Vorauswahl durch die entsprechenden Gremien bekannt. Danach blieben zwei Bischöfe und drei Mönche für die vorletzte Runde der Papstwahl, an der Vertreter von allen koptischen Organisationen und Diözesen aktiv teilnahmen. Erstmals in der Geschichte Ägyptens waren auch Wahlberechtigte aus der weltweiten koptischen Diaspora anwesend. Ende Oktober kamen 2412 Wahlberechtigte – mehr als die Hälfte davon Laien, darunter etwa fünf Prozent Frauen – in die Kairoer St.-Markus-Kathedrale und gaben nach der morgendlichen Liturgiefeier ihre Stimme ab. Das gesamte Volk Gottes ist nach koptischem Verständnis solcherart durch Delegierte vertreten und in die Papstwahl eingebunden. Desgleichen wurde dieser Wahlvorgang live vom koptischen Fernsehsender CTV in alle Welt übertragen, um grösstmögliche Transparenz zu garantieren. Durch die Wahl wurde die Liste auf drei Kandidaten eingeschränkt. Danach wurde im Vorfeld der endgültigen Wahl zu dreitägigem Fasten und Beten aufgerufen. Am Sonntag, dem 4. November 2012, entschied schliesslich nach koptischer Tradition ein Gottesurteil, wer der 118. Patriarch von Alexandrien und Nachfolger des hl. Markus wurde. Im Anschluss an die feierliche Liturgie in der St. Markus-Kathedrale zog ein neunjähriger Junge mit

---

24 Dietmar W. Winkler, Neuer Papst mit neuen Perspektiven? Tawadros II. und der Beitrag der Koptisch-Orthodoxen Kirche zur Ökumene, in: Heike Behlmer/Martin Tamcke (Hg.), Christen in Ägypten (Göttinger Orientforschungen IV. Reihe Ägypten 60), Wiesbaden 2015, 155–168.

verbundenen Augen aus einem gläsernen Kelch eines der drei Lose, auf denen die Namen der Kandidaten standen. Damit sei symbolisiert, dass es letztlich die Entscheidung des Heiligen Geistes war, wer die Koptische Kirche leiten sollte.

Ein anderes Beispiel wäre das oberste repräsentative Gremium der malankara-orthodoxen syrischen Kirche Indiens, die Malankara Association, deren Vorsitzender der Katholikos (das Kirchenoberhaupt) ist.[25] Deren 2500 Mitglieder sind mehrheitlich Laien, denn darin ist nicht nur die gesamte Bischofssynode vertreten, sondern auch jede Pfarre mit einem Priester und zwei Laien. Die Malankara Association wählt für drei Jahre das Managing Committee, das alle Angelegenheiten der Kirche behandelt mit Ausnahme von Fragen des Glaubens und der Disziplin, die der Bischofssynode obliegen. Die 144 Mitglieder setzen sich aus der Bischofssynode und einer Mehrheit von Laien zusammen. Die Malankara Association wählt auch alle Bischöfe und den Katholikos. Die Bischofssynode bestätigt die Wahlen. Die malankara-orthodoxe syrische Kirche Indiens hat eine sehr umfassende synodale Partizipation und Einbindung in Entscheidungsprozesse auf allen Ebenen.

5 Conclusio

Da Synodalität ein Wesensmerkmal der Kirche ist, stellt deren Einschränkung eine Beschneidung des Wesens der Kirche selbst dar. Mit den orthodoxen und den orientalisch-orthodoxen Kirchen hat die katholische Kirche eine lange synodale Tradition und gemeinsame Basis der Alten Kirche. Der Blick auf die vielfältigen Möglichkeiten synodaler Praxis der Ostkirchen zeigt, dass reich aus der Tradition geschöpft und weiterentwickelt werden kann. Man wird auch bei den Ostkirchen eine Differenz zwischen der Theorie eines synodalen Selbstverständnisses und gelebter Praxis finden können, aber man wird auch sehen, wie mit grosser Selbstverständlichkeit synodal gedacht wird. In einem wechselseitigen Lernprozess kann sowohl aus den positiven Erfahrungen wie auch aus den Dysfunktionalitäten gelernt werden. Der Blick auf den anderen und in die Geschichte mag dem kirchlichen Kurzzeitgedächtnis helfen.

---

25 Vgl. Pro Oriente (Hg.), The Vienna Dialogue. On Primacy First Study Seminar June 1991 (Booklet 4), Vienna 1993, 64 f.

Rückblick und Ausblick

Nicola Ottiger / André Ritter

Die theologische Vertiefung und Durchdringung des Themas Synodalität, eine kritische Reflexion historischer Entwicklungen wie bisheriger Praxis, die differenzierte Wahrnehmung gegenwärtiger und zukünftiger Herausforderungen sowie, ganz grundlegend, das aufeinander Hören und miteinander Gehen: All dies soll die Kirchen unterstützen, synodaler und ökumenischer zu werden. Dies zeigen die hier versammelten Beiträge aus der Perspektive verschiedener Konfessionen, theologischer Fachrichtungen und länderspezifischer Erfahrungen. Die unterschiedlichen Zugänge und Desiderate werden in einem Rückblick gebündelt, und auf dieser Grundlage wird abschliessend ein Ausblick gewagt.

1 Zugänge und Desiderate – Rückblick

1.1 Der synodale Weg in der römisch-katholischen Kirche

Die Autorinnen und Autoren in Teil A befassen sich aus römisch-katholischer Perspektive mit dem weltweiten synodalen Weg sowie lokalen synodalen Prozessen in der römisch-katholischen Kirche. Gefragt wird auch nach notwendigen Entwicklungen mit Blick auf die Ökumene.

Werner Höbsch legt den Fokus auf die Spannung zwischen einer Kirche im Aufbruch und einer verharrenden Kirche, wie sie sich in verschiedenen Entwicklungen innerhalb der römisch-katholischen Kirche zeigt. Umso dringlicher ist es, sich für den weiteren synodalen Weg noch stärker am neutestamentlichen Zeugnis wie auch am Zweiten Vatikanischen Konzil und dessen Neuorientierung an der Volk-Gottes- sowie Communio-Theologie zu orientieren. Im Geist des Konzils, das die Kirche als eine stets reformbedürftige Kirche erkannt und zum dialogischen und ökumenischen Miteinander aufgerufen hat, bedeutet Synodalität zweifellos, sich mit anderen Kirchen gemeinsam auf den Weg zu begeben. Es kann und muss von der theologischen wie historischen Vielgestaltigkeit von Synodalität sowie den Erfahrungen anderer Kirchen gelernt werden. Darum reicht es nicht aus, Vertretungen anderer Kirchen im Beobachterstatus zu einigen Veranstaltungen einzuladen, die synodalen Debatten dann aber doch im rein konfessionell gestalteten Raum stattfinden zu lassen. Damit die Kirche ihren missionarischen Auftrag erfüllen kann, hat sie den Auftrag und die Verantwortung, mehr Bewegung als Institution zu sein und dem Geist Gottes zu folgen, der zu Offenheit und Mut aufruft.

Daniel Kosch reflektiert unterschiedliche Begrifflichkeiten von Synode und Synodalität sowie die damit verbundenen Erfahrungen in lokalen, regionalen und weltkirchlichen Kontexten der römisch-katholischen Kirche. Vor dem Hintergrund des «dualen Systems» in der Schweizer Kirche, d.h. der Doppelstruktur von Verantwortlichen der Pastoral und staatskirchenrechtlicher Behörden, fokussiert der Beitrag besonders auf das Verhältnis von Synodalität und Demokratie bzw. Parlamentsarbeit. Während die Vorgaben zum weltweiten synodalen Weg aus Rom bislang strikt an der Unterscheidung von *decision making* und *decision taking* festhalten, nennt Kosch Kriterien für synodale Suchbewegungen, mittels derer ein klerikal-institutionelles Kirchenmodell überwunden werden könnte. Formen der Entscheidungsfindung in der Kirche müssten sowohl synodal wie auch demokratisch gestaltet sein, ohne dass dabei die sakramentale Struktur der Kirche negiert wird. In ökumenisch-theologischer Perspektive verweist er auf Gemeinsamkeiten bzw. den inneren Zusammenhang von Synodalität und Ökumene, was grundlegende Identitätsfragen des Kircheseins betrifft. Synodalität und Ökumene wirken ko-extensiv. Von einer stärkeren ökumenischen Zusammenarbeit auf allen Ebenen der Kirche ist deshalb einiges zu erwarten, weshalb diese auch strukturell verankert werden müsste.

Dorothea Sattler beschreibt in ihrem Beitrag den Synodalen Weg der Kirche in Deutschland im Verhältnis zu universalkirchlichen Kontexten und betont insbesondere die Resonanz, die dieser nationale Prozess innerhalb wie auch ausserhalb der Kirche erfahren hat. Als charakteristisch hebt sie die konstruktive kritische Begleitung durch Stimmen der wissenschaftlichen Theologie hervor, wobei vor allem der ökumenischen Theologie im Diskurs über Synodalität besondere Relevanz zukommen sollte. Sattler bedauert, dass bereits länger vorliegende ökumenische Dokumente zu wichtigen Fragestellungen auch des Synodalen Weges im aktuellen Prozess nicht gebührend berücksichtigt wurden. Der Einbezug ökumenisch-theologischer Expertise ist nach Sattler ebenso unverzichtbar wie die Anwesenheit ökumenischer Gäste in synodalen Prozessen. Dies nicht zuletzt, um trotz wichtigen binnenkirchlichen Strukturfragen den gemeinsamen, auch gesellschaftlichen Herausforderungen des christlichen Glaubens ausreichend Gewicht verleihen zu können. Im Sinne einer ökumenischen Hermeneutik wirbt Sattler für das Bedenken des grösseren

Zusammenhangs, in dem der aktuelle innerkirchliche Prozess steht, denn nach dem Zweiten Vatikanischen Konzil sind unter «Weltkirche» alle zu verstehen, die an Jesus Christus glauben. Deshalb ist nach Bedeutung und Wirkung von institutionalisierten Formen der Beratung unter den Delegierten der Kirchen und deren Verhältnis zur Glaubenskommunikation in der eigenen kirchlichen Gemeinschaft zu fragen. Was von den Konzilsvätern hinsichtlich offizieller ökumenischer Dialoge an Grundhaltungen des Miteinanders eingefordert wurde, muss übertragen werden auf Formen der Partizipation an konfessionellen Reformen.

Irme Stetter-Karp hält fest, dass der Synodale Weg in Deutschland keine Initiative von Laien war, sondern zustande kam aufgrund der Bitte der deutschen Bischöfe an das Zentralkomitee der deutschen Katholiken (ZdK), die in der Missbrauchsstudie (MHG) von 2018 als systemisch erkannten Problemfelder zusammen anzugehen. Arbeitsweise und Entwicklung des Synodalen Weges zeigen sein Alleinstellungsmerkmal, nämlich die «strukturierte Zusammenarbeit von Bischöfen und Laien, die Bereitschaft zur gemeinsamen Verantwortungsübernahme und das erklärte Ziel, auch gemeinsam entscheiden zu wollen». Selbst wenn Entscheidungen, die dem deutschen Synodalen Weg mit Blick auf die Ortskirchen folgen, momentan noch von der Selbstverpflichtung der Bischöfe abhängen, sind die Erfahrungen dieser Zusammenarbeit als spezifischer Beitrag zum globalen synodalen Prozess zu würdigen. Auch die Erfahrungen mit einer offenen und öffentlichen Debatte, ja Streitkultur hinsichtlich diverser innerkirchlicher Reformanliegen müssten Modellcharakter bekommen. Dringend notwendig ist nach Stetter-Karp die Anerkennung systemischer Ursachen der Missbrauchskrise, die nach einer differenzierten Bearbeitung des Systembegriffs unter verschiedenen Vorzeichen ruft. Zu erwarten ist, dass sich die Spannungen innerhalb der Weltkirche in den kommenden Jahren noch erhöhen werden. In ökumenischer Perspektive betont auch sie die Bedeutung des gegenseitigen Gaststatus in synodalen Prozessen, um als christliche Kirchen gemeinsam Lernerfahrungen machen zu können.

1.2 Orthodoxe, protestantische und altkatholische Perspektiven

Die Autoren in Teil B fragen danach, welches Verständnis von Synodalität in den orthodoxen, protestantischen und altkatholischen Kirchen theologisch bedeutsam und in ihrer Praxis lebendig ist. Da es in allen drei Konfessionsfamilien Formen von Kirchengemeinschaft gibt, gilt ein besonderes Augenmerk dem jeweiligen Verständnis von Synodalität in Bezug auf eigene sowie gemeinsame synodale Strukturen. Schliesslich ist zu fragen, was sich aus entsprechenden theologischen Reflexionen wie auch praktischer Erfahrungen hinsichtlich ökumenischer Fragestellungen gewinnen lässt.

Stefanos Athanasiou verweist darauf, dass im Dialog von römisch-katholischer und orthodoxer Kirche Synodalität und dabei vor allem das Verhältnis von Synodalität und Primat bereits seit Längerem ein Thema ist und in gemeinsamen Dokumenten zum Ausdruck kommt. Weil sich die altkirchliche Organisationsstruktur in beiden Kirchen widerspiegelt, gibt es viele Punkte der Verständigung. Synodalität ist für die Orthodoxie auf allen Ebenen der Kirche wesentlich, von ihrem Ausdruck als eucharistische Realität auf lokaler Ebene bis hin zu ökumenischen Synoden. Zentral wird für die Orthodoxie ab dem 20. Jahrhundert aus mehreren Gründen das Anliegen eines panorthodoxen Konzils, auf welches in vorsynodalen Sitzungen kontinuierlich hingearbeitet wird und das schliesslich 2016 auf Kreta stattfindet. Charakteristisch ist für Kreta die «eucharistische Symphonie» der lokalen, regionalen und universalen Ebenen der Kirche sowie die erstmalige Beteiligung von Laien sowie Vertreterinnen und Vertretern aus dem Mönchsstand mit beratender Funktion. Athanasiou betont die Bedeutung der Laien für die Synodalität von Kirche. Er hält es für notwendig, deren Bewusstsein zu stärken, dass theologisch gesehen ihnen die Rezeptionskraft in der Kirche zukommt. In panorthodoxer wie in ökumenischer Hinsicht ebenso zentral ist die spirituelle Dimension von Synodalität, insofern in jedem Entscheidungsakt der wahrnehmbare Ausdruck des Göttlichen in der Geschichte zu finden ist. Die Rückbesinnung auf das gemeinsame Erbe des ersten Jahrtausends sowie die «Wiederentdeckung der Heiligkeit», d. h. des spirituellen bzw. liturgischen Lebens der Kirche, wird ökumenisch wegweisend sein.

Mario Fischer beschreibt Synodalität als wesentliches Merkmal des evangelischen Kirchenverständnisses. Er zeichnet die geschichtliche Entwicklung der Synoden in den europäischen evangelischen Kirchen, die auch für die systematischen Reflexion unverzichtbar ist, nach. Gleichzeitig sind Herausforderungen heutiger synodaler Praxis mitzudenken, beispielsweise die Frage nach der Zusammensetzung evangelischer Synoden angesichts sich verändernder Formen von Kirchlichkeit. Theologisch sind für das evangelische Verständnis von Synodalität Einmütigkeit und Konsens zentral, wobei es um eine «religiös begründete Einmütigkeit» geht, da Synoden nicht über die Wahrheit beschliessen, sondern diese bezeugen. Die evangelischen Kirchen kennen für ihre Synoden verschiedene Vorgehensweisen, darunter das seit 1998 bei Vollversammlungen des Ökumenischen Rates der Kirchen angewendete Konsensverfahren. Mit Blick auf die Kirchengemeinschaft, die die Kirchen innerhalb der Gemeinschaft Evangelischer Kirchen Europas (GEKE) pflegen, stellt sich die Frage, wie Konziliarität zwischen den Synoden der verschiedenen Kirchen gelebt werden kann und welche Verbindlichkeit synodalen Entscheiden zukommt. Die durch unterschiedliche Herausforderungen angestossenen Prozesse und Erfahrungen der evangelischen Kirchen könnten auf das ökumenische Gespräch fruchtbar wirken.

Martin Ernst Hirzel macht deutlich, dass auch für die Evangelisch-reformierte Kirche Schweiz Synodalität eine ekklesiologische Frage ist. Sie bedarf sowohl hinsichtlich innerprotestantischer Entwicklungen und Debatten als auch in ökumenischer Perspektive einer tiefgreifenden ekklesiologischen Reflexion. Ausgehend von der Zürcher Reformation und Kirche beschreibt Hirzel Genese und Praxis einer Synodalität, die ein presbyterial-synodales Prinzip der Gemeinde- und Kirchenleitung kennt. Wesentlich sind dabei die Konsultationsverfahren mit anderen Kirchen. Die Autorität kommt in synodalen Verfahren dem Heiligen Geist zu. Hinsichtlich der Verwirklichung von Kirchengemeinschaft in der Gemeinschaft der Evangelischen Kirchen Europas (GEKE) wird Synodalität als «gelebte Konziliarität» verstanden. Der theologischen Lehrgesprächs- und Studienarbeit kommt dabei wesentliche Bedeutung zu. Mit Blick auf das ökumenische Gespräch sind es Fragen nach Amt und Autorität, die die Kirchen besonders herausfordern, wobei sich genau daraus auch wichtige Impulse und Anfragen an die synodale Praxis der reformierten Kirche in der Schweiz ergeben. Beispielsweise könnte das Konsensprinzip, wie es im Ökumenischen Rat der Kirchen gegenwärtig erprobt wird, in einer entsprechenden Form angewendet werden, um einem unzureichenden Verständnis von Synode als Parlament entgegenzuwirken. Ziel wäre es nach Hirzel, zu einem ökumenisch verantworteten Verständnis von Synodalität zu gelangen.

Adrian Suter reflektiert aus christkatholischer Perspektive die Frage, ob und wie Synodalität auch im Falle von Glaubensfragen umgesetzt werden kann. Die Christkatholische Kirche der Schweiz war in jüngster Vergangenheit herausgefordert durch die eidgenössische Abstimmung über die zivilrechtliche «Ehe für alle», die eine innerkirchliche Debatte über eine mögliche Sakramentalität einer gleichgeschlechtlichen Ehe nach sich zog. Was nach einem differenziert geregelten Verfahren durch die Nationalsynode schliesslich positiv beantwortet wurde, ist nach Suter ein mögliches Modell, wie die synodale Entscheidungsfindung in Glaubensfragen angewendet werden kann. Da die Christkatholische Kirche der Schweiz mit anderen altkatholischen Kirchen in Kirchengemeinschaft steht, ist damit notwendig die Reflexion verbunden, ob von verschiedenen Kirchen unterschiedlich beantwortete Glaubensfragen kirchentrennend sein müssen. Suter verweist in einer ökumenisch-theologischen Perspektive einerseits auf das Prinzip der «Hierarchie der Wahrheiten», wie es durch das Zweite Vatikanische Konzil der römisch-katholischen Kirche festgehalten worden ist, aber auch auf die Rolle und Bedeutung eines Ökumenischen Konzils im Falle strittiger Glaubensfragen. Solange es ein solches nicht gibt, geht christkatholisches Verständnis davon aus, dass eine Ortskirche auch einen Entscheid mit praktischen Konsequenzen fällen darf, sofern er sich als notwendig zeigt. Jedoch ist der Austausch darüber mit anderen Ortskirchen unverzichtbar, weshalb der in bilateralen Dialogen angewendeten Methode eines «differenzierten Konsenses» besondere Bedeutung zukommt.

1.3 Kirchliche Synodalität in ökumenisch-theologischer Perspektive

Die Autorinnen und Autoren in Teil C des Sammelbandes widmen sich der grundsätzlichen Frage nach dem Potenzial von Synodalität für Theologie und Kirche in ökumenischer Hinsicht. Welche Anfragen und Desiderate ergeben sich für den wissenschaftlichen Diskurs wie auch für Entwicklungen der Kirchen hin zu mehr Ökumene?

Dagmar Heller betont die positive Resonanz in der Ökumene auf synodale Prozesse in der römisch-katholischen Kirche. Eine Intensivierung des multilateralen ökumenischen Gesprächs über Synodalität ist dringend nötig. Überblicksmässig stellt Heller die aktuelle Situation in den drei grossen Konfessionstraditionen dar und lenkt dabei den Blick insbesondere auf das Verhältnis von Synodalität und Demokratie, da sich dies in allen Kirchen als Herausforderung zeigt. Die Beteiligung von Laien an der Entscheidungsfindung der Kirchen, die Gestaltung des Vorsitzes bei synodalen Versammlungen und die Frage nach dem Verhältnis von Episkopat und Primat beschäftigen alle Kirchen. Eine zentrale Rolle spielt dabei die Unterscheidung von kongregational und episkopal. Auch wenn die Kirchen nach Heller wohl auch künftig unterschiedliche Lösungen finden werden, ist es wichtig, die Gemeinsamkeiten deutlich zu machen. Denn tatsächlich werden in praktisch allen konfessionellen Traditionen Synodalität und Demokratie nicht einfach gleichgesetzt. Die gemeinsamen Elemente beider Konzepte müssten deshalb positiv aufgenommen werden und gegenüber einer säkular-demokratischen Idee von Repräsentanz zu einer ökumenisch verantworteten Profilierung im Verständnis von Synodalität führen.

Ulrich H. J. Körtner betrachtet die Spannungen zwischen dem deutschen Synodalen Weg und der Weltsynode der römisch-katholischen Kirche kritisch, vor allem angesichts entsprechender Kommentare, reformbereite Katholiken in Deutschland würden eine «Protestantisierung» der katholischen Kirche anstreben. Dass diese Meinung unhaltbar ist, zeigt Körtner am Vergleich von evangelischem und katholischem Verständnis von Synodalität, wobei in den Reformbemühungen des Synodalen Weges der Kirche in Deutschland deutliche Abweichungen gegenüber römisch-katholischen Grundsätzen zu erkennen sind. Dennoch ist nach Körtner keine wie auch immer geartete «zweite Reformation» zu erwarten. Vielmehr stellt sich die Frage, ob und wie eine «Neuerfindung» des Katholizismus gelingen kann angesichts eines zentralistischen Papstamtes sowie des Streitpunktes der Frauenordination, bei dem die Fronten bisher unverrückbar scheinen, auch im Blick auf eine ökumenische Verständigung. Angesichts der Krise, die die Kirchen derzeit erleben, gibt es zwar keine Alternative zu weitergehenden Bemühungen in der Ökumene, doch mahnt Körtner einen «ökumenischen Realitätssinn» an, der den schmalen «Grat zwischen geistgewirkten Visionen und falschen Illusionen» zu erkennen vermag.

Andreas Krebs fragt hinsichtlich einer Theologie der Synodalität nach dem Verhältnis von Wahrheit und Intersubjektivität. Obwohl sich gerade die Laienmitbestimmung als Reformmotor im Altkatholizismus erwiesen hat, wird auch in altkatholischen Kirchen darüber debattiert, inwieweit sich Synodalität mit modernem Demokratiebewusstsein verbinden lässt. Manche in der Ökumene mögen, so Krebs, von «diesem modernen reformorientierten und demokratischen Element im Altkatholizismus befremdet» sein. Gleichwohl zeigen sich entsprechende Fragen auch innerhalb der römisch-katholischen Kirche. Mit dem Ansatz des Schweizer christkatholischen Theologen Kurt Stalder geht er der Frage nach, wie ein kommunikativer Wahrheitsbegriff mit einem dialogischen Amtsverständnis zu verbinden ist. Trinitätstheologisch reflektiert kann Synodalität als Versuch gefasst werden, Räume für Intersubjektivität zu öffnen, ohne damit die Autorität des Amtes negieren zu müssen. Ökumenisch hält Krebs einen solchen Denkansatz für anschlussfähig an andere konfessionelle Entwürfe. Krebs plädiert insbesondere dafür, Konfliktlinien innerhalb des Christentums nicht entlang der Konfessionsgrenzen zu sehen. Stattdessen ist es den Kirchen heute aufgegeben, in eine «fragende Ökumene» einzutreten, die sich angesichts alter wie neuer, auch gemeinsamer Herausforderungen als Weg-Gemeinschaft zu erkennen und zu handeln vermag.

Thomas Söding erkennt in den gegenwärtigen römisch-katholischen Suchprozessen zwar unterschiedliche, aber nicht widersprüchliche Modelle, insofern und solange sie Synodalität nicht ohne sakramental begründetes Amt verstehen. Ziel muss es sein, die episkopale Grundstruktur mit einer synodalen zu vermitteln, die mehr Subsidiarität und Mitwirkung der Gläubigen ermöglicht. Söding erklärt die historische Herausforderung, «eine aus dem Ultramontanismus erbte Dichotomie» sowohl mit Blick auf die Stellung der Laien als auch auf eine Entgegensetzung von Kirche und Welt zu überwinden. Synodalität als neu zu gewinnendes Strukturelement wird eine Hilfe gegen den Klerikalismus wie auch gegen systemische Ursachen des Machtmissbrauchs und der

Missachtung von Frauenrechten sein. Dazu ist der Begriff einer synodalen Kirche aber anhand der theologischen Leitbegriffe Communio und Synodalität weiter zu präzisieren. Eine tiefere theologische Durchdringung dieser Begriffe wird Konsequenzen im Blick auf die *communio ecclesiarum* und damit auf die Ökumene haben. «Wenn Synodalität die innerkatholische Communio dynamisiert, dann auch die ökumenische.» Der Weg der Umkehr und Erneuerung umfasst nach Söding beides. Nicht zuletzt ist dabei auch an die Bringschuld zu ungeklärten Begrifflichkeit von «Kirchen und kirchlichen Gemeinschaften» hat.

Dietmar W. Winkler will mit seinem Beitrag gegen das «kirchliche Kurzzeitgedächtnis» angehen und nennt Aspekte, die «die seit dem 19. Jahrhundert synodal gehörig aus der Übung gekommene» römisch-katholische Kirche aus ihren Beziehungen mit den Ostkirchen mitnehmen kann. Synodalität ist gemeinsames Wesensmerkmal der Kirche des Ostens und des Westens und damit wesentlicher Referenzpunkt für den weiteren Weg. Aus der Praxis der Alten Kirche ist insbesondere der Rezeptionsprozess der Synode in der Kirche zu bedenken. Namentlich die kirchenhistorisch gesehen jüngeren Entscheide hinsichtlich einer alleinigen Entscheidungsgewalt des Bischofs und eines päpstlich universalen Jurisdiktionsprimats haben die katholische Kirche nach Winkler Wesentliches vergessen lassen, das sie im Blick auf synodale Strukturen aus der reichen Praxis der Ostkirchen wieder lernen könnte. Eine auf das Erste Vatikanische Konzil vergleichsweise schnell erfolgende Kurskorrektur ist in der Communio-Theologie des Zweiten Vatikanischen Konzils zu erkennen. Obschon hinsichtlich der Ostkirchen Differenzen zwischen Theorie und Praxis einzuräumen sind, ist nach Winkler dennoch von ihnen zu lernen, wie mit grosser Selbstverständlichkeit synodal gedacht werden kann. Lernen, so hält er in ökumenisch-theologischer Perspektive fest, geschieht gemeinsam, und zwar aus positiven Erfahrungen wie aus Dysfunktionalitäten.

2 Synodale Kirche(n) und kirchliche Synodalität – Ausblick

Das Thema Synodalität ist hochaktuell. Der vorliegende Band versammelt Diskussionsbeiträge, die gegenwärtige und zukünftige synodale Debatten und Prozesse unterstützen und fördern. Die Aufgabe und die Selbstverpflichtung der Kirche(n), synodaler zu werden, bleibt selbstredend über den Abschluss der römisch-katholischen Weltsynode 2024 hinaus bestehen. Denn Synodalität ist Ausdruck der Weggemeinschaft derer, die mit Jesus Christus sind, der selbst «der Weg und die Wahrheit und das Leben» (Joh 14,6) ist. Deshalb geht Synodalität alle in der Kirche an, und Synodalität geht alle Kirchen an. Jede Kirche ist gefordert, Synodalität als Weg zu verstehen, der die Kirchen näher zusammenwachsen lässt auf ihr Ziel der Einheit hin. So betonen kirchliche Verlautbarungen, dass mit der Aufgabe und dem Wunsch nach mehr kirchlicher Synodalität ökumenische Aufgaben und Visionen wesentlich verbunden sind.[1]

Die Kirchen sind gemeinsam herausgefordert. Was bedeutet Synodalität als Grundprinzip kirchlicher Gemeinschaft und damit als Stil von Kirche, wie geschieht Partizipation und Mitentscheidung des Volkes Gottes, und in welchem Verhältnis stehen Laien und Kirchenleitung grundsätzlich zueinander? Innerkirchliche Reformbestrebungen, befördert teilweise durch drastischen Mitgliederschwund, aber auch gesellschaftliche Standards hinsichtlich demokratischer Prozesse und Teilhabe wirken als Katalysator auf ekklesiale Fragestellungen, für die bislang jede der Kirchen ihre eigene ekklesiologischen, u. a. im Kontext der historischen Spaltungen gewonnenen Massstäbe anlegt. Zu den dringend und wesentlich klärungsbedürftigen Themen gehören auch Fragen nach der Stellung der Frau in der Kirche sowie das Verhältnis von Konziliarität und Primatialität.

Der synodale Weg der römisch-katholischen Kirche hat innerkirchlich Hoffnungen geweckt und im ökumenischen Kontext positive Resonanz erhalten. Es wurde und wird etwas Neues versucht, und die Dynamik eines solchen Prozesses ist nicht zu unterschätzen. Auch wenn Nüchternheit geboten ist, was die Komplexität der Herausforderungen und Aufgaben angeht und damit auch die zeitliche Dauer zu deren Bewältigung, dürfen die in die Weltsynode gesetzten Hoffnungen nicht enttäuscht werden. Die Beiträge dieses Sammelbandes gehen zu Recht davon aus, dass das Thema Synode bzw. Synodalität für innerkirchliche Reformbemühungen und Erneuerungen wie auch für das ökumenische Gespräch produktiv und zukunftsweisend ist. Aufgrund der Verwurzelung im frühen Christentum und als gemeinsames Erbe des ersten Jahrtausends

---

1 So wird z.B. von römisch-katholischer Seite im Synthese-Bericht der XV. Ordentlichen Generalversammlung der Bischofssynode, Erste Sitzung (28.10.2023) festgehalten: Wir «erkennen, dass wir uns in einem ökumenischen Kairos befinden. [...] Es kann keine Synodalität ohne die ökumenische Dimension geben.» (Teil I, Nr. 7 «Auf dem Weg zur christlichen Einheit», Abschnitte a und b; URL: https://www.dbk.de/fileadmin/redaktion/diverse_downloads/dossiers_2023/2023.10.28-DEU-Synthese-Bericht.pdf). Schon 2015 hatte auch die Kommission für Glauben und Kirchenverfassung des Ökumenischen Rates der Kirchen festgehalten: «Die gesamte Kirche ist auf allen Ebenen des kirchlichen Lebens – lokal, regional und universal – synodal/konziliar unter der Leitung des Heiligen Geistes. In der Eigenschaft der Synodalität bzw. Konziliarität spiegelt sich das Geheimnis des trinitarischen Lebens Gottes wider, und die Strukturen der Kirche verleihen dieser Eigenschaft Ausdruck, um das Leben der Gemeinschaft als Gemeinschaft zu verwirklichen.» (Die Kirche auf dem Weg zu einer gemeinsamen Vision. Eine Studie der Kommission für Glauben und Kirchenverfassung des Ökumenischen Rates der Kirchen [ÖRK 9], Gütersloh/Paderborn 2015.)

bietet es Potenzial zur Verständigung mit allen Kirchen über theologische, historische und gesellschaftsbezogene aktuelle Fragen sowie Reflexionen zu Kirchenordnung und Kirchenrecht.

Was hilft auf dem Weg? Übereinstimmend bringen die vorliegenden Beiträge die Bedeutung der wissenschaftlich-theologischen Arbeit zum Ausdruck. Der notwendig breit geführte Diskurs bedarf wesentlich der wissenschaftlichen Theologie und insbesondere der ökumenischen Theologie. Er bedarf ebenso wesentlich der Stimme der Laien. Allen an der Ökumene Beteiligten ist sodann mehr als deutlich, dass die sogenannte Frauenfrage ein wesentlicher Schlüssel für mehr Synodalität wie auch für Ökumene ist.

Was die römisch-katholische Kirche angeht, wird der synodale Weg der Kirche als Wirkung des Zweiten Vatikanischen Konzils und dessen Neuorientierung an einer Volk-Gottes- sowie Communio-Theologie gesehen, deren Umsetzung in ekklesiale Vollzüge nun noch stärker erfolgen kann und muss. Dies betrifft konkrete theologische und kirchliche Fragen[2] wie auch das Etablieren einer synodalen Kultur, in der die offene Rede sowie eine konstruktive Gesprächs- und gegebenenfalls Streitkultur erwünscht und möglich sind. Die Beiträge aus römisch-katholischer Sicht vermerken übereinstimmend, dass die kirchliche Communio auch im ökumenischen Sinne zu verstehen und weiterzudenken ist. Eine vordringliche «Bringschuld» (Söding) besteht in der kritischen Reflexion und Klärung der ungenauen konziliären Begrifflichkeit von Kirchen und kirchlichen Gemeinschaften.

Unisono erklären die vorliegenden Beiträge, dass mittels theologisch-ekklesiologischer Klärungen an einer auch ökumenisch verantworteten Theologie der Synodalität gemeinsam zu arbeiten ist. Bemerkenswerterweise erachtet keine der am ökumenischen Gespräch beteiligten Kirchen Synodalität und Demokratie einfach als deckungsgleich. Bei aller konfessionellen Verschiedenheit verweisen sie darauf, dass Syndodalität und Konziliarität, Kollegialität und Partizipation wesentlich aufeinander bezogen sind und einander bedingen. Insofern der ökumenische Dialog heute wesentlich vom Grundgedanken des «Austauschs von Gaben» lebt, ist ein Intensivieren des multilateralen Gesprächs über Synodalität angezeigt. Der Einbezug der ökumenisch-theologischen Expertise ist dabei genauso unverzichtbar wie die Ausweitung

---

2 So wurde bereits im Vorfeld zur Zweiten Sitzung der Synodalversammlung im Oktober 2024 deutlich, dass wichtige Themen, etwa die Frage der Frauenordination, die auch ökumenisch relevant ist, nicht auf der Tagesordnung stehen. Der Abschluss der Weltsynode und deren anschliessende Rezeption wird zeigen, wie es mit diesen innerkirchlich wie ökumenisch relevanten und brisanten Anliegen weitergeht.

der Einladungen an Vertreterinnen und Vertreter anderer christlicher Konfessionen zu Mitbeteiligung und Mitarbeit. Aus den Erfahrungen der Modelle anderer, beispielsweise aus Konsensmethoden und -verfahren, kann gelernt werden, was Formen der Mitwirkung und Mitentscheidung angeht. Es können Versuche unternommen und Erfahrungen damit gemacht werden.[3] Damit die Mitwirkung ökumenischer Gäste nicht dem Zufall bzw. jeweiligen Gutdünken der Verantwortlichen überlassen bleibt, bedarf es einer strukturellen Verankerung. Nur so kann ein stetiger Lernprozess mit dem Ziel gemeinsamer Umkehr und Erneuerung als synodale Kirche(n) zustande kommen.

Mehr Synodalität ist nötig und möglich. Chancen dafür ergeben sich gegenwärtig, erwirkt werden sie vom Heiligen Geist. Die geistliche Dimension von Synodalität wird in allen Kirchen betont. Die Bitte um Führung durch den Heiligen Geist betrifft nicht «nur» Strukturfragen, sondern alle gemeinsamen Glauben und Kirche betreffenden Sachverhalte. Deshalb erfordern alle Bemühungen um mehr Synodalität wesentlich das Gebet und ein aufeinander Hören, das mehr ist als nur eine Methode. Es meint ein «Gespräch im Geist», das aufgrund seiner inneren Dynamik selbst nach dem Ende eines Gesprächs weitergeht.[4]

Handlungsbedarf für mehr Synodalität findet sich in jeder Kirche; alle haben ihre «Hausaufgaben» zu machen. So ist die eigene Tradition und Praxis hinsichtlich Synodalität auf allen Ebenen selbstkritisch nach Mängeln und Dysfunktionalitäten zu überprüfen. Bereits bestehende ökumenische Studien- und Dialogpapiere wie auch das aktive Wahrnehmen und Hören auf Erfahrungen mit Synodalität anderer Kirchen befördern und vertiefen die synodale Arbeit. Ökumenische Potenziale gilt es nicht nur zu benennen, sondern deren Umsetzung in den Kirchen und ihren Beziehungen untereinander auch zu fördern.

Synodalität und Ökumene sind wesentlich miteinander verbunden. Sie dienen der Sendung, denn Kirche ist nie Selbstzweck. Die Übernahme gemeinsamer Verantwortung für die Verkündigung des Evangeliums als Kirchen in Ländern, in denen das Gelingen dieser Verkündigung nicht (mehr) selbstverständlich

---

3 Entsprechend wurde an der Ersten Sitzung der XVI. Ordentlichen Generalversammlung der Bischofssynode im Oktober 2023 Wunsch und Absicht geäussert, «Christen anderer Konfessionen weiterhin in die Prozesse der katholischen Synode auf allen Ebenen einzubeziehen und mehr geschwisterliche Delegierte zur nächsten Tagung der Vollversammlung im Jahr 2024 einzuladen». Ausdrücklich vermerkt ist im Synthese-Bericht auch der Vorschlag, «eine ökumenische Synode über die gemeinsame Sendung in der Welt von heute einzuberufen» (Synthese-Bericht, a. a. O., Teil I, Nr. 7, vgl. m und n).

4 Vgl. das Schweizer Echo auf die erste weltkirchliche Synodenversammlung 2023, Fribourg, 13. Mai 2024, URL: https://www.bischoefe.ch/schweizer-echo-auf-die-erste-weltkirchliche-synodenversammlung-2023/.

ist, ist dringlich. Um der Verkündigung des Evangeliums willen gilt es, als Kirche(n) Glaubwürdigkeit zurückzugewinnen und neues Vertrauen aufzubauen. Es gibt sie, die Rückschläge, den scheinbaren Stillstand, verpasste Chancen. Gerade deshalb gibt es keine Alternative zu mehr Synodalität und Ökumene. Die gemeinsame Sendung hat die Einheit der Kirche wie auch die Einheit der Menschheit zum Ziel. Dies erfordert Offenheit und Mut, den Weg gemeinsam zu gehen.

Autorinnen und Autoren

Stefanos Athanasiou, Jg. 1981, Dr. theol., ist Professor für Systematische Theologie an der Ludwig-Maximilians-Universität München sowie Gastprofessor im Theologischen Studienjahr der Dormitio-Abtei in Jerusalem. Er ist Mitglied des Direktoriums des Instituts für Ökumenische Studien der Universität Fribourg und Stiftungsrat der Joseph Ratzinger / Papst Benedikt XVI. Stiftung. 2018 wurde er in Zürich zum Priester der Metropolie der Schweiz (Ökumenisches Patriarchat) geweiht und zum Erzpriester ernannt. Er wurde mit der Goethe-Medaille des Goethe-Instituts Thessaloniki ausgezeichnet. Für seinen wissenschaftlichen und ökumenischen Einsatz im Heiligen Land ernannte ihn das griechisch-orthodoxe Patriarchat von Jerusalem zum Grabesritter.

Heinrich Bedford-Strohm, Jg. 1960, Dr. theol., war nach zahlreichen Jahren im Pfarrdienst und als Professor für Systematische Theologie an der Universität Bamberg von 2011 bis 2023 Landesbischof der Evangelischen Kirche in Bayern und von 2014 bis 2021 Landesbischof der Evangelischen Kirche in Deutschland (EKD). Er ist ausserplanmäßiger Professor an der Theologischen Fakultät in Stellenbosch (Südafrika) und Honorarprofessor an der Universität Bamberg. Seine Forschungsinteressen liegen in den Bereichen Ekklesiologie und ökumenische Theologie, Sozialethik und öffentliche Theologie. Auf der Vollversammlung des Weltkirchenrats 2022 in Karlsruhe wurde er für 8 Jahre zum Vorsitzenden gewählt.

Mario Fischer, Jg. 1976, Dr. phil., ist seit 2018 Generalsekretär der Gemeinschaft Evangelischer Kirchen in Europa mit Sitz in Wien. Er ist Pfarrer der Evangelischen Kirche in Hessen und Nassau und Herausgeber der Buchreihe «Leuenberger Texte» sowie u. a. eines Bildbands zur Architektur von Synodengebäuden.

Felix Gmür, Jg. 1966, Dr. theol., Dr. phil., studierte Philosophie, Theologie und Kunstgeschichte in Fribourg, München, Paris und Rom und wurde 1999 zurmPriester geweiht. 2006 wählte ihn die Schweizer Bischofskonferenz zum Generalsekretär. 2011 wurde er zum Bischof geweiht und ist seither Diözesanbischof des Bistums Basel. Seit 2019 präsidiert er die Schweizer Bischofskonferenz und hat seit 2023 den Vorsitz des Schweizerischen Rates der Religionen.

Dagmar Heller, Jg. 1959, Dr. theol., ist ordinierte Pfarrerin der Ev. Landeskirche in Baden und seit 2018 als wissenschaftliche Referentin für Orthodoxie am Konfessionskundlichen Institut des Evangelischen Bundes e.V. in Bensheim tätig, das sie seit 2021 auch leitet. Zuvor war sie Dozentin für Ökumenische Theologie am Ökumenischen Institut Bossey (Schweiz) und Studiensekretärin für Glauben und Kirchenverfassung beim Ökumenischen Rat der Kirchen in Genf.

Martin Ernst Hirzel, Jg. 1965, Dr. theol., ist seit 2023 Leiter Aussenbeziehungen und Werke bei der Evangelisch-reformierten Kirche Schweiz. Zuvor war er Leiter Personalentwicklung Pfarrschaft bei den Reformierten Kirchen Bern-Jura-Solothurn, Beauftragter für Ökumene und Religionsgemeinschaften des Schweizerischen Evangelischen Kirchenbundes sowie Professor für Kirchengeschichte an der Facoltà Valdese di Teologia, Rom.

Werner Höbsch, Jg. 1951, Dr. theol., war bis 2017 Leiter des Referates Dialog und Verkündigung im Erzbistum Köln und ist seit 2019 Vorsitzender des Trägervereins der Karl Rahner Akademie Köln.

Ulrich H.J. Körtner, Jg. 1957, O. Univ.-Prof. Dr. DDr. h.c., studierte Evangelische Theologie in Bethel (Bielefeld), Münster und Göttingen; 1982 Promotion, 1987 Habilitation, beides an der Kirchlichen Hochschule Bethel. Von 1986 bis 1990 war er Gemeindepfarrer in Bielefeld, von 1990–1992 Studienleiter an der Evangelischen Akademie Iserlohn. Seit 1992 ist er Ordinarius für Systematische Theologie (reformiert) an der Evangelisch-Theologischen Fakultät der Universität Wien. Von 2001 bis 2022 war er auch Vorstand des Instituts für Ethik und Recht in der Medizin. Körtner bekam 2016 das Ehrenkreuz für Wissenschaft und Kunst I. Klasse der Republik Österreich verliehen und ebenfalls 2016 von der Österreichischen Akademie der Wissenschaften den Wilhelm-Hartel-Preis für sein Gesamtwerk.

Daniel Kosch, Jg. 1958, Dr. theol., leitete von 1992 bis 2001 das Schweizerische Katholische Bibelwerk und war von 2001 bis 2022 Generalsekretär der Römisch-Katholischen Zentralkonferenz der Schweiz (RKZ). Von 2020–2023 war er einer der Schweizer Beobachter beim Synodalen Weg in Frankfurt

a. M. 2023 publizierte er «Synodal und Demokratisch. Katholische Kirchenreform in schweizerischen Kirchenstrukturen».

Andreas Krebs, Jg. 1976, Dr. phil., ist Professor für Alt-Katholische und Ökumenische Theologie am Alt-Katholischen Seminar der Rheinischen Friedrich-Wilhelms-Universität Bonn.

Nicola Ottiger, Jg. 1970, Dr. theol., ist Professorin für Ökumenische Theologie an der Theologischen Fakultät der Universität Luzern und Leiterin des Ökumenischen Instituts Luzern seit 2001 sowie Dozentin für Dogmatik, Fundamentaltheologie und Liturgiewissenschaft am Religionspädagogischen Institut RPI der Theologischen Fakultät der Universität Luzern seit 2005.

André Ritter, Jg. 1960, Dr. theol., war nach seiner Promotion über den christlich-muslimischen Dialog seit 1997 zunächst Pfarrer der Evangelischen Kirche im Fürstentum Liechtenstein. Dort gründete er 2004 das Europäische Institut für interkulturelle und interreligiöse Forschung, das er auch nach der Sitzverlegung 2020 nach Heidelberg als Direktor und Geschäftsführer bis heute leitet. Zugleich ist er Mitherausgeber einer wissenschaftlichen Studienreihe zum interreligiösen Dialog und nimmt unterschiedliche Lehraufträge an verschiedenen Universitäten in Deutschland und in der Schweiz wahr.

Dorothea Sattler, Jg. 1961, Dr. theol., hat Theologie und Romanistik in Freiburg i. Br. und Mainz studiert; 1992 Promotion und 1996 Habilitation für Dogmatik und Ökumenische Theologie; seit 2000 ist sie Professorin für Ökumenische Theologie und Dogmatik in Münster/Westfalen sowie Direktorin des Ökumenischen Instituts, Wissenschaftliche Leiterin des Ökumenischen Arbeitskreises evangelischer und katholischer Theologen, Beraterin in der Ökumene-Kommission der Deutschen Bischofskonferenz und Delegierte der Deutschen Bischofskonferenz in der Arbeitsgemeinschaft Christlicher Kirchen in Deutschland. Von 2019 bis 2023 leitete sie zusammen mit dem ehemaligen Osnabrücker Bischof Franz-Josef Bode das Forum III beim Synodalen Weg. 2022 wurde sie von der Theologischen Fakultät der Universität Zürich für ihre Verdienste auf dem Gebiet der Ökumene als Ehrendoktorin ausgezeichnet.

Thomas Söding, Jg. 1956, Dr. theol., ist Seniorprofessor für Neues Testament an der Katholisch-Theologischen Fakultät der Ruhr-Universität Bochum. Er ist Vizepräsident des Zentralkomitees der deutschen Katholiken (ZdK) und des Synodalen Weges der katholischen Kirche in Deutschland. Er war im Februar 2023 Delegierter bei der europäischen Kontinentalversammlung zur Vorbereitung der Weltsynode in Prag und ist Experte bei der Weltsynode über «Synodalität im Leben der Kirche: Gemeinschaft – Mission – Teilhabe». Die Schwerpunkte seiner wissenschaftlichen Arbeit sind die Exegese der Evangelien und der Paulinen, die Hermeneutik der Heiligen Schrift und die Ökumene.

Irme Stetter-Karp, Jg. 1956, Dr. rer. soc. und Medizinethikerin, Diplom-Sozialarbeiterin und Diplom-Pädagogin, ist seit 2020 Präsidentin des Deutschen Verein für öffentliche und private Fürsorge e. V. Seit 2021 ist sie Präsidentin des Zentralkomitees der deutschen Katholiken (ZdK e. V.) und in dieser Funktion gleichzeitig Co-Präsidentin des Synodalen Weges in Deutschland. Sie war Delegierte bei der Kontinentalversammlung der römisch-katholischen Kirche in Prag im Februar 2023 im Vorfeld der ersten Etappe der Weltsynode.

Adrian Suter, Jg. 1970, Dr. theol., studierte christkatholische Theologie an der Universität Bern und römisch-katholische Theologie am Institut Catholique de Paris und promovierte 2007 in Bern. Er war in den Kirchgemeinden St. Gallen und Schönenwerd-Niedergösgen als Pfarrer tätig, parallel dazu bis 2019 auch am Institut für Christkatholische Theologie an der Universität Bern, zuletzt als Oberassistent. Heute ist er Pfarrer der Christkatholischen Kirchgemeinde Luzern und Leiter der Fachstelle Bildung der Christkatholischen Kirche der Schweiz. Seit 2024 ist er ausserdem freier Mitarbeiter des Ökumenischen Instituts Luzern.

Dietmar W. Winkler, Jg. 1963, Dr. theol., ist seit 2005 Professor für Patristik und Kirchengeschichte an der Katholisch-theologischen Fakultät der Paris-Lodron-Universität Salzburg. Gastforscher und -professuren u. a. Boston University (2003–2005), Harvard University (2012), Université Aix-Marseille (2018), Pontificio Istituto Orientale (Rom 2023/24). Er ist Gründungsdirektor des Zentrums zur Erforschung des Christlichen Ostens (ZECO) an der Universität Salzburg, Konsultor im Dikasterium zur Förderung der Einheit der Christen (Vatikan) sowie Wissenschaftlicher Leiter der Pro Oriente Dialoge mit den orientalisch-orthodoxen Kirchen und den Kirchen syrischer Tradition.